新时代国际关系教材系列

TEXTBOOK SERIES OF
INTERNATIONAL RELATIONS IN A NEW ERA

东南亚国际关系

International Relations of Southeast Asia

贺嘉洁 著

复旦大学出版社

"新时代国际关系教材系列"编委会

主 任

苏长和　张　骥

委 员

（按姓氏笔画排序）

包霞琴　刘季平　苏长和　张建新　张　骥

陈玉聃　郑　宇　徐以骅　潘忠岐　薄　燕

"新时代国际关系教材系列"总序

当今世界正处于百年未有之大变局时期。世界大变局不只是表现在物质和生产方式层面,同时也体现在知识和文化层面。一方面,各门知识的新陈代谢在加快,另一方面,世界的知识格局的多极化也在推进。与此同时,中华民族也处于伟大复兴重要征程上,中国开辟了一条新的现代化道路模式,中国与世界的相互联系、相互依靠前所未有,彼此之间的相互理解也更加迫切。这些都对高等教育特别是哲学社会科学教育和育人提出新的要求。就育人来说,一个重要环节就是教材体系建设和完善,以适应新时代人才培养的需求。

复旦大学国际关系与公共事务学院历来重视教材建设,"卓越为公,作育国士"是学院在育人上的共识。从 20 世纪 80 年代开始,当时的国际政治系(学院的前身)教师们就投入很大精力,集体合作,接力工作,编写了政治学、国际关系、行政管理等一系列教材,总计有几十种,蔚为大观。这些教材在社会上产生较大的影响,也为我国政治学、国际关系、公共管理人才培养发挥了重要的作用。

近些年来,学院除了组织教师对经典教材进行修订完善以外,愈来愈觉得随着时代的变化以及课程育人的新要求,迫切需要建设一批新教材。学院在科研上重视中国政治学自主知识体系建设,在教材方面,则要同步将较为成熟的中国政治学自主知识转化到新教材的写作中,发挥科研和教材同步同向育人的效应。

学院拥有政治学、公共管理、国家安全学、国别区域研究等多个一级学科。多年来,这些学科共为一体,互相支持、各有分工,形成了较好的学科融合发展的生态和文化,构成复旦大学大政治学学科集群的独特优点。为了传承学院融合发展的学科和育人文化,承担一流学科为党育人、为国育才的使命,更好地将习近平新时代中国特色社会主义思想、党的创新理论、中国国际关系和外交理论成果、世界上最新的国际关系知识等融入教材写作之中,我们组织了以中青年教师为主体的写作力量,计划在"十四五"期间,完成"新时代国际关系教材系列"建设工作。

复旦大学出版社向来支持院系教材建设,过去为学院教师们出版了一批优秀教材,深受读者喜爱。学院很高兴能够再次与复旦大学出版社合作,希望双方共同努力,把这套教材编写好、建设好,更好地服务新时代育人工作。

复旦大学国际关系与公共事务学院
"新时代国际关系教材系列"编委会
2022年8月25日

目录

第一章 认识东南亚 001
 第一节 真实的与被建构的东南亚 002
  一、何谓东南亚 002
  二、东南亚的自然环境 004
  三、东南亚的人文环境 005
  四、东南亚作为一个政治单元的发展历程 007
  五、为什么研究东南亚 009
 第二节 认识东南亚与世界的关系 010
  一、结构性因素 012
  二、区域自主性 018
  三、本书的章节安排 024

第二章 古代东南亚的国际关系 026
 第一节 古代东南亚的主要王朝和国际秩序 027
  一、古代大陆东南亚的主要王朝 028
  二、古代海洋东南亚的主要王朝 035
  三、古代东南亚的国际秩序：曼陀罗体系 038
 第二节 外来文化与历史上的东南亚 043
  一、印度文化的影响 044
  二、中华文化的影响 048
  三、伊斯兰文化的影响 050

第三章 殖民时期东南亚的国际关系 052
 第一节 东南亚的贸易时代 053
  一、贸易时代（1405—1680年）的到来 053
  二、国际化大都市的兴起 056
  三、伊斯兰文化的传播 061

第二节　殖民势力瓜分东南亚　063
一、欧洲人在东南亚的早期扩张　064
二、瓜分殖民地：欧洲局势与东南亚　067
三、殖民统治的影响　073

第四章　第二次世界大战对东南亚国际关系的冲击　077
第一节　第二次世界大战中的东南亚　078
一、日本的南侵　078
二、日本占领东南亚　080
三、日本在东南亚的殖民统治与东南亚各国人民的抗日斗争　082
四、盟军在战场上的胜利与日本的节节败退　083

第二节　东南亚殖民体系的瓦解　084
一、通过革命方式独立：印度尼西亚和越南（及柬埔寨、老挝）　086
二、以谈判方式独立：缅甸与马来亚联合邦（及新加坡）　095
三、殖民者支持下独立：菲律宾　099
四、摆脱战败国困境：泰国　100

第五章　冷战中东南亚的国际关系　103
第一节　冷战时期东南亚的对抗与"热战"　104
一、冷战在东南亚的展开：东南亚条约组织的建立　104
二、万隆会议　106
三、越南战争　107
四、柬埔寨问题　110

第二节　亚洲区域主义与民族主义的角力　111
一、亚洲区域主义的尝试　112
二、民族主义与动荡的 20 世纪 60 年代　114

第三节　走向联合：东盟的成立　118
一、区域合作的障碍　119
二、从对抗到和解：东盟的成立　120
三、20 世纪 70 年代东盟合作的进展　122

四、东盟在柬埔寨问题上的分歧、合作与协调　　124

第六章　冷战后东南亚的区域主义　　129
第一节　冷战后东南亚区域主义的成熟　　130
　　一、东盟的扩大：从"六"到"十"　　130
　　二、东盟经贸合作的深化　　132
　　三、亚洲金融危机带来的冲击与机遇　　133
　　四、建设东盟共同体　　135
第二节　东南亚的自我意识与认同　　138
　　一、"亚洲价值观"？　　139
　　二、"东盟方式"：内涵与争论　　142
第三节　东南亚最后的"边界"：东帝汶与东盟　　145
　　一、东帝汶的独立　　145
　　二、为什么东帝汶要加入东盟？　　146
　　三、东盟成员国的顾虑　　149

第七章　冷战后东南亚的对外关系　　154
第一节　"东盟中心"："神话"与挑战　　155
　　一、东盟对话伙伴关系网络的形成　　155
　　二、"东盟中心"的合作机制　　158
　　三、"东盟中心"面临的挑战　　168
第二节　东盟与主要大国的关系　　171
　　一、东盟与美国的关系　　172
　　二、东盟与中国的关系　　175
　　三、东盟与日本的关系　　179
　　四、东盟与欧共体/欧盟的关系　　181

结语　　185
英文缩写释义　　187
附录　东南亚友好合作条约　　189
主要参考书目　　194

第一章

认识东南亚

本章导学

  东南亚是指一个地理、文化空间,是一个在历史发展过程中被逐渐建构起来的地区。一方面,由于自然地理禀赋和历史的差异,东南亚国家表现出了丰富的多样性;另一方面,与周边的其他文明或国家相比,它们又因为相似的自然环境、对于自然环境的共同适应以及追求自主性的努力而构成了命运紧紧相连的共同区域。对于这些中、小国家来说,自然地理因素所造就的气候和交通条件以及位于中国和印度这两大古老文明(也是两个现代大国)之间的特殊地缘政治环境,共同构成了东南亚历史进程中的结构性制约;而区域政治实体对外来影响的改造与适应、在与大国交往过程中所坚持的灵活与务实,以及走向区域主义的发展路径,则是东南亚摆脱边缘地位、获得区域自主性的出路所在。如历史学家所总结的,互相矛盾又相互影响的外部力量和内部力量构成了东南亚历史发展中恒久的两面性,这是我们认识、理解东南亚的关键。

本章学习目标

1. 理解东南亚的多样性和作为一个"区域"的形成历史。
2. 熟悉东南亚与中国和印度的关系与互动,初步了解作为一个区域的东南亚在世界体系中的位置。
3. 了解地区国家建立自主性的尝试。

第一节 真实的与被建构的东南亚

东南亚作为一个专门名词,既是对现实世界的真实描述,也是一个被人为建构的区域概念。① 不同于其他的"区域",东南亚不具有文化上的同一性以及地理、政治和文化上明确的边界;相反,东南亚历来以其文化的多元性、国家间的差异性和边界的流动性而著称。那么,何谓东南亚?我们如何来认识和建构东南亚呢?

一、何谓东南亚

从地理上看,东南亚位于中国以南、印度以东,毗邻两大文明古国,又沟通着太平洋和印度洋,其地理位置和战略地位的重要性不言而喻。然而,不同于其周边政治、经济实力相对强大的邻国(例如中国、印度、日本、韩国、澳大利亚以及拥有区域常驻力量的美国),东南亚地区几乎完全由中、小国家构成。②

今天我们熟知的东南亚地区由 11 个国家组成,其中 10 个是东盟的成员国(文莱、柬埔寨、印度尼西亚、老挝、菲律宾、新加坡、马来西亚、缅甸、泰国、越南),另外一个是正在努力寻求加入东盟的东帝汶。后者同时也是东南亚地区最年轻的国家。③ 在这 11 个国家中,人们通常把位于中南半岛的 5 个国家(越南、老挝、缅甸、柬埔寨和泰国)称为大陆/半岛东南亚国家,其余的 6 个岛屿或群岛国家则是海洋东南亚(或称海岛东南亚)的重要组成部分。由于地理环境的差异,大陆东南亚国家和海洋东南亚国家在历史、宗教、语言、文化等方面都有着显著的不同(这一点在之后的章节会陆续展开讨论)。

尽管这些国家都被称为东南亚国家,但它们彼此之间却有着丰富的多样性。从面积看,东南亚地区既有幅员 190 多万平方千米的印度尼西亚(简称印尼),也有仅 724 平方千米的城市国家新加坡;从人口看,印尼的人口数量在 2020 年突

---

① Donald Emmerson, "'Southeast Asia': What's in a name?", *Journal of Southeast Asian Studies*, 1984, 15(1), p.1.
② 尽管印度尼西亚是世界上仅次于中国、印度、美国的人口第四大国,但在经济实力和政治、军事影响力上其仍与大国有一定的差距。
③ 1999 年 8 月 30 日,在联合国的监督下,东帝汶举行了全民公决,75%的民众支持从印度尼西亚独立出来。2002 年 5 月 20 日,东帝汶正式建国。参见《东帝汶国家概况》(2019 年 7 月 1 日),中华人民共和国驻东帝汶民主共和国大使馆,http://tl.chineseembassy.org/chn/ddwjj/201811/t20181101_1311049.htm,最后浏览日期:2021 年 11 月 9 日。

破了2.7亿,而同期文莱的人口仅43.7万①(关于东南亚各国的面积和人口详见表1.1)。同样对比差异显著的还有它们的经济实力和政治制度。以这11个国家2020年的经济数据为例,经济实力最强大的印尼国内生产总值(GDP)达到了1.05万亿美元,而经济实力最弱的东帝汶仅为18.2亿美元;②最富裕的新加坡当年的人均国内生产总值超过5.98万美元,而最贫穷的东帝汶仅为1 381.2美元③(东南亚各国经济实力对比的具体情况可见表1.2)。此外,东南亚地区国家的政治制度同样极度多元化。这一地区既有基本完成了民主化转型的印尼、菲律宾和东帝汶,军队仍然在政治生活中扮演重要角色的缅甸,一党独大的新加坡和柬埔寨,也有社会主义国家越南和老挝,君主立宪制国家泰国、马来西亚和柬埔寨(它同时是一党独大国家),以及绝对君主制国家文莱。这些国家各自的历史发展、语言、宗教文化存在巨大差异。可以毫不夸张地说,东南亚国家间的多样性如果出现在世界上其他任何一个地方,都难以想象它们之间能共同构成一个"区域"并发展出相对成熟的区域主义。这也正是东南亚让人着迷的地方。

表1.1 东南亚各国的面积和人口(2020年)

按人口排序	国家	面积(平方千米)	人口
1	印度尼西亚	1 904 569	273 523 615
2	菲律宾	342 353	109 581 078
3	越南	331 210	97 338 579
4	泰国	513 120	69 799 978
5	缅甸	676 000	54 409 800
6	马来西亚	329 847	32 365 999
7	柬埔寨	181 035	16 718 965
8	老挝	236 800	7 275 560
9	新加坡	724	5 850 342
10	东帝汶	14 874	1 318 445
11	文莱	5 765	437 479

数据来源:"South-Eastern Asia Population", Worldometer, https://www.worldometers.info/world-population/south-eastern-asia-population/,最后浏览日期:2021年10月20日。

① "South-Eastern Asia Population", Worldometer, https://www.worldometers.info/world-population/south-eastern-asia-population/,最后浏览日期:2021年10月20日。
② "GDP", The World Bank, https://data.worldbank.org/indicator/NY.GDP.MKTP.CD,最后浏览日期:2021年10月20日。
③ "GDP per capita (current US $)", The World Bank, https://data.worldbank.org/indicator/NY.GDP.PCAP.CD,最后浏览日期:2021年10月20日。

表 1.2 东南亚各国的经济实力(2020 年)

按 GDP 排序	国家	国内生产总值(亿美元)	人均国内生产总值(美元)
1	印度尼西亚	10 584.2	3 869.6
2	泰国	5 017.9	7 189.0
3	菲律宾	3 614.9	3 298.8
4	新加坡	3 400.0	59 797.8
5	马来西亚	3 366.6	10 401.8
6	越南	2 711.6	2 785.7
7	缅甸	761.9	1 400.2
8	柬埔寨	252.9	1 512.7
9	老挝	191.4	2 630.2
10	文莱	120.2	27 466.3
11	东帝汶	18.2	1 381.2

数据来源:"GDP", The World Bank, https://data.worldbank.org/indicator/NY.GDP.MKTP.CD,最后浏览日期:2021 年 10 月 20 日;"GDP per capita (current US $)", The World Bank, https://data.worldbank.org/indicator/NY.GDP.PCAP.CD,最后浏览日期:2021 年 10 月 20 日。

二、东南亚的自然环境

东南亚位于太平洋板块、印度洋板块和亚欧板块的交界处,它的自然地理边界也由三大板块相互作用所形成的地理特征所定义。东南亚的南部边缘由印度洋板块拱起形成的一系列火山弧构成,包括苏门答腊岛、爪哇岛、巴厘岛、龙目岛和松巴哇岛等组成的巽他群岛;东部边界是由菲律宾群岛构成的另一段活火山弧;北部边界则是印度洋板块与亚欧板块碰撞隆起的高耸的喜马拉雅山脉。① 由于地处板块交界处,地质运动异常活跃,这一地区(尤其是位于火山弧上的印度尼西亚群岛和菲律宾群岛)因此也成为各类自然地质灾害频发的地方。例如2004 年底发生的印度洋地震和海啸就造成了 22.6 万人死亡的悲剧。

东南亚的半岛地区地势北高南低,山脉多南北走向(如作为缅甸与印度边界的那加山脉、缅甸境内的若开山脉和越南境内的长山山脉),其间为丘陵、高原和冲积平原。山脉之间的河流亦由北向南流入大海,如缅甸的伊洛瓦底江和萨尔温江(在中国境内部分称为怒江),泰国的湄南河(也称昭披耶河),流经缅甸、老挝、泰国、柬埔寨、越南的湄公河(在中国境内部分称为澜沧江),以及越南的红河

---

① [澳]安东尼·瑞德:《东南亚的贸易时代 1450—1680》(第一卷),吴小安、孙来臣译,商务印书馆 2017 年版,第 7—8 页。

（在中国境内部分称为元江）。这样的地形一方面孕育了大河沿岸、冲积平原地区的古老文明，另一方面也给半岛上的东西间地区交流带来了一定的困难。

东南亚的海岛地区由 2 万多个岛屿组成，形成了世界上最大的岛屿群，其中包括世界第二大岛巴布亚岛（其西部是印尼的巴布亚省和西巴布亚省）和第三大岛加里曼丹岛。由于岛屿星罗棋布，岛与岛之间形成了诸多内海和海峡，其中沟通印度洋与太平洋的马六甲海峡、巽他海峡和龙目海峡更是成为海上贸易的重要航道。①

东南亚整体属于热带、亚热带季风气候区，有时候也被称为"季风吹拂的土地"或者"风下之地"（lands below the winds）。每年 5 月至 8 月，西南季风从西方或南方刮来，带来印度洋的暖湿气流，这一地区进入湿润的雨季；12 月至次年 3 月，来自西北或东北内陆的季风，则使东南亚进入少雨的干季。尽管有着干季与雨季的明显区分，但东南亚的季风总体风力适中、容易预测，且水域的水温常年保持恒定。因此，长期以来，这一海域有利于船只航行。② 当刮西南季风时，船只北上，前往中国；而当刮东北季风时，船只则南下，驶往印度洋及更远的地方。这也为东南亚成为海洋贸易的重要中转站创造了条件。

除了海洋与季风以外，森林也是东南亚地区重要的自然地理特征。由于地处低纬度的热带，又有着充沛的雨量，因此这一地区的很多地方都被郁郁葱葱的森林覆盖。不仅东南亚的森林有着"世界上其他任何地区无以匹敌的丰富性与品种的多样性"，而且它们也给当地的居民带来了充足的建筑材料——在很长一段时间内同时也是重要的消费品和海上贸易商品——以及海上贸易发展所需要的造船原料。③ 即使在今天，东南亚城市与农业地带的边缘仍然覆盖着大量的森林。

三、东南亚的人文环境

东南亚的人文环境一方面受到自然地理环境所造就的开放性和包容性的影响；另一方面又在长期的历史发展中，通过其不断地学习、借鉴与改造来自外部世界的物质文明，从而形成了东南亚独特而又丰富多彩的文化传统。

东南亚是世界上语言多样性最丰富的地区之一。其中，既有历史悠久、操孟高棉语和南岛语系语言的族群，也有早先从中国南部向南迁徙的操越南语、泰语

---

① 梁英明：《东南亚史》，人民出版社 2010 年版，第 2 页。
② ［澳］安东尼·瑞德：《东南亚的贸易时代 1450—1680》（第一卷），吴小安、孙来臣译，商务印书馆 2017 年版，第 8 页。
③ 同上书，第 8—9 页。

和缅语的族群。有一半以上的东南亚人口说南岛语系语言(也称马来-波利尼西亚语)。他们居住在菲律宾、马来西亚、印度尼西亚(最东端除外)和越南东南部(占婆人)地区。孟高棉语在缅甸南部和柬埔寨流行。越南语、泰语语系(包括老挝语、掸语等)语言和缅语则分别是越南、泰国、老挝以及缅甸北部的主要语言。①

由于所处地理位置受到不同文化的影响,以及殖民时期不同宗主国的不同殖民政策,东南亚地区国家在漫长的历史发展中形成了不同的宗教文化传统。印度教文化最早到达这一地区并在早先形成了一系列的印度化国家,其覆盖的地理范围包括了除菲律宾和越南北部红河流域以外的几乎所有我们今天称之为东南亚的地区。然而,随着海洋贸易的发展和阿拉伯商人的到来,海岛东南亚的居民在13、14世纪左右逐渐转向伊斯兰教,仅剩零星的地方(比如印尼的巴厘岛和龙目岛)依然保留着印度教传统;大陆东南亚地区则在11世纪吴哥文明由盛转衰后逐渐开始盛行由斯里兰卡传入的南传上座部佛教,以取代此前在这一地区占主导地位的印度教和大乘佛教。几乎同一时期,在靠近中国的红河流域,儒学逐渐确立起统治地位,并走向极盛。

1602年,荷兰在印尼建立了具有政府职能的"东印度公司",开启了东南亚的殖民时代。在此后的几百年时间内,东南亚地区被不同的殖民帝国瓜分,仅有个别国家在大国势力的平衡中艰难地维持着独立。不同的殖民帝国也在各自的殖民地实行不同的宗教文化政策。荷兰和英国对位于今天印度尼西亚、马来西亚地区的松散控制使当地的伊斯兰教传统得以保留,而西班牙统治者则在其殖民地积极推行天主教,因而今天的菲律宾除南部少数地区外已经成为了彻底的天主教国家。中南半岛地区的英、法殖民地由于被殖民的时间相对较短,且宗主国没有像西班牙那样有意识地大规模推行自己的宗教,因而基本延续了过去的佛教传统。正是在这样的差异化殖民政策之下,东南亚地区的宗教多样性被继承并获得进一步发展。

除了多样性的一面外,东南亚地区内部的文化也存在着显著的相似点。例如,东南亚大陆各个王室有着相似的宫廷礼仪。② 在东南亚的大部分地区,家庭结构基本类似,人们普遍重视核心家庭或者个体家庭(而不是传统的大家庭),且妇女在家庭生活中占据重要的位置——这一点与邻近的中国和印度社会形成了鲜明的对照。③ 作为季风气候影响下的热带地区,水稻种植是保证供应大量谷物的唯一办法,大米因此成为东南亚人的主食,围绕着水稻种植也形成了东南亚独

---

① [澳]安东尼·瑞德:《东南亚的贸易时代1450—1680》(第一卷),吴小安、孙来臣译,商务印书馆2017年版,第10页。
② [澳]米尔顿·奥斯本:《东南亚史》,郭继光译,商务印书馆2012年版,第4页。
③ 同上书,第6页。

特的农业文化(如对谷神的敬重)和水稻培育技术。① 此外,无论在东南亚的哪个角落,人们总是在嚼槟榔,并且习惯于用槟榔而不是饭菜招待客人。槟榔是东南亚人日常社交的"润滑剂",在社会生活和宗教仪式中都有着举足轻重的地位。② 所有这些都证明,尽管存在着巨大的差异性,东南亚社会在文化上仍然被共同的纽带所联系,从而区别于其邻近的其他文明。

四、东南亚作为一个政治单元的发展历程

今天的东南亚不仅指一个地理区域,而且也具有政治含义,但并非历来如此。在过去很长时间里,中国人称这一地区为"南洋",欧洲人称之为"远印度"(Farther India)、远东或者"印度以东中国以南的地区",而美国人则习惯将其称为"西南太平洋"。③ 这一地区真正作为"东南亚"被世界所认识还要从第二次世界大战(以下简称二战)说起。

17世纪以来,今天被称为东南亚的这个地区除了泰国外,其余部分先后被英国(缅甸、马来亚、海峡殖民地、沙捞越、北婆罗洲)、法国(法属印度支那)、荷兰(东印度/印度尼西亚)、西班牙/美国(菲律宾)和葡萄牙(东帝汶)殖民。由于排他性的殖民瓜分政策,二战以前这一地区的各个国家分别与各自的殖民宗主国保持着密切联系,却很少与相邻的其他国家的殖民地有政治、经济和文化往来。因此,尽管地理相近,但这些国家间却彼此隔阂。

二战中,日本的南下政策在历史上第一次将东南亚地区置于一个单一的统治者之下,各个国家也在战争后期逐渐产生了共同的反日民族主义。而真正让东南亚形成并作为一个政治单元雏形的却是1943年由盟军蒙巴顿(Louis Mountbatten)将军领导的"东南亚战区司令部"(South-East Asia Command, SEAC)的诞生。作为"美-英-荷-澳司令部"(American-British-Dutch-Australian Command,或者 ABDA Command)的继承者,SEAC 第一次将这些曾经是不同西方国家殖民地的地区统合在了"东南亚"这个名字之下。④

值得注意的是,SEAC 包括了后来被排除在"东南亚地区"之外的斯里兰卡、

---

① [法]G. 赛岱斯:《东南亚的印度化国家》,蔡华、杨宝筠译,商务印书馆2008年版,第13页。
② [澳]安东尼·瑞德:《东南亚的贸易时代 1450—1680》(第一卷),吴小安、孙来臣译,商务印书馆2017年版,第63页。
③ 有意思的是,在英语中,东南亚地区的很多地名都与"印度"和"中国"有关。例如,"远印度"的内陆地区称为"印度支那"(Indochina),其半岛与岛屿地区则名为"东印度群岛"(Indies),以及今天的"印度尼西亚"(Indonesia)。
④ Donald Emmerson, "'Southeast Asia': What's in a name?", *Journal of Southeast Asian Studies*, 1984, 15(1), p.7.

马尔代夫、澳大利亚的圣诞岛及印度的安达曼群岛、尼科巴群岛和拉卡代夫岛；但是，它并不包括菲律宾群岛，并且在很长一段时间内也排除了苏门答腊以东的马来群岛（它们在1945年才被纳入SEAC，从而让麦克阿瑟将军能集中精力打败日本），而法属印度支那则属于中国战区（泰国的归属被有意保持模糊）。换言之，即使被赋予了"东南亚"这个名字，SEAC的地理范围也还远远不是今天我们所熟悉的东南亚地区。①

尽管如此，SEAC还是为东南亚作为一个地区带来了知名度和曝光度。1945年，美国国务院成立东南亚事务处（Division of Southeast Asian Affairs）；1946年和1947年，伦敦大学亚非学院（University of London's School of Oriental and African Studies，SOAS）和耶鲁大学先后成立了专门研究东南亚的学术机构。② 此后，关于这一区域语言和文化的研究等越来越倾向于将原先分裂的该地区作为一个整体来考察，并且最终影响到这一地区的自我认知。

东南亚的边界被正式确定并成为今天的"东南亚"是冷战时期政治需要的产物。1954年，在美国建立亚洲版北约动机的驱动下，《马尼拉条约》（又称《东南亚集体防务条约》）签订，东南亚条约组织（Southeast Asia Treaty Organization，SEATO）正式成立。但是具有讽刺意味的是，SEATO成员中只有泰国和菲律宾是真正的东南亚国家，其他成员国（美国、英国、法国、巴基斯坦、澳大利亚、新西兰）都来自区域外。作为冷战时期不同阵营对立所驱动的区域化进程，SEATO的反共目标和所带来的战争风险不仅与区域国家的政治文化传统或"认知约定"（cognitive prior）矛盾，而且也不符合它们反对殖民主义以追求自由的利益——SEATO禁止在所辖区域（包括当时仍然是英国殖民地的马来亚、新加坡、沙捞越、文莱和北婆罗洲）进行"颠覆"政府的行为，因此其并没有在东南亚国家间形成反响与共鸣。伴随着本土自主的区域主义进程的启动，SEATO最终在1977年退出了历史舞台。

东南亚最早的自主区域主义尝试是1961年成立的东南亚联盟（Association of Southeast Asia，ASA），成员国包括了马来亚、菲律宾和泰国。但是，由于印尼的敌视和后来成立的马来西亚联邦与菲律宾之间关于沙巴领土的争议，ASA并没有发挥其作为区域内政府间组织的功能。1963年7月，为了推迟甚至阻止马来西亚联邦的建立，菲律宾和印度尼西亚试图通过建立一个区域安全组织，在马-菲-印（尼）（Malphilindo）的框架内给予马来亚安全保障。然而，伴随着马来西亚联邦于同年9月16日的正式成立，马菲印集团也陷入了瘫痪。东南亚地区联

---

① Donald Emmerson, "'Southeast Asia': What's in a name?", *Journal of Southeast Asian Studies*, 1984, 15(1), pp.7-8.

② Ibid., p.8.

合的真正成功要等到1967年东南亚国家联盟（简称东盟）的正式成立才算实现。东南亚联盟和马菲印集团在东盟成立后并入东盟。

标志着东盟成立的《曼谷宣言》规定，东盟对所有位于东南亚地理范围内并愿意遵守东盟目标和原则的国家开放。① 然而，宣言本身并没有列出哪些国家属于东南亚。有意思的是，在签署《曼谷宣言》时，五个创始成员国的外长有意让东盟对缅甸、柬埔寨、老挝、锡兰（1972年更名为斯里兰卡）和南越、北越开放。锡兰拒绝了这一邀请。而之后当斯里兰卡在20世纪80年代申请加入东盟时，东盟却以其不是东南亚国家为由而拒绝了它。②

不管怎么说，由于斯里兰卡曾经是东南亚战区司令部的所在地，且其上座部佛教的传统与大陆东南亚国家在文化上更为相近，因此对于斯里兰卡是否属于东南亚一直存有争议。与此同时，菲律宾的天主教传统、它与美国的特殊关系以及曾经不属于东南亚战区的事实也让一些人质疑它是否可以被当作东南亚国家。③ 但是，随着东盟的成立，关于东南亚的边界在哪里的问题开始有了相对清晰的答案。菲律宾作为东盟的创始成员国理所当然地成为东南亚的核心国家之一，而斯里兰卡则在拒绝东盟最初的邀请之后被排除在外。

在1975年印尼吞并葡属东帝汶后，人们开始普遍认同东南亚应该包括10个国家，也就是今天东盟的10个成员国。④ 但是，直到冷战结束，在中南半岛上的4个国家——越南、老挝、柬埔寨、缅甸——于90年代中后期先后成功加入东盟后，作为一个政治单元的东南亚才最终成为了现实。目前唯一悬而未决的是1999年从印尼独立出来的东帝汶的地位。尽管它毫无疑问是一个东南亚国家，但由于迄今为止还不是东盟的成员国，因此也被暂时排除在东南亚区域主义进程之外。

五、为什么研究东南亚

东南亚研究的兴起与二战后出现的两股潮流有关。其一，尽管不无争议，但东南亚作为一个政治区域的整体性得到了学者们和政治家们的广泛认可。其

---

① ASEAN，*The ASEAN Declaration（Bangkok Declaration）Bangkok*，August 8，1967，https://asean.org/the-asean-declaration-bangkok-declaration-bangkok-8-august-1967/，最后浏览日期：2021年8月3日。
② Amitav Acharya，*The Making of Southeast Asia: International Relations of a Region*，Ithaca：Cornell University Press，2013，p.155.
③ Donald Emmerson，"'Southeast Asia': What's in a name?"，*Journal of Southeast Asian Studies*，1984，15(1)，p.11.
④ Ibid.，p.13.

二,东南亚的独立性在区域主义的实践中日益凸显。作为一个有独特文化传统和政治实践历史的区域,它不再只是因为处于中华文明和印度文明边缘而被认可。① 它的独立性在后殖民时期的非西方世界如此突出,以至于东盟的实践成为了人们研究欧盟之外的区域主义发展的范本。

吊诡的是,自进入 21 世纪以来,人们一方面仍然热衷于称赞它的独立性,承认东南亚的繁荣与开放是自身不断学习、创新与抗争的成果;另一方面却越来越关注它作为中国的"周边"在大国竞争中的选择与站队。换言之,尽管寻求自主性的努力贯穿这一地区的历史和现实政治,但在学者和政治家的眼中,东南亚依然难以摆脱体系结构所带来的"生存"压力。而这种"生存"压力既是真实的,在一定程度上也是认知的、被夸大或扭曲的。

站在中国的视角,作为与东南亚接壤,又与其有着错综复杂的历史、政治、经济、文化往来的国家/社会/文明的一员,我们研究东南亚具有更多的现实意义。首先,东南亚是我们的近邻,是中国周边的重要组成部分。中国不仅有重要的利益在东南亚,东南亚的稳定与繁荣也会影响中国的政治秩序和经济发展。其次,东南亚的地理位置极为重要。它连接着太平洋和印度洋,历史上就是东西方贸易联系的枢纽,如今更是中国与更广大世界进行贸易和交流的窗口和必经之路。再次,东南亚也是大国博弈的竞技场。虽然这一区域内的国家都是中小国家(印尼可能是个例外),但世界上的一些大国在这一区域十分活跃,而它们又将东南亚作为向中国施压或渗透的媒介。同样重要的是,这并不意味着东南亚就甘于成为大国附庸。恰恰相反,如前文所述,东南亚始终在体系压力下寻求自己的自主性。而参与东南亚主导或推动的区域主义发展,因此也是中国支持东南亚追求区域自主、摆脱"冷战思维"、构建命运共同体的重要方式。

研究与认识东南亚与世界的关系既是我们认识一个区域的独特视角,也是我们在区域和全球世界中与之交往和沟通的前提。尽管东南亚与世界的关系错综复杂,但在这里我们将以历史为线索,逐步揭开东南亚从区域世界的中心走向全球世界体系的边缘又逐渐突破边缘的进程。其间,贯穿始终的是体系压力与区域自主性之间的互动和建构。

第二节 认识东南亚与世界的关系

本书将东南亚作为一个历史的和地理的区域,展示它与外部世界的互动以

---

① Amitav Acharya, "Remaking Southeast Asian Studies: Doubt, Desire and the Promise of Comparisons", *Pacific Affairs*, 2014, 87(3), p.467.

及在此过程中所发生的融合、抗争与妥协,并立足于区域研究,结合国际关系的理论与方法,力图为读者认识东南亚的国际关系提供一个框架。

具体而言,本书寻求以历史的视角向读者呈现今天东南亚区域在政治、经济、社会、文化等方面表现出来的多样性的渊源以及它与世界的互动历程;致力于突破国别的界线而着眼于区域的整体性,从而帮助读者理解东南亚在区域与世界体系中所处的位置和争取独立过程中的抗争和矛盾;关注在区域内发生的、具体的国际关系问题(如文明的冲突与融合、经贸关系、殖民主义、区域安全秩序、区域主义、规范传播、移民问题等),试图在体系结构下探讨区域行为体的能动性,并寻求在分析中突破西方中心主义的羁绊,阐明东南亚的主体性和统一性。

把东南亚作为一个区域(而不仅仅只是一系列国家)进行研究和讨论,是因为任何国家都不可能脱离其所处的区域体系独立发展;而任何一个区域的发展又是一个长时段的历史问题——历史既是区域发展本身,也是区域内国家互动的基础和前提。[1] 因此,唯有把东南亚本土历史与全球历史、世界体系的整体性联系起来,我们才能更好地理解东南亚历史的整体性。[2]

在历史上很长时期,东南亚一直是印度文明和中华文明的外围,既受到它们的影响,又拒绝被完全同化。近代以来,面对西方船坚炮利的挑战,东南亚遭受殖民者侵略,被纳入殖民主义体系并长期处于边缘地带,由此逐渐发展出现代国家的雏形。二战结束以后,当东南亚国家终于获得独立,它们又不得不面对冷战甚至热战在区域内的蔓延以及全球化浪潮的席卷;于是它们以区域主义抵御外部环境所带来的机遇和挑战,并逐渐形成了一套基于传统经验的规范和行为准则。在历史发展的进程中,东南亚的国际关系始终面临着双重挑战:一方面,区域内部相邻国家彼此竞争、合作,共同维持着一定时期内区域国际关系体系的基本稳定;另一方面,它们又要在与外部世界打交道的过程中保持政治、经济、文化的独立性和韧性,避免成为外部世界的附庸。也正因为如此,如果不了解东南亚地区的历史,不将它作为整体并置于世界体系中进行考察,我们就很难理解东南亚在今天的国际关系和区域主义实践中的行为逻辑,也很难对它所取得的成就作出客观的评价。

庄礼伟曾经指出,东南亚历史发展的整体性与差异性都源自它"在地理、物质、社会方面的长时段结构性因素;整体性意味着彼此的影响、连通、联动是长期

---

[1] 王正毅:《边缘地带发展论——世界体系与东南亚的发展》(第2版),上海人民出版社2018年版,第13页。
[2] 庄礼伟:《年鉴学派与世界体系理论视角下东南亚的"贸易时代"》,《东南亚研究》2016年第6期,第109页。

存在的,差异性意味着各地历史发展与当地社会的自主筛选有关,与当地社会对偶然性、差异性的维护与传承有关"。① 接下去,这一节将从来自外部的结构性压力和源于内部的行为体能动性两个角度来具体探讨推动东南亚历史进程(特别是它与世界体系互动发展)的两股力量。

一、结构性因素

地理位置不可改变。对于东南亚来说,贯穿其历史始终的是两个方面的地理结构:一方面是自然地理因素所造就的气候和交通条件;另一方面是特殊地缘政治环境下外部势力对地区秩序的塑造。自然地理因素在工业化时代以前决定了东南亚地区的政治、经济和文化形态。随着工业化的日益深入和资本主义世界体系的最终形成,地缘政治因素正日益成为东南亚区域发展和繁荣的条件和制约。

(一) 自然地理

贸易在东南亚历史上扮演着重要的角色。它不仅是东南亚历史发展的动力,也是东南亚与世界交往互动的主要方式。对于贸易的依赖意味着东南亚不可避免地受到与它进行贸易的更广大世界的影响——后者的兴衰往往给东南亚带来经济机会和军事压力。造就贸易这种突出影响力的正是东南亚独特的自然地理条件。

东南亚的自然地理条件有两个显著的特征。第一,它与外部世界虽然陆路上阻隔较多,但海路畅通,且气候温和、季风稳定。东南亚的北部有喜马拉雅山脉的阻挡,中亚的游牧民族难以从陆路到达东南亚;但与此同时,这一地区内部以及与外部的水路却畅通无阻,并一直对海洋贸易以及伴随着海洋贸易到来的海商、冒险家和传教士保持着开放。②

除了拥有进行海洋贸易的便利交通条件外,东南亚海域季节性的气候特征也为区域内王朝的兴衰奠定了基础。商人们将东南亚作为中转地,在这里等待季风的转向和贸易伙伴的到来。于是,中转港成为了海洋贸易的中心,并催生了位于季风贸易区的城市/王朝的兴盛以及它们伴随贸易萧条的衰落。③ 在陆路地

---

① 庄礼伟:《年鉴学派与世界体系理论视角下东南亚的"贸易时代"》,《东南亚研究》2016 年第 6 期,第 111 页。
② [澳]安东尼·瑞德:《东南亚的贸易时代:1450—1680》(第一卷),吴小安、孙来臣译,商务印书馆 2017 年版,第 7—8 页。
③ [澳]安东尼·瑞德:《东南亚的贸易时代:1450—1680》(第二卷),吴小安、孙来臣译,商务印书馆 2017 年版,第 94 页。

区,虽然遭遇密林、暴雨、激流,道路维修极为不易,但它所盛产的稻米和其他作物通过密布的河道维系了城市的发展并为海外贸易提供了物资。因此,当海上贸易带来强劲需求时,东南亚内陆也随之蓬勃发展。①

在西方殖民者到来之前,不仅来自近东的地毯、挂毯,来自印度的棉织品,来自中国的蚕丝、丝织品、茶叶和瓷器,以及本地出产的香木、松香、黄金、宝石和香料等在东南亚中转、交易并流向不同的地方,而且印度文化、中华文化和伊斯兰文化也通过贸易及和平的文化往来被带到了东南亚并在这里生根发芽。② 正如安东尼·瑞德在《东南亚的贸易时代:1450—1680》一书的开篇所指出的,"人类的历史就像一张无缝之网,没有哪一个地区能够完全孑然独立,也没有哪一个地区能够像'风下之地'那样与国际贸易关联如此密切"。③

在殖民时期,虽然气候/季风不再是海洋航行的决定因素,但东南亚海域连接印度洋和太平洋的战略位置和四通八达的海路依然是吸引殖民者的重要原因。在东南亚,发展贸易而非扩张领土是欧洲殖民者的主要目标,控制港口和具有战略意义的海峡则是它们的核心利益。因此,在东南亚的殖民历史中,殖民者在一段时期内更希望通过与当地统治者签订条约进行间接统治,以维护其贸易利益,并且在当地政权威胁到它们的贸易特权时开始寻求直接统治。同时,不同殖民宗主国之间的竞争也时常围绕着贸易权利的争夺和分配。尽管竞争可能异常激烈,但彼此之间也更容易通过交换对一些港口和贸易站点的控制权和对对手经济利益的承认而达成妥协。贸易的繁荣还导致殖民者对于发展殖民地的工农业不感兴趣,殖民地经济因此长期高度依赖于初级产品的出口;这进而又造成了东南亚的经济发展与国际市场价格紧紧捆绑,抗风险能力极弱。

此外,华人的商业网络也在殖民时代走向繁荣。华人在东南亚的港口城市与内陆地区从事零售贸易,在东南亚和中国的沿海地区构建海洋贸易网络,并在跨国海洋贸易和内陆生产者与消费者之间扮演中间商的角色。④ 贸易还带来了大量的移民。除了华人之外,印度人、西方殖民国家的商人也纷纷定居港口和城市,形成了一些繁华的殖民城市(如巴达维亚、马尼拉、新加坡)。这又推动了东

---

① [澳]安东尼·瑞德:《东南亚的贸易时代:1450—1680》(第二卷),吴小安、孙来臣译,商务印书馆2017年版,第77页。
② 王正毅:《边缘地带发展论——世界体系与东南亚的发展》(第2版),上海人民出版社2018年版,第59页。
③ [澳]安东尼·瑞德:《东南亚的贸易时代:1450—1680》(第一卷),吴小安、孙来臣译,商务印书馆2017年版,第1页。
④ Ryuto Shimada, "Southeast Asia and International Trade: Continuity and Change in Historical Perspective", in Keijiro Otsuka and Kaoru Sugihara, eds., *Paths to the Emerging State in Asia and Africa*, Singapore: Springer, 2019, p.67.

南亚多元种族社会的发展和成型。

在后殖民时期,海洋与贸易同样紧密联系。作为连接印度洋和太平洋的重要海域,如何确保海洋贸易通道的安全和有序是当代东南亚地区安全秩序的核心和大国竞争的焦点,也是东南亚维持发展和繁荣的基石。21 世纪以来,海洋安全问题涉及了从传统安全到非传统安全的多个领域,成为了东南亚安全合作的突破口。例如,正是应对海盗威胁的需要让东南亚国家改变了冷战时期形成的回避安全合作的传统,并为此后东盟共同体的建设创造了条件。

除了对海洋开放以外,东南亚自然地理的第二个显著特征在于它的热带气候。热带气候为热带经济作物的种植提供了条件,也在历史的长河中成为东南亚经济发展的决定性因素(尽管它的重要性随着工业化的发展而日益下降)。

在古代,"香料和胡椒的贸易使东南亚处于特别重要的地位。"来自不同地方的商人把东南亚的香料和胡椒连同龙脑、松脂、宝石、贵重木材等运往中国和日本,同时这些物产在西方也颇受欢迎。随着贸易时代的到来,这些商品又被波斯人和阿拉伯人经由印度西部的古吉拉特港口运往红海和波斯湾。①

寻找传说中的香料群岛是欧洲人来到东南亚的最直接原因。16 世纪初,葡萄牙人首先受香料贸易的丰厚报酬吸引来到东南亚,占领了马鲁古群岛和几个重要的贸易港口,并在马六甲建立了东南亚地区的第一个西方殖民地。随后,荷兰、英国和法国相继加入了香料贸易的竞争。1602 年,荷兰建立东印度公司,目标在于完全控制香料贸易,并排挤其他的竞争对手。② 18 世纪初,英国开始在东南亚建立霸权,并与荷兰签订商业条款,划分势力范围。在西方殖民势力扩张的过程中,原先繁盛的亚洲内部贸易(东南亚与印度、东南亚与中国、东南亚与日本等)被拓展为欧亚甚至世界性的贸易网络。不仅东南亚的香料成为了欧洲市场的紧俏商品,而且来自美洲的白银也被作为购买香料及其他东南亚产品的支付方式而流入东南亚。东南亚因此加入了世界体系,整个世界贸易也或多或少为东南亚香料生产的兴衰和流动所影响。③

随着欧洲人的到来,欧洲社会对热带经济作物(如香料、咖啡、蔗糖)以及工业初级产品的大量需求成了推动东南亚社会经济转型的主要动力。④ 经济作物

---

① [英]D.G.E.霍尔:《东南亚史》(上册),中山大学东南亚历史研究所译,商务印书馆 1982 年版,第 284 页。
② [澳]米尔顿·奥斯本:《东南亚史》,郭继光译,商务印书馆 2012 年版,第 81 页。
③ [新西兰]尼古拉斯·塔林主编:《剑桥东南亚史》(Ⅰ),贺圣达等译,云南人民出版社 2003 年版,第 150 页。
④ Ryuto Shimada, "Southeast Asia and International Trade: Continuity and Change in Historical Perspective", in Keijiro Otsuka and Kaoru Sugihara, eds., *Paths to the Emerging State in Asia and Africa*, Singapore: Springer, 2019, p.68.

的强迫种植制度被荷兰人和英国人引入爪哇和明古鲁,使得原先实行自给自足经济的地区也被迫卷入国际市场贸易。① 随后,工业革命在欧洲迅速发展,殖民者开始关注东南亚在橡胶种植上的天然优势,并对其注入大量资本。然而,橡胶种植园以及同期发展起来的采矿业需要大量的劳工,但东南亚大多数地方地广人稀,因此引进外来劳工变得必不可少。华人以及印度人成为了种植园和采矿业的劳动力来源,外来人口在这一时期大量输入东南亚。

到20世纪中叶,殖民体系崩溃,东南亚国家走上了独立之路。由于殖民时期只开发了欧洲列强需要的几种贸易产品(如香料、锡、橡胶等),因此殖民体系的瓦解并没有马上改变东南亚作为西方发达经济体(包括原宗主国)初级产品提供者的地位,对外贸易依然是东南亚大多数国家的一大产业。② 与此同时,东南亚国家之间却由于相似的自然禀赋造成趋同的出口产品结构,进而导致彼此在经贸领域的竞争性大于互补性。在战后一段时期内,东南亚的区域经济合作明显缺乏动力。③

这种状况一直延续到了20世纪70年代方才有所改变。当时,东南亚的一些民族国家逐渐采取了出口替代型的工业化发展战略,并意识到它们在与外部大国谈判时存在共同的脆弱性。为了争取有利的贸易待遇并提高各自在世界经济格局中的地位,它们开始在经济政策上相互协调,并因此推动了区域主义的发展。尽管如此,时至今日,东南亚国家与外部大国间的贸易额依然远高于相互之间的贸易额。它们各自对大国的经济依赖程度亦高于彼此之间的经济相互依赖程度。

(二) 地缘政治

除了自然地理以外,东南亚面临的另一大结构性因素则与其强大的邻国有关。对东南亚来说,它与中国、印度这样的古老文明和现代大国相邻,因此它的历史发展轨迹也离不开这两大文明/大国的影响。

在古代,中国和印度对东南亚的影响主要表现在贸易和文化两个方面。在贸易上,当中国或印度次大陆国家国力强盛、对外贸易频繁时,东南亚的港口和贸易随之而兴;当它们国力衰微甚至闭关锁国时,东南亚的港口和贸易也偃旗息

---

① [新西兰]尼古拉斯·塔林主编:《剑桥东南亚史》(Ⅰ),贺圣达等译,云南人民出版社2003年版,第493页。
② 王正毅:《边缘地带发展论——世界体系与东南亚的发展》(第2版),上海人民出版社2018年版,第73页。
③ Amitav Acharya, *The Making of Southeast Asia: International Relations of a Region*, Ithaca: Cornell University Press, 2013, p.118.

鼓。① 在文化上,"东南亚分成两个主要文化区域:一个是法国学者所称的'外印度',印度的影响在这一区域占了优势;另一个区域包括东京、安南和交趾支那,随着15世纪'印度化'的占婆王国的覆灭,中国的影响便在这一地区内居于支配地位。"②在被称为"外印度"的地区,印度文化的渗透直至今天依然清晰可辨。梵语成分是当地各种语言的一部分,印度的法规和行政编制影响着当地,婆罗门教的传统即使在改信伊斯兰教或上座部佛教的国家中仍然被保留,建筑艺术与雕刻都与印度艺术有关。③ 在受中国文化影响的地方,古代安南的文学作品与中原地区作者写下的诗歌一起被保存和传诵,当地人跟中国人一样崇拜祖先、信仰儒释道并参加科举考试,汉文的古籍文物更是几乎无处不在。④

在殖民时期,除了贸易的利益外,中国和印度也在一定程度上影响了殖民政府对东南亚的政策。英国占领缅甸在很大程度上是为了确保其印度殖民地的安全。法国对印度支那感兴趣则是因为它在与英国争夺印度时失利。⑤ 在经历了一段时间的交锋后,英国意识到越南"远离我们的印度政治的势力范围",因而默认了法国在越南的利益。⑥ 法国人控制了越南并寻求进一步控制湄公河(泰国和老挝的边界由此确定),目的之一就是要获得进入中国的陆路和水路通道。⑦ 而当法国占领岘港,英国发现法国在通往中国的海上航道一侧建立了海军基地,因此又加强了对航道另一侧的北婆罗洲的控制。⑧

二战中,东南亚战场的战局同样受到中国战场和印度战场的影响。日军要摧毁经由东南亚源源不断向中国战场提供的后勤保障,并从东南亚获得战略物资以支持其在中国战场的行动。他们也以东南亚为基地招募和训练印度的民族主义者,以打击英军并寻求有朝一日将印度纳入"大东亚共荣圈"。但是,在东南亚战场遭遇挫折的盟军也因为有了印度的腹地而得以重整旗鼓,并最终反败为胜。甚至战后(除菲律宾以外的)东南亚地区的受降也分别由从印度出发的英国军队和从北边南下的中国军队共同完成。

---

① Ryuto Shimada, "Southeast Asia and International Trade: Continuity and Change in Historical Perspective", in Keijiro Otsuka and Kaoru Sugihara, eds., *Paths to the Emerging State in Asia and Africa*, Singapore: Springer, 2019, p.57.
② [英]D.G.E.霍尔:《东南亚史》(上册),中山大学东南亚历史研究所译,商务印书馆1982年版,第20页。
③ [法]G.赛岱斯:《东南亚的印度化国家》,蔡华、杨保筠译,商务印书馆2008年版,第2页。
④ 古小松:《越南文化的特点、发展趋势与中越文化交流》,《文化软实力》2018年第2期,第60页。
⑤ [新西兰]尼古拉斯·塔林主编:《剑桥东南亚史》(Ⅱ),贺圣达等译,云南人民出版社2003年版,第35页。
⑥ 同上书,第37页。
⑦ 黄基明:《王赓武谈世界史》,当代世界出版社2020年版,第82页。
⑧ [新西兰]尼古拉斯·塔林主编:《剑桥东南亚史》(Ⅱ),贺圣达等译,云南人民出版社2003年版,第39页。

东南亚的去殖民化是在大国的阴影下开始的。当英国发现再也难以支撑在印度的殖民统治后,它在东南亚称霸的基础迅速瓦解。① 但同时,英国又认为,东南亚迟早要被夹在印度和中国之间,并受制于两者之一。因此,英国联合美国一起向东南亚灌输,如果他们的影响力得以留在这个地区,那么他们就可以帮助东南亚对抗中国和印度这两个国家。② 于是,在冷战早期,东南亚成为美国围堵中国的前沿阵地。③ 当20世纪70年代中美关系改善以后,联合起来的东盟又与得到美国支持的中国默契合作,在国际舞台上共同抵制苏联影响力在印度支那的扩张。这一时期,印度则因为与苏联的密切关系而疏远了东南亚。

冷战结束以后,当中国凭借与东南亚日益加深的经济相互依赖和频繁的政治人文交流而成为后者重要的战略伙伴时,美国却试图拉拢东盟共同遏制中国影响力的扩大。印度出于经济和战略的考虑也调整了对东南亚的政策,逐渐将其外交战略从表态意味更多的"向东看"(Look East)发展为更实丁的"东进行动"(Act East),并成为(美国及其盟友所倚重的)能够在东南亚平衡中国的重要力量。当大国再次将对外政策的焦点汇集于东南亚时,东南亚国家也前所未有地感受到了地缘结构对它造成的巨大压力,以及在这样的环境中维持自主性并突破边缘地位所面临的严峻挑战。

如果说历史上中国和印度对东南亚的影响往往是确凿的和有形的,那么在现代国际关系体系的规范下(主权平等、边界确定、互不侵犯),周边大国对于这一地区的压力则表现在现实的与被建构的两个层面。在现实层面,周边大国在东南亚的安全、贸易、金融、技术、基础设施、教育、文化等各个领域广泛渗透,而与这种渗透相关的政治含义则是希望东南亚国家能在激烈的战略竞争中,对在地区内有影响力的大国表现得更为友好,或者至少保持中立并不与对手结盟。在被建构的层面,压力则更多来自心理上和认知中的"天然恐惧",且有可能在现实世界中升级为激烈的对抗。作为小国,东南亚国家所能做的就是在大国之间纵横捭阖,寄希望于大国之间相互制衡。这反过来又制造了一个自我实现的预言:如果大国在这一地区陷入竞争甚至对抗,那么小国又怎么可能自我保全?这种结构性压力下的困境正是当代东南亚国际关系的核心症结之一。如何突破这一现实主义的陷阱则考验着东南亚各国的智慧。

---

① [美]约翰·F.卡迪:《东南亚历史发展》(下册),姚楠、马宁译,上海译文出版社1985年版,第710—711页。
② 黄基明:《王赓武谈世界史》,当代世界出版社2020年版,第157—158页。
③ Amitav Acharya, "Asia is not one", *The Journal of Asian Studies*, 2010, 69(4), pp.1005-1007.

二、区域自主性

在有记载的历史中,东南亚地区大多数时候都位于主流文明与世界体系的边缘地带。① 这意味着在广泛的文化互动和劳动分工之下,东南亚的历史进程受到体系结构的制约而难以完全按照自己的逻辑独立发展。与此同时,不同外来文化的影响也激发了区域独特的文化心理和意识认同。它一方面造就了东南亚更加包容、平等而富有韧性的文化传统;另一方面"东南亚地区在外界势力的磨砺和轮番改造下,反倒激发出了区域本身的集体意识,并自发地形成了璀璨夺目的东南亚的区域一体化"。② 虽然面对着来自体系的结构性压力,但东南亚人依然努力在自己的舞台上扮演着中心的角色。

(一)对外来影响的改造与适应

地处两大文明之间的交通要道,东南亚政治与文化的发展与变迁同时受到外部与内部力量的影响和推动。就外部力量而言,从早期印度婆罗门教的渗透,到13世纪以来南印度和锡兰上座部佛教的传播、蒙古人的南下、伊斯兰教的渗入,以及更为有力的中-越文化的推进,直至伴随着西方殖民者到来而"体现在基督教、海军技术和会计学方面欧洲人富有进取心的价值观念"的影响,东南亚始终是世界的一部分,受到外部世界变迁的推动。③ 但更重要的是,东南亚自身对于这些变化并没有无动于衷,而是在长期的历史发展中形成了一种"自主的历史"观,主动寻求摆脱作为中、印两大文明的边缘进而世界体系的边缘地带的属性。"自主的区域特性"和"自主的历史"因此成为了认识东南亚的一个重要视角。④

在早期贸易中,东南亚人与外国商人的互动更多的不是后者试图从剥削本地人中获得利益,而是本地人对于潜在贸易机会所作出的主动反应。⑤ 例如,是马来的水手而不是印度的商人最早在东南亚和南亚之间建立了联系。⑥ 7世纪以后,以海洋贸易立国的室利佛逝统治者通过把当地马来人的势力和权威与外

---

① 黄基明:《王赓武谈世界史》,当代世界出版社2020年版,第75页。
② 翟崑:《超越边缘化:世界体系论下的东盟共同体》,《人民论坛·学术前沿》2016年第9期,第40页。
③ 王赓武:《南洋贸易与南洋华人》,姚楠编译,中华书局1988年版,第265页。
④ 庄礼伟:《年鉴学派与世界体系理论视角下东南亚的"贸易时代"》,《东南亚研究》2016年第6期,第111页。
⑤ Kenneth R. Hall, *Maritime Trade and State Development in Early Southeast Asia*, Honolulu: University of Hawaii Press, 2019, p.2.
⑥ [新西兰]尼古拉斯·塔林主编:《剑桥东南亚史》(Ⅰ),贺圣达等译,云南人民出版社2003年版,第153页。

来的但经过改造的佛教信条结合起来,成功地说服群岛地区人民把农产品、林产品和海产品集中到港口,从而获得贸易的最大好处。他们还联合中爪哇的农业王朝政权,共同为过往船只和留居港口等待季风的往来者提供充足食物,以发展自身的国际贸易能力。① 13世纪后,当欧洲人开始大量消费肉食并形成了对亚洲香料的依赖后,满者伯夷的商贾们立即行动起来发展出自身的销售网络;并与国王密切合作,分享港口使用的利润,从而获得了后者的支持。②

东南亚对外来文化的接纳也是自愿的(值得注意的是,这个地方在历史上没有发生过宗教战争),并且不是不加选择地全盘接受。③ 东南亚的诸印度化国家从来不是印度的政治藩属或文化殖民地。在这些国家中,本土的神祇和祖先崇拜的传统与国家的宗教仪式相结合,方才形成了印度教王国的意识形态。④ 君主一方面利用由神职人员或精英把控的印度的仪式来巩固统治(如果是在越南,那么就利用中国的仪式);另一方面,这些仪式又是建立在传统的万物有灵论基础上。换言之,外来的仪式只是被用来强化本土宗教观念以更好地服务于统治者的利益。⑤ 在深受中国文化影响的越南,虽然儒家思想占据主导地位并且行政体系也效仿中国,但越南没有变成一个变相的中国省份,而是对中华文化做了适合本土特征的改变和调适。例如,尽管采纳了中国的科举制度,但越南在科举中创设了一些不同的形式(如太学生科、饶学试等),实行过儒、佛、道三教考试,还用大象来把守考场以防作弊。⑥ 13世纪起出现的字喃(意即"南国之字")也是为了适应越南本土语音而对汉字进行的改造。⑦ 更重要的是,当时越南始终保持着自己强烈的政治认同。越南著名历史学家陈国旺就曾指出,越南是中国的邻国,深受中国文化影响,但它依然维持着民族独立,保持了自己的文化特色。⑧

对于东南亚来说,唯一不是自愿接受的外来影响是现代化,因为那是殖民者凭借船坚炮利而强加给他们的。⑨ 但是,一旦独立的民族国家建立,东南亚就表

---

① [新西兰]尼古拉斯·塔林主编:《剑桥东南亚史》(Ⅰ),贺圣达等译,云南人民出版社2003年版,第162—163,167页。
② 同上书,第180页。
③ 黄基明:《王赓武谈世界史》,当代世界出版社2020年版,第98页。
④ Kenneth R. Hall, *Maritime Trade and State Development in Early Southeast Asia*, Honolulu: University of Hawaii Press, 2019, pp.5-6.
⑤ Ibid., pp.6-7.
⑥ 刘海峰:《中国对日、韩、越三国科举的影响》,《学术月刊》2006年第12期,第141页。
⑦ 字喃以汉字为基础,借取整个汉字或汉字偏旁,采取汉字中的形声、会意、假借等造字方法创制而成。每个喃字的组成都需要一个或几个汉字,并且无论是通过形声、会意或假借方法复合的喃字都以汉字读音来视读。参见郭晔旻:《越南是怎样废弃汉字的》(2016年3月18日),澎湃,https://www.thepaper.cn/newsDetail_forward_1439758,最后浏览日期:2021年8月30日。
⑧ 转引自古小松:《越南文化的特点、发展趋势与中越文化交流》,《文化软实力》2018年第2期,第61页。
⑨ 黄基明:《王赓武谈世界史》,当代世界出版社2020年版,第98页。

现出了对自主性的执着坚持,拒绝不加选择地接受来自外部世界的国际规范。在万隆会议上,新独立的东南亚国家明确了以不干涉内政原则作为区域合作的前提,同时又在普遍接受的规范内涵中增加了不参与超级大国领导的集体防务协定的内容。① 在走向区域合作的道路上,尽管有着欧洲"成熟"区域组织的"榜样",但东南亚并没有简单地效仿它的成功经验,而是一再重申东南亚历史的特殊性和区域国家之间的多样性。自1967年成立以来,东盟的发展轨迹满足了区域国家的文化传统和多样性、自主性,并形成了独特的"东盟方式"。② 在扩大的过程中,东盟不仅以包容的方式接受了曾经的敌对国,而且在西方希望它以国内政治为由拒绝缅甸的成员国身份时坚持不干涉内政原则,以对话而非排斥的方式处理缅甸问题。这些都为东盟在日益全球化的多元世界中摆脱边缘地位、建构一个东盟共同体奠定了基础。

(二) 保持灵活与务实:在大国间纵横捭阖

在古代,由于地理因素的限制(中亚的游牧民族难以长驱直入),外部世界对东南亚的影响并没有以强制性的方式表现出来。因此,东南亚也有更多的空间选择和适应外来商品和文化对当地社会形态的影响,并在此基础上发展出东南亚区域体系的秩序。但是,这一切在殖民势力进入后就变得难以维系。伴随着殖民者枪炮而来的是东南亚地区被迫加入一个真正的世界体系,并在这个体系中处于边缘的地位而被剥削和改造。尽管如此,东南亚国家并没有消极接受列强强加给他们的殖民历史以及大国力量在此后的长期影响。它们努力在大国之间纵横捭阖,最大限度地维护自身的利益。

在殖民时期,东南亚政治实体所处的位置、得到的有关殖民势力的情报的质量以及他们解释这些情报的能力,在很大程度上决定了他们能够对西方的入侵作出怎样的反应。暹罗(今泰国)无疑是这一地区最善于在大国之间周旋并足够务实地维护自身利益的国家。为了维持独立,暹罗不惜向英法割让领土,将老挝地区沿湄公河的领土以及柬埔寨西部省份割让给法国,又在1909年的《英暹条约》中把四个马来邦(玻璃市、吉打、吉兰丹和丁加奴)的控制权割让给英国,以此换取了英法对其独立地位的保证。当时的暹罗领导人坚持认为,"对我们来说,保全我们自己的家园就足矣;或许我们必须放弃我们原先拥有的一部分权力和影响"。③ 二战时,泰国倒向日本并向英美宣战,但战后泰国领导人立即发布《和

---

① Amitav Acharya, *Whose Ideas Matter?: Agency and Power in Asian Regionalism*, Ithaca: Cornell University Press, 2011, pp.38-40.
② Ibid., pp.69-70.
③ [新西兰]尼古拉斯·塔林主编:《剑桥东南亚史》(Ⅱ),贺圣达等译,云南人民出版社2003年版,第57页。

平宣言》，宣布宣战无效，并积极赔偿英美的损失，最终避免了沦为战败国的命运。除了暹罗/泰国，文莱苏丹通过让英国人任命驻文莱的驻扎官方式来约束沙捞越的白人罗阇和北婆罗洲公司的侵蚀，从而防止了文莱的消失。① 苏禄苏丹利用与英国的联系使得西班牙人始终未能实现对它的有效控制。②

冷战时期，当苏联和美国取代欧洲殖民国家而在全球争霸后，东南亚的非共产党国家一方面希望积极拉拢西方（尤其是美国）以抵制苏联势力的扩张，另一方面则小心翼翼地维持着独立，防范西方力量过度干预该地区的发展。让美国人困惑的是，在美国主导的东南亚条约组织建立后，即便是非共产党的东南亚国家也将其视作是外国支配的组织，并"被一些潜在的成员国视为比该组织要防范的敌人更危险的敌人"。③ 在东南亚条约组织建立后的第二年，第一届亚非会议在万隆召开。不仅东南亚的所有独立国家都参加了这次会议，而且他们还商讨了推动区域内独立合作的方案。虽然亚洲合作组织并没有在这个会议上产生，但是它后来成为不结盟运动的开端，代表了东南亚国家在美苏之外寻求第三条道路的努力。④

随着东南亚国家国内政治的调整，区域合作的设想最终在1967年开花结果——东南亚国家联盟成立。之后东南亚逐渐形成了"三足鼎立"的政治格局：在印度支那，越南得到苏联的支持，并扮演了苏联利益代理人的角色；在菲律宾和泰国，美国建立了军事基地并提供了大量的军事和经济援助；在东盟的框架下，（包括菲律宾和泰国在内的）东盟国家与日本、西欧进行了一系列的经济交往，因而成为了地区内的第三股力量。⑤ 第三次印度支那战争爆发后，东盟在国际舞台上积极发声，并利用中、美的支持扩大国际影响力。尽管柬埔寨问题最终没有在东盟的主导下解决，但东盟在其中发挥的作用为其赢得了良好的国际声誉，并为冷战后东盟的对外关系打开了局面。

冷战后东南亚的国际地位在很大程度上也依赖于它在大国之间纵横捭阖的能力。冷战时期的"三足鼎立"格局在这一时期发展成了"美国-中国-东盟"之间关系的复杂平衡。在与美国的关系中，东南亚国家一方面要拉住美国，说服后者认可东南亚地区的战略价值；另一方面又要抵制美国对区域事务的过度介入，防止它拉东南亚国家遏制中国。与此同时，随着中国的崛起，东盟希望在与中国的密切互动中获得发展的机遇，但也极力想要维持让其感到安全的"三足鼎

---

① ［新西兰］尼古拉斯·塔林主编：《剑桥东南亚史》（Ⅱ），贺圣达等译，云南人民出版社2003年版，第22，52页。
② 同上。
③ 同上书，第477页。
④ 同上书，第478页。
⑤ 王正毅：《边缘地带发展论：世界体系与东南亚的发展》，上海人民出版社2018年版，第90页。

立"——也许这是东盟认为的处于大国夹缝中的东南亚的唯一选择。① 为此,东盟寻求在多边的框架下协调大国关系,并用东盟的规范(《东南亚友好合作条约》)约束大国在区域内的行动。在此基础上,它还构建了一系列复杂的区域合作网络,通过让大国内嵌于这一网络来彼此制衡和互动。

不得不指出的是,近年来,随着中国的崛起,东南亚"三足鼎立"的格局发生了变化。而东南亚的另一个重要邻国印度放弃了此前的自主外交道路而加入了美日印澳"四边机制",以共同对付中国。中美之间因此面临着日益加剧的(东盟框架之外的)制度制衡以及(东盟框架内的)制度竞争。② 新的形势正在对东南亚如何在大国间继续保持灵活和务实提出了更大的挑战。

(三)区域主义

最后,东南亚对于不利地缘政治因素的反应也体现在它克服分裂、走向整合的路径选择。作为处于大国之间进行博弈的地区,东南亚很容易让人产生巴尔干化的想象。③ 但这并没有发生在现实中的东南亚。为了避免成为亚洲的"巴尔干",东南亚国家选择了区域合作的道路以限制大国对地区秩序的破坏性影响,并"建立自己'独立'的区域体系"。④

早在二战结束后不久,来自印尼、缅甸、泰国、越南、菲律宾和马来亚的代表就在首届亚洲关系会议上讨论了成立一个紧密合作的东南亚联盟的方案,并明确这将是一个不包括印度等大国的东南亚国家的区域联盟。⑤ 在 1955 年的万隆会议上,与会的东南亚国家再次提出发展本地区独立合作的倡议,并推动了不结盟运动的发展。⑥

如果说此前的努力还只是倡议的话,那么以"区域自助"和政治、安全为主要诉求的区域合作在 20 世纪 60 年代被正式提上了日程。⑦ 为了推动东南亚国家间的经济、社会、科技和文化合作,马来亚、泰国和菲律宾于 1961 年发起成立了东南亚国家独自推动的第一个区域政府间组织东南亚联盟。两年后,东南亚的三个马来国家——马来亚、菲律宾、印尼——又组建了本地区首个区域安全组织马菲印集团,希望借马来人之间的历史联系和共同文化遗产来维持区域秩序的

---

① 黄基明:《王赓武谈世界史》,当代世界出版社 2020 年版,第 159 页。
② 吴琳:《中美制度竞争对东盟中心地位的冲击——以东盟地区论坛(ARF)为例》,《外交评论》2021 年第 5 期,第 88 页。
③ 黄基明:《王赓武谈世界史》,当代世界出版社 2020 年版,第 111 页。
④ 翟崑:《超越边缘化:世界体系论下的东盟共同体》,《人民论坛·学术前沿》2016 年第 9 期,第 37 页。
⑤ Amitav Acharya, "The Idea of Asia", *Asia Policy*, 2010, 9, p.36.
⑥ [新西兰]尼古拉斯·塔林主编:《剑桥东南亚史》(Ⅱ),贺圣达等译,云南人民出版社 2003 年版,第 478 页。
⑦ 郑先武:《东南亚早期区域合作:历史演进与规范建构》,《中国社会科学》2017 年第 6 期,第 196 页。

稳定。尽管这些早期的区域合作倡议由于东南亚国家间的民族主义摩擦而并没有发挥预期的作用,但东南亚国家通过区域主义来整合内部力量并突破体系结构制约的努力,却为之后区域主义实践的成功奠定了基础。

1967年,在越南战争的阴影下,以搁置分歧、寻求合作为宗旨的东南亚国家联盟正式成立。它的成立不仅是为了遏制当时在这些国家内部出现的叛乱势力;更重要的是,它也是东南亚国家为了避免陷入东西方冲突而通过地区合作寻求中间道路的探索。① 值得注意的是,虽然经济因素并不是这些国家走向联合的首要原因,但在区域合作发展的过程中,东南亚国家日益发现经济上的合作有助于它们改变在世界资本主义经济体系中的边缘地位,因此其在实践中也逐渐成为东南亚区域主义发展的动力之一。

冷战结束以后,东南亚区域合作开始面临新的挑战。一方面,曾经的"敌对"国家寻求加入东盟,但却面临着与现有成员国之间巨大的发展差距;另一方面,世界其他地区的区域主义蓬勃发展,也要求与东盟加深合作,以更好地应对全球化的挑战。这一时期,东盟顺利完成了从"6"到"10"的扩大,也开始了东盟共同体的建设。随着东盟国际地位的提升,东南亚国家在多元的世界体系中扮演了更重要的角色。

如此前所提到的,东南亚的区域主义不是任何西方模式的复刻,而是东南亚国家结合自身历史和现实的探索。例如,东南亚有自己独特的文化,尤其是处理对立与冲突的方式——回避冲突,避免冒犯对方,因此东南亚的区域主义强调尊重成员国的主权和利益,并通过不干涉内政和协商一致保证它们在参与过程中获得满意的结果。随着区域主义进程的深入,东盟提出了建设"东盟共同体"的构想。尽管"东盟共同体"借鉴了欧盟三根支柱的结构,但在具体的实践中东盟更强调作为整体的协调性和行动力(而不是价值观和身份认同),并坚持循序渐进和主权至上。由于"东盟共同体"呼应了世界体系理论中的经济、政治、文明的三维分析框架,它的建设也可以被看作是"对世界体系理论的历史回应"。②

除了对内的整合与协调外,东南亚的区域主义实践也拓展到了东盟与区域外国家的互动中,并为东盟赢得了突破地缘政治限制的影响力。冷战后,由于苏联的解体和美国安全重心的转移,东南亚地区面临着一定程度的权力真空,东盟担心周边的其他大国会为了争夺地区领导权而展开激烈的竞争。与此同时,东南亚的地理位置又使其迫切需要发展同周边大国(特别是中国)的政治和经贸联系。为了应对这样的局面,东盟选择了以区域主义的方式来确保地区秩序的稳

---

① 王正毅:《边缘地带发展论:世界体系与东南亚的发展》,上海人民出版社2018年版,第89页。
② 翟崑:《超越边缘化:世界体系论下的东盟共同体》,《人民论坛·学术前沿》2016年第9期,第39页。

定,通过积极构建多边对话的框架,逐渐形成了一个以东盟为中心、多层同心圆的区域合作体系——"东盟在最里面,然后是东盟加中日韩机制,再次是东亚峰会机制,最外面是东盟地区论坛成员"。① 在这个框架下,东盟一方面将区域内活跃的大国整合到东盟主导的对话进程中,另一方面又利用机制内的制衡和东盟作为网络中心的关系性权力,维持了大国之间关系的稳定。所谓"东盟的中心性"就是指东盟在发展过程中努力防止被其他大国边缘化,并用自己的规范影响区域/周边国家。② 它构成了东南亚地区管控安全威胁的制度安排,也使地区国家间的关系有了更强的稳定性和可预期性(参见图1.1)。③

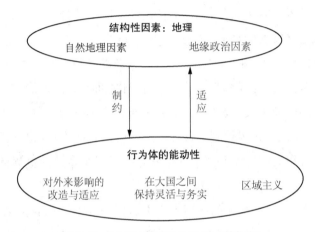

图1.1 认识东南亚与世界关系的框架

三、本书的章节安排

正如米尔顿·奥斯本总结的,互相矛盾又相互影响的外部力量和内部力量体现了东南亚历史发展中恒久的两面性。④ 基于此,本书将从三个角度对东南亚的国际关系进行具体分析:第一,东南亚多元文化形成的原因;第二,东南亚与外部世界的联动以及在这个过程中逐渐确立的边缘地位;第三,东南亚为摆脱边缘地位、追求自主性所作出的努力及取得的成果。这三个角度既构成了东南亚国际关系的背景,也是它的历史与实践。

具体来看,第一章之后,本书的主体部分将以时间为线索展开论述。第二章

---

① 周士新:《浅析东盟地区论坛的信任建立措施》,《东南亚南亚研究》2011年第3期,第1—6页。
② 翟崑:《超越边缘化:世界体系论下的东盟共同体》,《人民论坛·学术前沿》2016年第9期,第38—39页。
③ 刘若楠:《中美战略竞争与东南亚地区秩序转型》,《世界经济与政治》2020年第8期,第23页。
④ 郑先武:《推荐序:区域史研究的整体视角》,载[澳]米尔顿·奥斯本:《东南亚简史》(第12版最新修订),杨浩浩、曹耀萍译,华中科技大学出版社2020年版,第Ⅳ页。

关注西方殖民入侵前古代东南亚的国际秩序及其与外部世界的关系。第三章和第四章分析殖民时期（包括西欧资本主义殖民扩张时期和二战中日本军国主义扩张时期）不同殖民宗主国和帝国主义国家对东南亚的掠夺以及东南亚的抗争。第五章阐述冷战背景下东南亚地区的冲突及区域国家追求自主性和国际地位的努力。第六章和第七章讨论冷战后新一轮区域化时期，东南亚国家在推动区域主义发展的同时，在大国竞争的地缘政治环境中维护区域秩序稳定的探索和尝试。

思考题

1. 在今天被称为东南亚的这个地区中，国家之间有哪些多样性？又有哪些共性？
2. 东南亚的自然地理条件如何塑造了它与外部世界的关系？
3. 作为政治单元的东南亚是如何一步一步被建构起来的？
4. 为什么东南亚能够在复杂的地缘政治环境中保持一定程度的自主性？

第二章

古代东南亚的国际关系

本章导学

从公元前后到 1400 年以前是东南亚的古代时期。这一时期,由于农业和贸易的发展,在东南亚的陆地和海岛地区先后形成了一系列受到中华文化和印度文化影响的古代王朝,并逐渐发展出以同时或在不同时空范围内存在的多个曼陀罗(以宗教纽带联系起来的效忠网络)为基本单位的国际秩序。这些古代王朝依据其经济发展的模式可以分为农耕王朝、贸易王朝和复合型王朝。它们虽然与外部世界(特别是中国和印度)保持着密切的文化和贸易联系,并受到后者的深刻影响,但同时也在区域世界内维持着一定程度的独立性,发展出了不同于印度和中国的地区国际秩序体系。13 世纪末以后,伊斯兰文化开始在东南亚的海岛地区生根发芽。印度文化的影响虽然在陆地东南亚仍然显著,但在海岛地区却逐渐式微。

本章学习目标

1. 了解东南亚地区主要的古代王朝。
2. 比较古代东南亚的国际秩序与同一时期存在于印度和东亚的国际秩序。
3. 了解印度、中国和伊斯兰文化对东南亚的影响方式及原因。

第一节 古代东南亚的主要王朝和国际秩序

在以资本主义生产方式为基础的西欧区域体系向全球扩张之前,世界上存在着多个区域体系。[①] 位于中国与印度次大陆之间的东南亚就是这样的一个区域体系。我们将贸易时代(1400年)到来之前的时期称为东南亚的古代时期。在这一时期,东南亚的各个王朝依据在外来文化影响下所形成的本土世界观构建了一套古代东南亚的国际秩序,并成为了东亚朝贡秩序之下一个相对独立的次体系。

由于篇幅所限,这一节不可能对古代东南亚曾经出现过的主要王朝一一进行完整的介绍。因此只能选取一些著名的、与外部世界有着密切交往、并且影响力曾经远及整个区域的重要王朝进行简要的概述,希望借此展现一个有关古代东南亚国际秩序的大致图景,以帮助我们理解这一区域历史发展的轨迹。

尽管这一节将以地理分布为界(大陆东南亚与海洋东南亚)介绍古代东南亚的主要王朝,但若撇开地理因素,东南亚的古代王朝亦大致可按其经济发展模式分为三类:第一类是灌溉农业发达的农业王朝,包括中南半岛上的真腊、吴哥、蒲甘、兰纳、大越等以及爪哇岛上的夏连特拉、马打兰等;第二类是以港口为中心的海上贸易王朝,包括马六甲海峡和巽他海峡附近的室利佛逝和马六甲(满剌加)王国以及中南半岛东南部的占婆;第三类是兼有农业和海上贸易的复合型王朝,如扶南、满者伯夷、阿瑜陀耶等。

需要指出的是,学者们对于古代东南亚王朝的了解十分有限,甚至对它们中大部分的起止年代都难以考证。这很大程度上是因为这些王朝(除了受中华文化影响的大越外)多没有留下文字记载的历史,只有考古的成果(如古迹、铭文、雕刻)和有限的关于当地的一些记载(包括民间故事和传说、贝叶经和相对晚近的一些纸本如《马来纪年》等)可供参考。即使它们中的一些由于与中国发展了朝贡关系而为中国的史籍所记载,但其中的内容也多是它们与中国的交往史,对于其国内政治、经济、文化、社会的发展记述却相对缺乏。因此,本书介绍也是片段式的,多围绕着它们与外部世界的关系展开,这方面还留有很多空白需要进一步的研究去填补。

---

① 王正毅:《边缘地带发展论:世界体系与东南亚的发展》,上海人民出版社2018年版,第6页。

一、古代大陆东南亚的主要王朝

除了大越,在这一部分(以及下一部分)介绍的古代大陆(以及海洋)东南亚地区的主要王朝基本都是印度化国家,首领多拥有梵文名字。当然,大越是个例外,它是一个在中华文化影响下逐渐形成的国家。

(一)占婆(2世纪末—18世纪末)

占婆(Champa)是位于今天越南中南部的古代王朝,中国古籍中其被称为象林邑,简称林邑,南北朝以后改称占城。尽管如此,在考古发现的碑铭中,"占婆"始终是当地人唯一的自称。

占婆被认为是马来-波利尼西亚民族占据东南亚半岛地域(除了马来半岛以外)的唯一地方。它的历史始于2世纪末,一直延续到18世纪末被北方的邻国吞并。统治范围最大时从现今越南北部的横山山岳沿着中部海岸延伸到南部的藩切,与柬埔寨(扶南/真腊/高棉)接壤,相距近1 000千米。[1]

事实上,有关占婆的历史并没有统一的说法。有一种观点认为,它是一个群岛范围内的文化-政治空间,不是一个王国,而是说南岛语的民族在现今越南中部沿海一带建立的多个国家(具体可参见尼古拉斯·塔林主编的《剑桥东南亚史》中相关内容);另有一些学者则相信它曾经是一个统一的国家(可参见G.赛岱斯的《东南亚的印度化国家》和霍尔的《东南亚史》中相关内容)。中国学者贺圣达提出,"从学术界最新的研究成果看,占婆不是或者说至少并非一直是一个单一的、统一的国家。正因为如此,占婆虽然也强盛一时,甚至在12世纪初一度攻占吴哥王朝的都城,但分裂、分散性是占婆重要的弱点。"[2]

与深受中国文化影响的现今越南北部不同,早期的占婆是一个印度化的王国。在政治上,国王被视为湿婆或佛的化身,并依靠个人魅力建立威望,但在制度上却从未发展出集权式管理,因此其弱于现今北方的越南。[3] 在中下层社会,印度教盛行,人们热衷于广建寺院以供奉印度教神灵,湿婆神的地位尤其突出。

由于领土狭窄,又有东西向的河流对长山山脉的切割,从而导致占婆的地形支离破碎,因而占婆并没有发展农业的自然条件。《明史》中有记载,占城其国

---

[1] 郭晔旻:《今属越南的古国占城是怎样消失的》(2016年6月15日),澎湃,https://www.thepaper.cn/newsDetail_forward_1461276,最后浏览日期:2021年10月27日。
[2] 贺圣达:《东南亚历史重大问题研究——东南亚历史和文化:从原始社会到19世纪初》(下),云南人民出版社2015年版,第45页。
[3] 同上书,第45—46页。

"民以渔为业,无二麦,力穑者少,故收获薄"。① 与此同时,它又占据着有利的地理位置,从那儿出发走海路顺风只需半个月就可到达广州。这使得当地人可以通过开发丰富矿藏和森林资源并加强沿海贸易及从事其他海上活动(包括捕鱼和海盗)来保证其经济收入。樟脑、檀香木、糖、铅和锡等土产因此成为占婆的主要出口产品。② 伴随着海洋贸易的发展,与中国有密切贸易关系的阿拉伯国家的商船东来时经常在占婆逗留。9 世纪末伊斯兰教开始传入这一地区,并最终在 15 世纪末期成为当地人的主要信仰。③

(二)安南/大越/越南

不同于东南亚的大多数印度化王国,越南独立的封建国家的发展深受中国封建社会的影响,其不仅政治统一,而且国家权力高度集中化。越南古时称安南,后改为大越,为当时东南亚地区唯一的儒教国家。同时,由于学习了中国的编年史传统,大量有关越南的文字记载被保留下来,其数量远远多于这一地区的印度化王国。虽然这并不必然意味着越南的历史比它的邻国更加丰富,但这些记载帮助我们对越南的历史以及它与周边国家的关系有了更完整的认识。

在 10 世纪中叶前的 1 000 余年间,越南中北部一直处于中国封建王朝的直接统治之下。汉朝军队在公元 1 世纪征服了这一地区。到 3 世纪末,中国戍边官员和当地主要部族共同建立了一个相对稳定的省级政权。7 世纪和 8 世纪期间,唐朝官员在今越南北部建立安南都护府,当地统治阶级被纳入中华帝国的官僚体制,河内成为越南属土的政治中心。④

公元 968 年,原中国南汉王朝骧州刺史丁部领在平定红河流域长达 20 年的叛乱后自称"大圣明皇帝",仿照中国的封建王朝制度,置百官、设六军,以"大瞿越"为国号建立独立的越南的第一个封建王朝"丁朝"(968—980 年)。⑤ 丁朝之后是由黎桓建立的、短暂的前黎朝(980—1009 年)。尽管两朝越王都对所有越南人居住的地方行使权力,并得到中国对其地方统治权的承认,但这并不足以巩固越南作为独立国家的地位。⑥

---

① 〔清〕张廷玉等:《明史》卷三百二十四·列传第二百一十二·外国五。
② 郭晔旻:《今属越南的古国占城是怎样消失的》(2016 年 6 月 15 日),澎湃,https://www.thepaper.cn/newsDetail_forward_1461276,最后浏览日期:2021 年 10 月 27 日。
③ 同上。
④ [新西兰]尼古拉斯·塔林主编:《剑桥东南亚史》(Ⅰ),贺圣达等译,云南人民出版社 2003 年版,第 113 页。
⑤ 贺圣达:《东南亚历史重大问题研究——东南亚历史和文化:从原始社会到 19 世纪初》(下),云南人民出版社 2015 年版,第 42 页。
⑥ [新西兰]尼古拉斯·塔林主编:《剑桥东南亚史》(Ⅰ),贺圣达等译,云南人民出版社 2003 年版,第 113 页。

11世纪初,一批新崛起的贵族首领联合佛教僧侣推举李公蕴为王,宣布建立李朝(1009—1225年),国号为大越,并迁都至升龙(即今天的河内)。① 李朝是越南历史上第一个巩固的中央集权的封建王朝。它的统治者不仅将佛教确定为衡量国王和臣民的教化行为的标准,把本地的"祖宗之灵"视为国王权力的保护神,而且还把中国的政治理论发展成一个越南化的翻版,以证实升龙是"南帝"(对应于中国的"北帝")所在地,而"南帝"则由上天授权来统治这个南国。与此同时,李朝也开始发展与中国的藩属关系。②

李朝晚期外戚争斗,国家陷入内战。1225年,陈守度征服所有对手,建立陈朝(1225—1400年)。13世纪60年代,陈朝开始用科举制度选拔行政官员。从这时起,越南开始出现一个弱小但有发言权的儒士阶层。③ 同时,在1257—1288年间,陈朝多次挫败蒙古(元朝)的入侵。

1400年,外戚胡季犛宣布建立自己的王朝。此时,贵族化的佛教在越南走向崩溃,儒士阶层开始活跃。由于胡季犛致力于结束陈朝后期的动乱而采取了严酷的统治手段,因此遭到国内很多势力的反对。随后,明朝永乐皇帝自称是陈朝的恢复者,于1406年派兵占领大越。此后的20年间,明朝试图对大越进行中国化,但是没能改变越南人的认同;相反,正是在这一时期,有文化的越南人开始重新思考和阐述"越南人"的含义。④

1428年,越南抵抗明朝的力量在黎利的领导下打败明朝,建立后黎朝(1428—1527年)。1470年,黎圣宗以占婆"不修职贡"为借口,率领26万大军御驾亲征,攻破占婆首都,斩杀占军六万,生擒并虐杀占婆国王茶全。后黎朝将这次侵占的土地改名为广南道,顺化和岘港两地即在此时并入其版图。

此后,大越陷入长期的分裂和内战,历经数个王朝,直到1802年阮朝统一全国,1804年改国号为越南。1884—1885年中法战争后,清政府放弃对越南的宗主权,承认越南为法国的保护国,越南作为一个独立的封建国家不复存在。但越南的王朝时期一直延续到1945年保大皇帝退位。

"尽管越南也经历了王朝更迭和政权分裂,但是以儒学为主导的意识形态,与紧密联系的官僚制度、科举制度,有效地将越南地主阶级统一在对封建帝王的臣服之中,造就了越南历史和文化很强的连续性。"⑤大越的历史也是一部斗争

---

① [新西兰]尼古拉斯·塔林主编:《剑桥东南亚史》(Ⅰ),贺圣达等译,云南人民出版社2003年版,第113页。
② 同上书,第122页。
③ 同上。
④ 同上书,第123—124页。
⑤ 贺圣达:《东南亚历史重大问题研究——东南亚历史和文化:从原始社会到19世纪初》(下),云南人民出版社2015年版,第41页。

史。一方面,它在北边防止中原王朝南下;另一方面,它又在南边不断入侵占婆以占领更多土地,并最终奠定了今天越南版图的基础。

(三)扶南/真腊/吴哥

在9世纪吴哥王朝建立以前,湄公河下游盆地曾经出现过一些较小的王国。在中国的史籍中,2世纪到6世纪的高棉王国被称为扶南,6世纪到8世纪的王国被称为真腊。前者是以中国和印度之间商道上的贸易中转站为基础发展起来的农业-贸易王国,后者则是以稻田为主的内陆王国。①

扶南是古吉蔑词"bnam"(今为"Phnom")的音译,意思是"山"。它的中心位于湄公河下游和三角洲地区,鼎盛时统治范围包括今天的越南南部、湄公河中游、湄南河流域和马来半岛的大部分地区。② 其居民主要为孟高棉人。③ 有关扶南的最早记载来自3世纪中叶中国使节康泰和朱应使团留下的记述。④

扶南的兴起与它在航海商路上的独特位置密切相关。从2世纪到6世纪,印度和中国之间的海上贸易路线主要沿着海岸而行,并在陆上经过克拉地峡转运,继而借道湄公河下游平原天然和人造的水道,因此高棉人所在的位置就具有了战略重要性。⑤ 这一点也得到了中国史籍的印证。《梁书》有记"顿逊国在海崎上,地方千里,城去海十里。有五王,并羁属扶南。顿逊之东界通交州,其西界接天竺、安息徼外诸国,往还交市。所以然者,顿逊回入海中千余里,涨海无崖岸,船舶未曾得径过也。其市,东西交会,日有万余人。珍物宝货,无所不有"。⑥

然而,从4世纪起,中国和印度之间开辟了一条经过马六甲海峡的海上路线。到6世纪,新的航线已经成为印度与中国海上贸易的首选路线,而旧的沿海路线遭到冷落,政治中心随之从沿海地区转移到了内陆。⑦ 原是扶南属国的真腊吞并扶南,建立起了陆上王国。真腊于760年前后分裂为两部分,北边为陆真腊/上真腊,南边为水真腊/下真腊。但是,由于缺少确切的史料,关于真腊的具

---

① [新西兰]尼古拉斯·塔林主编:《剑桥东南亚史》(Ⅰ),贺圣达等译,云南人民出版社2003年版,第130页。
② [法]G.赛岱斯:《东南亚的印度化国家》,蔡华、杨保筠译,商务印书馆2008年版,第69页。
③ D. R. SarDesai, *Southeast Asia: Past and Present* (Fourth Edition), Boulder, Colorado: Westview Press, 1997, p.23.
④ [法]G.赛岱斯:《东南亚的印度化国家》,蔡华、杨保筠译,商务印书馆2008年版,第70页。
⑤ D. R. SarDesai, *Southeast Asia: Past and Present* (Fourth Edition), Boulder, Colorado: Westview Press, 1997, p.23.
⑥ 〔唐〕姚察、姚思廉:《梁书》卷五四,"诸夷"。转引自梁志明等主编:《东南亚古代史》,北京大学出版社2013年版,第148—149页。
⑦ [新西兰]尼古拉斯·塔林主编:《剑桥东南亚史》(Ⅰ),贺圣达等译,云南人民出版社2003年版,第130页。

体历史目前人们知之甚少。①

9世纪中叶,阇耶跋摩二世初步结束了真腊近两个世纪的分裂局面,建立起了吴哥王朝。由此,柬埔寨的古代王朝进入了最辉煌的时期。吴哥王朝延续了近600年,是东南亚各封建王朝中延续时间最长的。在鼎盛时期,吴哥王朝的疆域包括了现在的柬埔寨全部、老挝和泰国的大部分以及越南南部,是当时东南亚疆域最为辽阔的帝国。② 周达观13世纪末到访吴哥时,吴哥王朝已经衰落,但即便如此,其统治范围仍然有"属郡九十余……各置官属,皆以木排栅为城"。③

吴哥的经济以水稻种植为基础,寺院是土地和农民的主要监管者,王权通过包括僧侣在内的较为完善的统治集团以及宗教制度表现出来。由于缺乏制度化的统治体制和官僚机构,国王的成就和业绩高度依赖国王个人的能力。④ 因此,即使在王朝发展过程中有几位具有开拓精神和领导能力的国王拓展了吴哥的疆域,但他们之后总会出现无序和混乱的局面,无法如大越那样建立起相对稳固的中央集权体制。有学者认为,这与高棉人缺乏威胁感有关。如果说古代中国一直在北方对大越形成很大的压力从而也给了它进行制度创新的动力,那么占族人显然没有对吴哥造成同样程度的压力。⑤

早期的吴哥国王信奉婆罗门教或大乘佛教。他们在吴哥修建了很多庙宇,用于供奉吴哥的三个主神:湿婆、毗湿奴和佛陀。尽管不同的国王信仰不同的神,但是当信不同神的下一任国王上台以后并不会破坏其前任留下的文化遗产,所以我们在今天的吴哥看到了不同教派的寺庙。然而,到了13世纪末,上座部佛教逐渐取代了婆罗门教和大乘佛教而成为吴哥的主要宗教。早期大兴土木建造寺庙、纪念碑的做法被中止,梵文的碑刻被巴利文取代,婆罗门教的祭司阶层也被持钵游讨的僧侣所取代。⑥ 吴哥的宗教文化因此发生了巨大的转变。

自13世纪后期起,泰人的军事压力对吴哥造成了巨大的威胁。同时,由于商业贸易变得日益重要并成为了财富的重要来源,稻田开始被荒废。1432年,由于海上贸易的兴旺和来自中国的商业机会,高棉人国王放弃了吴哥而将国家搬

---

① [英]D.G.E.霍尔:《东南亚史》(上册),中山大学东南亚历史研究所译,商务印书馆1982年版,第137页。
② 贺圣达:《东南亚历史重大问题研究——东南亚历史和文化:从原始社会到19世纪初》(下),云南人民出版社2015年版,第57—58页。
③ 〔元〕周达观著:《真腊风土记校注》,夏鼐校注,中华书局2000年版,第172页。
④ [新西兰]尼古拉斯·塔林主编:《剑桥东南亚史》(Ⅰ),贺圣达等译,云南人民出版社2003年版,第131页。
⑤ 同上书,第133页。
⑥ 贺圣达:《东南亚南传上座部佛教文化圈的形成、发展及其基本特点》,《东南亚南亚研究》2015年第4期,第75页。

迁到离海更近、现今金边附近一带（学界通常以 1431 年作为吴哥王朝的结束时间）。① 这大概也跟高棉人缺乏同一个毗邻帝国的官员和士兵打交道的经历有关。他们没有像占婆和越南人那样的文化和边界意识以及面对外部挑战时的快速反应，因此会在环境变化时放弃原先的政权中心和宗教文化所在地，选择在新的地方重新开始。②

（四）泰人王国

泰人大约在 6—11 世纪陆续进入大陆东南亚的北部；11—12 世纪起，出现了泰人建立的一些带有部落联盟性质的小国，其中包括泰国西北部的兰纳（意即百万稻田）王国（1296—1804 年）、中南部的素可泰王国（1257—1438 年）等。

14 世纪中叶正是大陆东南亚泰族势力群雄并起的时代。吴哥王朝的衰落和蒲甘王朝瓦解后缅甸的混乱，也为泰族的崛起创造了条件。尽管当时素可泰已经成为了地区强国，但是国王醉心佛学，国民满足于"田里有稻、河中有鱼"的舒适生活，从而使得整个王国发展停滞不前。在这样的背景下，原来在素可泰统治下的素攀纳蓬（乌通）强大起来。1350 年，乌通的统治者拉玛铁菩提一世建立了阿瑜陀耶王朝，也称大城王朝（1350—1767 年），并与华富里的泰族上层联姻，势力增强。③ 此后，阿瑜陀耶不断壮大、扩张，并最终在 1438 年吞并了素可泰。

阿瑜陀耶王朝建立后不断东征西伐，扩展版图。同时，它也非常善于向周边的国家和民族学习，并建立适应其发展的制度。阿瑜陀耶王朝把华富里孟人和高棉人的吴哥型行政技术、素攀纳蓬泰人的人力管理和军事技巧以及华人的财富和经商艺术结合起来，从而迅速崛起。④

阿瑜陀耶从一开始就把政治、经济都建立在对人力资源的控制之下，所有的自由民（村舍居民）都要为王室服役，并承担军事役务。同时，它还建立了一套独特的封建法治，确立了封建国王的专制集权制，并创造了按等级授田的萨迪纳制（sakdi na），从而促成了传统泰国社会和政治关系的结构和等级的形成。⑤

由于占据了优越的地理位置，阿瑜陀耶也是商业和对外贸易发达的国家。16 世纪以后，它逐渐成为了当时东南亚贸易和帆船航线的中心。很多来自西方、印度、爪哇以及马来半岛的货物要在这里集中，然后转运中国和日本；从中国和

---

① ［新西兰］尼古拉斯·塔林主编：《剑桥东南亚史》（Ⅰ），贺圣达等译，云南人民出版社 2003 年版，第 134 页。
② 同上书，第 129 页。
③ 贺圣达：《东南亚历史重大问题研究——东南亚历史和文化：从原始社会到 19 世纪初》（下），云南人民出版社 2015 年版，第 73 页。
④ 同上书，第 74—75 页。
⑤ D. R. SarDesai, *Southeast Asia: Past and Present* (Fourth Edition), Boulder, Colorado: Westview Press, 1997, p.55.

日本来的货物也经由阿瑜陀耶再分运到各地。① 国家因此获得了惊人的财富,并且高度集中在国王和封建主贵族手中。

在16—18世纪缅甸封建王朝与阿瑜陀耶的对峙中,军事力量更为强大的缅甸封建王朝(贡榜王朝)经常占据优势。1767年缅军攻克阿瑜陀耶城,掳走王室成员、政府高级官员以及大批手工艺人,并把全城付之一炬,阿瑜陀耶王朝自此灭亡。此后,泰人在披耶达信(华人称郑信或郑王)的领导下反抗缅军,于1768年光复阿瑜陀耶,定都吞武里,建立了吞武里王朝(1768—1782年)。1782年,披耶达信被部将却克里所杀。后者建立却克里王朝,定都曼谷,又称曼谷王朝,一直延续至今。

(五)缅人王国

9世纪中叶骠国衰亡,缅人势力在缅甸中部崛起,并于850年建蒲甘城。1044年缅人首领阿奴律陀建立蒲甘王朝,此后缅甸经历了蒲甘王朝(1044—1287年)、东吁王朝(1531—1752年)和雍籍牙王朝(又称贡榜王朝,1752—1885年)三个由缅人建立的封建王朝以及其间200多年的割据时期。②

蒲甘王朝是缅甸历史上第一个统一的封建国家,奠定了之后缅甸封建社会政治、经济和宗教文化发展的制度基础,对之后的历史进程产生了深远的影响。有学者总结了蒲甘兴盛的原因。首先,有利的气候条件以及缅人在骠人基础上进行的水利建设是其早期扩张和发展的经济基础。但是,更重要的是,当时缅甸的掌权者和富有的佛教徒笃信宗教。为了使自己和家人能够功德圆满并在今生来世都受益,他们热衷于将农业生产区的土地捐给寺院和僧侣。而蒲甘王朝又实行对寺院的土地及其耕作者都免税的政策,这极大地刺激了土地的开发。同时,海外贸易和对外联系的增强更促进了技术交流和需求的扩大,为经济的发展创造了条件。③

然而,蒲甘的兴盛并没有维持很长时间。1210年,蒲甘王国开始进入衰落时期。其背后的原因也与寺院经济的过度发展有关。一方面,蒲甘的统治者热衷于大兴寺塔,大量的人力物力被耗费于宗教活动而非发展社会生产力;另一方面,随着寺院经济的繁荣和僧侣势力的扩大,封建国家的经济基础却被不断削弱,以至最终中央政权无法有效控制寺院和地方势力。此外,外部竞争也助推了蒲甘的衰落。1271年,蒲甘国王拒绝向元朝称臣纳贡的要求并处决了由元朝钦

---

① 贺圣达:《东南亚历史重大问题研究——东南亚历史和文化:从原始社会到19世纪初》(下),云南人民出版社2015年版,第76页。
② 同上书,第82页。
③ 同上书,第88页。

使率领的使节。其后,蒲甘又与元朝为争夺两个已经承认蒙古宗主权的边境国家而发生冲突。① 1287年,元军攻占蒲甘,蒲甘王朝瓦解。

此后,在经历了两个多世纪的动荡与分裂后,1531年缅人建立了东吁王朝(1531—1752年),并成为了当时东南亚大陆统治地域最为广阔的封建国家。东吁王朝建立后多次发动对外战争,不仅数次东侵阿瑜陀耶,还向北进犯中国、攻占兰纳,甚至远征曼尼普尔(今印度东北部)。连年的征战加之封建领主的割据使得东吁王朝国力衰落,并最终在1752年被孟人攻破首都,东吁王朝灭亡。

此后,缅人首领雍籍牙起兵反抗,很快从孟人手中收复了上缅甸的广大地区,并于1752年建立了雍籍牙王朝(贡榜王朝),恢复了缅甸封建王朝的传统结构。和东吁王朝一样,雍籍牙王朝在统一缅甸后开始了对外扩张,不仅入侵暹罗并一度攻占阿瑜陀耶城,还同清朝发生过大规模战争。1785年缅军攻入若开,将其并入缅甸版图。此外,缅军还在1813年之后吞并了曼尼普尔和阿萨姆。②

伴随着雍籍牙王朝的扩张,它的西部边境直接与英属印度毗邻。1824年,英国在阿萨姆制造事端,并以此为借口发动第一次英缅战争,缅甸战败,被迫割地赔款,从此开始沦为半殖民地半封建的国家。英国又于1852年和1885年发动了第二次、第三次英缅战争,最终侵占整个缅甸。缅甸进入被英国殖民的时期。

二、古代海洋东南亚的主要王朝

海洋东南亚包括印度尼西亚群岛、菲律宾群岛和马来半岛,其居民主体为马来人。在15世纪末殖民者到来前的1 000年,这一地区经历了从早期国家向成熟的封建国家过渡、从"印度化"向"伊斯兰化"过渡的发展。但是,由于受到内外因素的制约,这一地区的发展呈现出了很大的不平衡。

在海岛东南业的历史上曾经出现过很多小王朝,它们创造了灿烂的文明,也为后人留下了重要的历史文化遗产(比如闻名世界的婆罗浮屠和普兰巴南神庙)。由于篇幅所限,本书在这里着重介绍两个有重要影响、并在中西交通史上发挥过很大作用的王朝——室利佛逝和满者伯夷(也称麻喏巴歇)。

(一)室利佛逝

室利佛逝(10世纪后中国的史籍称之为"三佛齐")是一个统称,用来指7世

---

① [美]约翰·F.卡迪:《东南亚历史发展》(上册),姚楠、马宁译,上海译文出版社1985年版,第162页。
② 贺圣达:《东南亚历史重大问题研究——东南亚历史和文化:从原始社会到19世纪初》(下),云南人民出版社2015年版,第99页。

纪至 14 世纪以苏门答腊东南部为中心（首都早期在巨港/巴邻旁,后迁至占碑,因后者离马六甲海峡更近且据传有金矿）、连续存在的海岛政权。它不是中央集权国家,而是以港口和城市为中心的、中央与地方联系松散的国家。①

随着 4 世纪马六甲航线的开通,马来人作为承运者开始参加海上贸易,获得了丰厚的报酬,并因此逐渐繁荣发展起来。7 世纪以后,伴随着阿拉伯人航海事业的发展,以及印度与中国之间贸易的扩张,室利佛逝成为了东西方商品的重要集散地,亚洲各地驶来的船只纷纷停靠在巴邻旁海港一带,带来了玲琅满目的商品。室利佛逝的统治者也数次派遣使者前往中国朝贡,其所带贡物除香料等少数是室利佛逝当地所产,其余都来自别的国家和地区。②

随着贸易的兴盛,室利佛逝开始不断地对外扩张,实施强迫贸易政策,并以军事力量称霸当地。它一方面控制着马六甲海峡,另一方面又将触须伸向了苏门答腊和爪哇之间的巽他海峡,因此垄断了印度与中国之间的一切贸易,并维持着在这一地区的商业霸权。③

室利佛逝也是当时东南亚大乘佛教的传播中心。671 年,中国唐代高僧义净取海道前往印度学习佛法,曾在室利佛逝学习梵语和佛教理论;从印度取经回来后,继续留于此从事翻译和著述,所撰写的《南海寄归内法传》和《大唐西域求法高僧传》即是在此完成后寄归中国的。④ 他前后共在室利佛逝逗留了 14 年。

11 世纪后,室利佛逝的海上霸权地位受到了来自东爪哇的马打兰王国和南印度的注辇王国(也称朱罗王国)的挑战,尤其是后者在 1017 年和 1025 年的两次远征更是对它造成了沉重的打击。⑤ 12 世纪,中国的南宋政权取道南洋开展同西亚的贸易,中国船只不断增加,逐渐取代了马来船只的地位和重要性,因此也减弱了马来统治者对流经马六甲的商业的影响。此后,素可泰和阿瑜陀耶也先后扩大了暹罗人南下马来半岛的军事活动,并到达马六甲海峡;同时一股扩张浪潮也在爪哇兴起,到 14 世纪在满者伯夷的统领下达到高潮。阿瑜陀耶和满者伯夷的强大,最终消除了室利佛逝的传统野心,并导致其灭亡。

值得注意的是,尽管室利佛逝缺乏维持强大王朝所必需的经济基础(它并不生产除林产品之外的其他东西),但它作为一个以海洋贸易为生的王国在东南亚

---

① 贺圣达:《东南亚历史重大问题研究——东南亚历史和文化:从原始社会到 19 世纪初》(下),云南人民出版社 2015 年版,第 103 页。
② 同上书,第 102 页。
③ [英]D.G.E.霍尔:《东南亚史》(上册),中山大学东南亚历史研究所译,商务印书馆 1982 年版,第 69—70 页。
④ 朱杰勤:《东南亚华侨史》(外一种),中华书局 2008 年版,第 10 页。
⑤ 贺圣达:《东南亚历史重大问题研究——东南亚历史和文化:从原始社会到 19 世纪初》(下),云南人民出版社 2015 年版,第 103 页。

存在了 600 多年,并在地区事务中发挥了突出的作用。这一事实足以证明贸易在这一地区历史上的重要性。①

(二) 满者伯夷/麻喏巴歇

满者伯夷(《元史》中所称的麻喏八歇或麻喏巴歇,明代史籍称其为满者伯夷)是古代东南亚海岛地区各大国中最后也是最大的一个。它于 13 世纪末(1293 年)在爪哇兴起,是一个受印度教影响的国家。②

满者伯夷的君主们在东爪哇建立了一个中央政府,对王国中心的控制远超之前的海岛王国。1330—1364 年,著名的军事将领加查·玛达(Gajah Mada)担任首相期间满者伯夷的势力达到巅峰。加查·玛达采取了一项公开扩张爪哇势力的政策,以实现统治整个努珊塔拉(Nusantara,即马来世界)的理想。尽管没有证据可以确证当时满者伯夷的统治已经包括了今天的整个印度尼西亚,但它支配着东爪哇、巴厘、马都拉,同时对西爪哇、南婆罗洲的部分地区、西里伯斯和松巴哇具有惩戒性影响,甚至一度将势力伸入马六甲海峡。③

满者伯夷时期,爪哇地区的社会经济有了很大的发展,当时国家重视农业生产,不仅支持兴修水利、维护堤坝以防汛抗旱,而且还推广休耕制度以保护土地肥力、提高产量。因此,当地的农业呈现出一片繁荣的景象。中国古籍《岛夷志略》中记载,"其田膏沃,地平衍,谷米富饶,倍于他国"。④

同时,满者伯夷的海外贸易兴盛,与中国的元朝和明朝也交往密切、贸易频繁。据巩珍的《西洋番国志》记载,当时的满者伯夷通用中国铜钱,且已经有了大量外国人的社群,其中既有西番回人也有唐人。⑤ 但是,由于所占领海域的广大和岛屿的分散,尤其是"繁荣"但又彼此独立的港口商业城市和"落后的"内地农村公社并存的局面,使得满者伯夷难以建立起巩固的中央集权和统一的国家。⑥

满者伯夷在 15 世纪初开始衰落,其背后的原因虽然与外部环境的变化密切相关,但主要还是由于内部因素的影响。从外部来看,马六甲在 15 世纪初崛起成为了东南亚最大的商贸中心,从而逐渐取代了满者伯夷在东南亚的商业地位。从内部来看,由于土地分封制度,地方势力不断坐大;在伊斯兰文化的影响下,印度尼西亚各地沿海商业港口的穆斯林社群迅速发展,成为了独立的政治力量,并

---

① [美]约翰·F.卡迪:《东南亚历史发展》(上册),姚楠、马宁译,上海译文出版社 1985 年版,第 88 页。
② 贺圣达:《东南亚历史重大问题研究——东南亚历史和文化:从原始社会到 19 世纪初》(下),云南人民出版社 2015 年版,第 105 页。
③ [美]约翰·F.卡迪:《东南亚历史发展》(上册),姚楠、马宁译,上海译文出版社 1985 年版,第 175 页。
④ 梁志明等主编:《东南亚古代史》,北京大学出版社 2013 年版,第 476 页。
⑤ 〔明〕巩珍:《西洋番国志》,向达校注,中华书局 1982 年版,第 6 页。
⑥ 贺圣达:《东南亚历史重大问题研究——东南亚历史和文化:从原始社会到 19 世纪初》(下),云南人民出版社 2015 年版,第 109 页。

对满者伯夷统治阶层构成了挑战;而王国内部又发生了内战,从而使得立国根基受到破坏。但是正如学者指出的,导致满者伯夷最终解体的根本原因还是印度尼西亚群岛生产力的落后,不同城市中心与村镇之间发展的不平衡以及建立在此基础上的社会政治结构的特殊性。① 正是在这样的背景下,满者伯夷走向了解体,并最终在1520年前后瓦解。

三、古代东南亚的国际秩序:曼陀罗体系

很多历史学者在西方世界秩序、东亚的朝贡体系和穆斯林世界秩序之外,否认古代东南亚地区有过独立的国际秩序体系。② 然而,越来越多的研究表明,古代东南亚的印度化国家在与中国保持着一种松散且时断时续的朝贡关系之外,也形成了自身独特的区域秩序体系。

英国学者沃尔特斯(O. W. Wolters)最早(1968年和1982年)把古代东南亚的国际秩序界定为"曼陀罗体系",以区别于现代的主权国家体系。根据他的定义,曼陀罗是指"一种在大致确定的地域内特殊且常不稳定的政治状况。这一地域没有固定的边界,区域内更小的中心也往往会负责辖区内的边防。曼陀罗可能会像六角手风琴那样扩大和缩小。每个曼陀罗都控制着数个附庸国的统治者,而一旦时机成熟,其中一些将抛弃其封臣身份,并试着逐步建立自己的封臣网络。只有曼陀罗领主有权接待贡使,同时,他自己也会派出代表其至高无上地位的钦差大臣"。③

除了曼陀罗外,人类学家格尔茨(Clifford Geertz)用"尼加拉"(negara)——剧场国家,塔比阿(Stanley Tambiah)用"星云政体"(galactic polity)来描述古代东南亚以卡里斯玛型领导人为核心建构和维系的、不稳定的政治体系。但是,不管是曼陀罗还是尼加拉或者星云政体,其共同点在于将政治体系整合起来的不是官僚制度,而是具有神性的统治者。④ 由于曼陀罗更广泛地被用于描述古代东南亚的政治体系及不同体系间的关系(国际关系),在这里我们仍然使用曼陀罗这一概念。

---

① 贺圣达:《东南亚历史重大问题研究——东南亚历史和文化:从原始社会到19世纪初》(下),云南人民出版社2015年版,第110页。
② [美]L.S.斯塔夫里阿诺斯:《全球通史:从史前史到21世纪》(下),吴象婴等译,北京大学出版社2006年版,第345—385页。
③ [英]O. W.沃尔特斯:《东南亚视野下的历史、文化与区域:区域内部关系中的历史范式》,《南洋资料译丛》2011年第1期,第52页。
④ Rosita Dellios, "Mandala: From Sacred Origins to Sovereign Affairs in Traditional Southeast Asia", *CEWCES Research Paper* 10 (2003), https://citeseerx.ist.psu.edu/viewdoc/download?doi = 10.1.1.695.3171&rep = rep1&type = pdf,最后浏览日期:2021年3月24日。

（一）曼陀罗体系的特征

"曼陀罗"（mandala，也译作"曼荼罗"）是一个梵语词，其中 manda- 为"核心"（core），la- 则是"包含"（container/enclosing element）的意思。① 它体现为一个印度教-佛教的意象，由重叠的同心圆和正方形构成。其中，圆形代表了时间观（世道轮回，生生不息），方形则代表了空间观，合在一起体现的是一种印度教-佛教以神为中心的宇宙观。古代东南亚地区的一些经典建筑（比如婆罗浮屠、吴哥窟等）反映的就是曼陀罗的三维形态。

在东南亚，"当印度化的王国建立时，要在一座天然的或者人工建造的山上确立对一个印度神的崇拜，该神与国王的外表合二为一，象征着王国的统一……并给予聚集在独一无二的那个君主之下的所有居民一个神。"② 宗教是统治者权威中的一项很重要的内容。统治者作为人神合一的象征，分享了湿婆、毗湿奴或者佛陀的权威，并被期以庇护信众、鼓励宗教热忱的使命。通过向民众讲授心灵康乐的意义，他们拥有了教益方面的影响力。③ 在曼陀罗体系之下，扩张被认为是拯救那些生活在非神圣空间的其他国家，帮助它们摆脱恶魔的控制。④ 在需要的时候，这一由宗教纽带联系起来的效忠网络也可以被动员起来向位于曼陀罗中心的领导者提供武力援助。⑤

一个曼陀罗的存在由其中心而非边缘所决定（其边缘的界线可能是模糊且不断变动的）。⑥ 因此，很多古代王国首都的名字也是王国的名字（如素可泰、阿瑜陀耶、蒲甘、勃固以及满者伯夷等）。⑦ 作为一个同心圆体系，王国中心对于边缘的控制伴随着距离的增加而减弱。根据离中心的距离，体系大致可以被分为三个圈层。最里面（核心圈）是王国的首都和由它直接控制的地区，在这个圈里国王的权力可以直接下达地方；外圈（控制圈）是由国王任命的诸侯或地方首领控制的区域，其内部的行政不受国王控制；再往外则是或多或少具有一定独立地

---

① Stanley Jeyaraja Tambiah, "The Galactic Polity in Southeast Asia (Reprint)", *HAU: Journal of Ethnographic Theory*, 2013, 3(3), p.503.
② ［法］G.赛岱斯：《东南亚的印度化国家》，蔡华、杨保筠译，商务印书馆2008年版，第53页。
③ ［英］O. W.沃尔特斯：《东南亚视野下的历史、文化与区域：区域内部关系中的历史范式》，《南洋资料译丛》2011年第1期，第54页。
④ 吕振纲：《曼陀罗体系：古代东南亚的地区秩序研究》，《太平洋学报》2017年第8期，第32页。
⑤ ［英］O. W.沃尔特斯：《东南亚视野下的历史、文化与区域：区域内部关系中的历史范式》，《南洋资料译丛》2011年第1期，第56页。
⑥ Rosita Dellios, "Mandala: From Sacred Origins to Sovereign Affairs in Traditional Southeast Asia", *CEWCES Research Paper* 10 (2003), https://citeseerx.ist.psu.edu/viewdoc/download?doi=10.1.1.695.3171&rep=rep1&type=pdf，最后浏览日期：2021年3月24日。
⑦ Stanley Jeyaraja Tambiah, "The Galactic Polity in Southeast Asia (Reprint)", *HAU: Journal of Ethnographic Theory*, 2013, 3(3), p.509.

位的朝贡国家(朝贡圈)。①

在曼陀罗中,中心的位置和影响力是不断变化的。② 一方面,曼陀罗中心随着国王宫殿的搬迁而变化。国王的宫殿设在哪里,曼陀罗的中心就在哪里。换言之,曼陀罗并不是领土性的政治单位,它的中心也不是权力集中的政治中心。相反,它呈现一种高度个人化和不稳定的政治安排,中心代表的仅是宫殿和国王所在的具体位置。另一方面,在曼陀罗的同心圆体系内,不同圈层之间的关系也是流动的。朝贡圈或控制圈内的国家强大起来后可能吞并原有的主导国,原先的朝贡国也可能因为王国中心的变化而成为控制圈内的国家。

从整个东南亚地区范围来看,多个不同的曼陀罗同时或在不同的时空范围内存在,构成了古代东南亚国际关系(inter-mandala relations)的基本单位。无论是在中南半岛还是在海岛地区,每一个曾经出现过的、在地区内有影响的大国都会建设以自己为中心的曼陀罗(比如占婆、吴哥、阿瑜陀耶、蒲甘、室利佛逝、满者伯夷等),而在每个曼陀罗的边缘地区又有朝贡国同时向两个或多个曼陀罗中心朝贡以寻求它们的庇护。相邻的曼陀罗通过中心之间、中心与朝贡国的互动相互连接,组成了相互交错的曼陀罗体系。③

古代东南亚的国际关系体系经历了从早期的单中心到后来的多中心并存的转变。6世纪以前,扶南是东南亚地区唯一的曼陀罗中心;但在此之后,地区大国同时崛起,在海岛地区和中南半岛地区先后出现了室利佛逝、吴哥、素可泰、蒲甘、阿瑜陀耶、谏义里、新柯沙里、满者伯夷等多个曼陀罗中心,共同构成了东南亚的曼陀罗体系。值得注意的是,在某一特定时间,东南亚区域范围内的曼陀罗之间维持了大致的力量均衡,谁也没有压倒性的优势谋求成为东南亚地区单一的曼陀罗中心。

(二)印度的曼陀罗 vs. 东南亚的曼陀罗

公元前4世纪,印度孔雀王朝的首相考提利亚(Kautilya)在他的《政事论》(Arthashastra)中引用了曼陀罗的意象。他将拉惹曼陀罗(rajamandala)当作一个地缘政治的概念,用以讨论某一王国(自我)的友邦和敌国的相对地理分布。具体来说,在一个以征服者为中心的拉惹曼陀罗的同心圆体系中,相邻的国家是天然的敌国,敌国的邻国则是天然的友邦。如果说敌人应该被摧毁,那么友邦则

---

① [澳]米尔顿·奥斯本:《东南亚史》,郭继光译,商务印书馆2012年版,第38页。
② Rosita Dellios, "Mandala: From Sacred Origins to Sovereign Affairs in Traditional Southeast Asia", CEWCES Research Paper 10 (2003), https://citeseerx.ist.psu.edu/viewdoc/download?doi=10.1.1.695.3171&rep=rep1&type=pdf,最后浏览日期:2021年3月24日。
③ 吕振纲:《曼陀罗体系:古代东南亚的地区秩序研究》,《太平洋学报》2017年第8期,第36页。

可以被中心渗透。当中心征服了敌国，原先作为友邦的敌国之邻国就变成了新的曼陀罗中心的敌国。在中心国家看来，邻国的性质并不重要，重要的是它是否对前者的霸权构成了威胁。考提利亚强调要在不同的敌友之间使用不同的策略，包括和平、战争、中立、备战、联盟和离间六种。

尽管广泛地接受了印度文化，但东南亚的古代王国并没有继承古代印度的中央集权体制。这与东南亚特殊的地理条件和早期王朝兴起的历史条件有关。对于一些东南亚的农业王国来说，中央集权并不必要，因为地理上充分的战略纵深使得它们能在面对外来威胁时有足够的回旋余地（如吴哥王朝），所以并没有动力去推动中央集权；而对另一些高度依赖海洋贸易、以沿海港口为核心形成的东南亚古代王朝来说，中央集权则不现实（如室利佛逝），分散的港口和群岛的地理特征注定了中央集权的政治体制难以维持。① 因此，在整个古代东南亚，只有与中国相邻并受其影响的越南建立了制度化的中央集权体系。

东南亚对印度宗教和政治文化的选择性接受导致了东南亚的曼陀罗体系与印度的曼陀罗体系大体上有两个显著的差异。首先，前者是一个松散的、和平的体系，而后者则是一个寻求不断扩张的霸权体系。在东南亚的曼陀罗中，中心王国的权威来自国王的神性（宗教）；它并不需要像印度那样通过世俗的方式——不断进攻周边国家——来提升王国的实力和权力。② 其次，在东南亚无政府的国际秩序中，同心圆中的小王国受到中心王国的庇护，同时也视中心王国为关系的调节者与秩序的维护者。中心王国的内政与外交没有明确边界（事实上所有的相互关系都被认为是内政），主要通过搜集政治情报、联姻、利用领导人间的个人关系、分配庇护资源等外交或经济手段来宣示其对边缘王国的影响力。③ 而印度的拉惹曼陀罗的中心是一个中央集权的王国，每个同心圆代表的则是与它或敌或友的邻国。中心国家与其邻国之间只有占领与否（战争），不存在庇护关系。

换言之，东南亚的曼陀罗体系是印度教-佛教文化影响下东南亚古代王朝自发形成的、松散的地区秩序体系；而印度的拉惹曼陀罗体系则是战略家为了扩大权力而精心设计的地缘政治竞争体系。尽管源自同一曼陀罗的意象，但两者的实质有着显著的差别。

---

① Rosita Dellios, "Mandala: From Sacred Origins to Sovereign Affairs in Traditional Southeast Asia", *CEWCES Research Paper* 10(2003), https://citeseerx.ist.psu.edu/viewdoc/download?doi=10.1.1.695.3171&rep=rep1&type=pdf, 最后浏览日期：2021年3月24日。
② Rosita Dellios, "Mandala: From Sacred Origins to Sovereign Affairs in Traditional Southeast Asia", *CEWCES Research Paper* 10(2003), https://citeseerx.ist.psu.edu/viewdoc/download?doi=10.1.1.695.3171&rep=rep1&type=pdf, 最后浏览日期：2021年3月24日。
③ O. W. Wolters, *History Culture, and Region in Southeast Asian Perspectives*, Singapore: Institute of Southeast Asian Studies, 1982, p.18；薛松：《印尼对外战略的同心圆思想及其对外交政策的影响》，载《中国周边外交研究》（总第八辑），世界知识出版社2020年版，第271—287页。

(三) 东亚的朝贡体系 vs. 东南亚的曼陀罗体系

在整个东亚的范围内,与东南亚的曼陀罗体系同时存在的还有以中国为中心的朝贡体系。朝贡体系是自公元前3世纪开始延续到19世纪末的东亚通行的国际关系体系。它是一种以中国为核心、奉行"华夏中心主义"的等级制政治秩序体系。依据离中心的距离,朝贡体系可分为三个大圈:汉字圈、内亚圈和外圈。① 相比位于汉字圈的朝鲜、越南、琉球等国,东南亚的大多数国家对朝贡体系的融入程度明显低于前者。只有当朝贡活动有利可图时,东南亚国家才来中国朝贡;而当中国力量衰落时,朝贡的频率则明显减少。②

作为在很长一段历史时期内同时存在的两大国际关系体系,曼陀罗与朝贡体系有着显著的联系和差异。首先,朝贡体系是以中国为核心的等级体系,中国凭借其文化吸引力和德治树立威望——要想与中国建立关系,就必须尊重这一等级性并承认中国的优越性;而曼陀罗体系则是由不同曼陀罗共同构成的无政府体系,曼陀罗之间并没有频繁的互动,也不存在等级关系。其次,与上一点相关,朝贡体系是以中国为单一中心的、相对稳定的体系;而曼陀罗体系在同一历史阶段则存在着多个中心并有着重叠的边缘地带。曼陀罗体系下,尽管每个作为曼陀罗结构核心的国王都声称对所辖地区及其统治者拥有权威,但由于曼陀罗的不稳定性和边界的模糊,一些小国或地方统治者会向不同的中心寻求保护。再次,朝贡体系的中心由制度所定义,表现为一系列复杂的朝贡礼仪、朝贡贸易制度以及有关贡期、贡物和贡道的规定。它们不会因为某个统治者甚至朝代的更迭而发生变化。相反,曼陀罗的中心是神性的统治者而不是一系列制度。相比制度的稳定性,神性统治者自身命运的变迁影响着曼陀罗系统本身的稳定和存续。最后,维系朝贡体系的是帝国对朝贡国的册封与承认、朝贡贸易和中央王朝对朝贡国的保护。在曼陀罗体系下,尽管也存在着外围国家对中心国的朝贡和中心国对朝贡国的庇护,但政治权威和礼仪纽带要远远弱于朝贡体系(参见表2.1)。

表2.1 朝贡体系与东南亚的曼陀罗体系的对比

朝贡体系	东南亚的曼陀罗体系
等级秩序(hierarchy)	无政府秩序(anarchy)
单一中心	多中心和重叠的边缘地带——内部的不稳定性和流动性

---

① [美]费正清:《中国的世界秩序:传统中国的对外关系》,杜继东译,中国社会科学出版社2010年版,第2页。
② 吕振纲:《曼陀罗体系:古代东南亚的地区秩序研究》,《太平洋学报》2017年第8期,第30页。

(续表)

朝贡体系	东南亚的曼陀罗体系
"中心"由一系列制度所定义	"中心"是神性的统治者而不是一系列制度
帝国对朝贡国的册封与承认、朝贡贸易、对朝贡国的保护	同心圆的权力政治体系,政治权威随着距离的增加而减弱
19世纪中期以前东亚地区稳定与秩序的基础,可接受的曼陀罗中心	朝贡体系下的次体系,大多数东南亚国家遵守朝贡体系的规则

虽然有着这些显著的差异,但是由于大多数东南亚国家遵守朝贡体系的规则并承认它作为19世纪中期以前东亚地区稳定与秩序的基础,因此可以将曼陀罗体系视作朝贡体系下的次体系。与此同时,由于东南亚古代王朝与中国之间的朝贡关系相对松散且缺乏连贯性,因此从东南亚的视角来看,中国也是一个它们能够接受的曼陀罗中心。①

第二节　外来文化与历史上的东南亚

东南亚由于其特殊的地理位置和环境,自古以来就受到外来文化的各种影响。其中,来自印度、中国和伊斯兰文化的影响更是直接渗透到东南亚社会和政治的诸多方面,至今仍然是塑造这一区域独特文化和政治生态的重要因素。

尽管中国和印度在东南亚早期国家的发展历史中都曾有过很大的影响,但其作用形式和具体表现却有着较大的差异。在物质文化方面,中国对东南亚的影响高于印度;但是,在意识形态和上层建筑方面,除了中国封建王朝直接控制的红河流域下游地区之外,印度的影响远远超过中国。② 而伊斯兰文明则是在13、14世纪以后才开始逐渐影响海岛东南亚地区。然而,不管是印度、中国还是伊斯兰文明,它们都以和平(如贸易、文化交流)的方式传播到东南亚地区,并最终与东南亚的本土文化相融合,发展出了独具特色的东南亚文明。

这一节一方面试图展现特殊的地理位置对于东南亚独特历史文化的影响,其中一个很重要的组成部分就是外来文化的渗透与贡献;另一方面也希望寻找在外来文化影响下东南亚本土文明的能动性与创造性,以及它们给今天东南亚留下的物质和精神遗产。

---

① 吕振纲:《曼陀罗体系:古代东南亚的地区秩序研究》,《太平洋学报》2017年第8期,第38页。
② 贺圣达:《东南亚历史重大问题研究——东南亚历史和文化:从原始社会到19世纪初》(上册),云南人民出版社2015年版,第355页。

一、印度文化的影响

随着法国考古学家 G.赛岱斯的名著《东南亚的印度化国家》的出版,"印度化"逐渐成为人们认识东南亚的重要视角。赛岱斯在他的书中将公元初期到 13 世纪的东南亚国家称为"印度化国家"。然而,"印度化"的说法却在学界引发了很大的争议。有的学者认为,东南亚不同地区对于印度文化的接纳时间和程度有很大的差异;由于历史和地理的原因,越南和菲律宾并没有参与"印度化"的进程,因此并不存在一个区域普遍的"印度化"形式。同时,学界对于印度文化渗透到东南亚社会的程度也存在着不同的观点。① 更重要的是,"印度化"等词汇对于东南亚人来说带有羞辱性,因为其暗示了东南亚没有本土文明,它的文化只是外来文明的衍生。

"印度化"显然只是一个笼统的概念,难以区分东南亚地区在接受印度文化过程中的差异性和能动性;断言东南亚本土文化在外来文明面前式微更是有失公允亦不符合实际。但是,否认印度文化的影响或者彻底拒绝"印度化"的概念同样违背了历史。印度文化对东南亚产生过巨大的影响,尽管这是一个渐进而多元的过程,但也存在着一定程度的普遍性。那么,为什么印度文化能发挥这样的作用?为什么中国文化没有像印度文化那样渗透到古代东南亚的社会政治生活中?

首先,这与印度同东南亚类似的文化地理环境相关。两个地区有着大致相似的纬度,同属于热带地区,因此也造就了它们基于地理环境所形成的生活习俗的极大相似性。由于处于湿热多雨的地带,东南亚的早期居民对于大自然有着天然的敬畏,认为宇宙间万物皆为神灵,山川草木动物之神支配着人们的命运。② 印度教的起源亦与对自然的崇拜密切相关,其神秘主义色彩与泛灵论相对应,也有助于缓解当地人对超自然力量的各种敌意表现的恐惧。

其次,早期东南亚社会经济发展水平与性质使得它们更容易接受印度的宗教文化,而不是中国的汉字和制度文化。印度教和佛教文化在公元前 1 世纪到公元 1 世纪间逐渐传入东南亚。当时的东南亚地区整体处于从原始社会末期进入早期国家阶段,氏族、部落社会和农村公社仍然完整地存在。这就导致一方面东南亚当时的经济社会发展状况与同时期中国封建官僚制度、郡县制和宗法家

---

① I. W. Mabbett, "The 'Indianization' of Southeast Asia: Reflections on the Historical Sources", *Journal of Southeast Asian Studies*, 1997, 8(2), p.160.
② 贺圣达:《东南亚历史重大问题研究——东南亚历史和文化:从原始社会到 19 世纪初》(上册),云南人民出版社 2015 年版,第 355 页。

族制下的社会经济状况有很大的差异,另一方面它又能很快适应佛教和印度教轮回报应和多神崇拜的文化。① 而后者也为当地部落首领向王权统治者的转变提供了必要的神权支持。②

再次,这也是由中国与印度同东南亚交往的不同方式造成的。印度文化主要通过民间的海上贸易和传教士、僧侣的活动向东南亚地区扩散。不同于印度同东南亚之间的民间交流,中国与早期东南亚国家之间的关系主要体现在国家层面的朝贡关系,是一种官方贸易和经济联系,且受到中原王朝兴衰更替的影响,没有持久与稳定的交流。更重要的是,双方民间交往不多,规模有限。因此,尽管中国的器物很早就到达了东南亚,但中国文化对东南亚社会的渗透程度却远远不如民间交往主导的印度。③

需要明确的是,本书在这里所说的"印度",在古代并非一个国家的名称,而是南亚多个地区和国家的总称。古代印度的文化本质上是一种宗教文化,因此早期东南亚国家受印度文化的影响,实质上是受印度宗教文化的影响。④

印度文化在东南亚的传播并不是一个有清楚时间和空间界限的历史事件。它描述的是一种波及广大不同地区且延续好几个世纪的现象。⑤ "印度化并不意味着印度人口大量迁移到东南亚。相反,只有数量有限的商人和僧人学者把各种形式的印度文化带到了东南亚。⑥ 目前可以找到的资料显示,印度文化对东南亚的影响可能始于公元前1世纪到公元1世纪这个时期,到公元5世纪时才形成广泛影响。在公元最初几个世纪印度与东南亚交往中,虽也有北印度人参加,但主要的印度交往者来自印度南部。⑦ 这一方面是由于东南亚北部与印度之间是崇山峻岭,其阻碍了人员之间的交流;另一方面也反映了早期印度与东南亚的交流主要伴随着海洋(香料和黄金)贸易的发展而逐渐频繁起来。⑧

赛岱斯指出,"印度化"之所以在公元初年前后作为一个新事物出现,是因为在这个时期来到东南亚的印度人中首次伴有能用梵文传播印度宗教和艺术的、有学问的成员,"印度化"是"婆罗门教化过程"在海外的继续,本质上是一种系

---

① [澳]米尔顿·奥斯本:《东南亚史》,郭继光译,商务印书馆2012年版,第21页。
② 贺圣达:《东南亚历史重大问题研究——东南亚历史和文化:从原始社会到19世纪初》(上册),云南人民出版社2015年版,第356—357页。
③ 同上书,第358—360页。
④ 公元前10世纪到公元前6世纪是婆罗门教在印度兴起和发展的时代;婆罗门教在公元前6世纪后一度受到佛教兴起的冲击而相对衰落,但仍有广泛影响,公元4世纪后又重新复兴。
⑤ [法]G.赛岱斯:《东南亚的印度化国家》,蔡华、杨保筠译,商务印书馆2008年版,第63—64页。
⑥ [澳]米尔顿·奥斯本:《东南亚史》,郭继光译,商务印书馆2012年版,第20页。
⑦ 贺圣达:《东南亚历史重大问题研究——东南亚历史和文化:从原始社会到19世纪初》(上册),云南人民出版社2015年版,第365页。
⑧ [法]G.赛岱斯:《东南亚的印度化国家》,蔡华、杨保筠译,商务印书馆2008年版,第45页。

统的文化传播过程。"这种文化建立于印度的王权观念上,其特征表现在对婆罗门教和佛教的崇拜、《往世书》里的神话和遵守《法论》等方面,并用梵文作为表达工具。"①

具体来看,印度宗教文化对东南亚的影响主要表现在五个方面。第一,婆罗门教/印度教以及佛教开始逐渐取代原始宗教成为早期东南亚占主要地位的宗教。当地的王国也多接纳了湿婆教的王权观念,建立起对国王林伽的崇拜。② 第二,梵文、巴利文成为当地的主要文字。有关医药、法律、政治方面的专门术语直接采用梵文表达,国王取梵文名字,并通常自称与一些印度教的神或英雄交往。与此同时,当地居民亦参照古代印度的文字创造了自己的文字,如占文、高棉文、骠文、孟文等。第三,一些国王和王室将印度的《摩奴法典》作为自己的法律和伦理标准,很多国家的地方习惯法也在它的框架内形成。泰国的《三印法典》就脱胎于印度的《摩奴法典》。第四,印度的《罗摩衍那》《摩诃婆罗多》《诃利世系》和《往世书》这些著作成为了东南亚古代文学作品和造型艺术的主要题材。在印度支那、马来亚和爪哇,这类叙事诗和传奇文学,辅之以《本生经》中的佛教民间传说,都是古典戏剧、舞蹈、皮影戏和木偶戏的主要内容。③ 第五,印度宗教文化的影响,也使得东南亚人的社会等级意识感非常强烈。这也是种姓制度在东南亚留下的痕迹。

但是正如之前指出的,"印度化"并不代表东南亚全盘接受了印度的文化。相反,印度文化在影响过程中,渗入、融合、保存了东南亚史前文化、前"印度化"时期延续下来的部落文化和村社文化因素。如果说东南亚的官方或上层文化是在印度文化(在越南则是中国文化)的影响下发展起来的,那么后者对普通村社居民的影响则要小得多,甚至基本没有触及东南亚社会的基层——东南亚的印度文化是一种上层文化,并不属于全体民众。④ 最为重要的是,东南亚拒绝了印度教最根本的要素,即种姓制度。在东南亚,虽然有婆罗门阶层且受到当地贵族的礼聘并担任宫廷的圣职,也有王公贵族成为刹帝利,但它们之下的种姓却并没有出现。此外,尽管东南亚的艺术创作大量仿效印度的艺术模型,但随后当地人发展出了自己的艺术形式;他们同样借助印度文字改造了自己的语言,并且最终放弃了梵文。

在印度文化影响过程中,婆罗门由于掌握了祭祀,也就掌握了支配天地万物乃至诸神的力量,因此扮演着重要的角色。在东南亚早期国家,甚至在 11 世纪

---

① [法]G.赛岱斯:《东南亚的印度化国家》,蔡华、杨保筠译,商务印书馆 2008 年版,第 34 页。
② 同上书,第 48 页。
③ 同上书,第 420 页。
④ 同上书,第 35 页。

后东南亚封建国家的宫廷,他们为新兴的东南亚王国服务,宫廷因此成为了传播印度宗教文化影响的中心。中国的古籍对此也有记载。例如,位于马来半岛东岸的古国盘盘国,"其国多有婆罗门,自天竺来就王,乞财物,王甚重之"。① 又如"顿逊国属扶南,国主名昆仑,国有天竺胡五百家,两佛图,天竺婆罗门千余人,顿逊敬奉其道,嫁女与之,故多不去"。②

佛教也是印度文化向东南亚传播过程中的一个重要组成部分。佛教与印度教同样都产生于公元前5世纪之前以婆罗门阶级为中心的古代印度。如果说印度教带有浓厚的神权色彩,主张人们严格遵循既有之不平等的种姓制度,那么,佛教则主张四姓平等,人人有佛性,对现实人生注重实际修持和人生体验。

公元2世纪起,佛教和印度教/婆罗门教就已经在东南亚地区开始得到传播。在大多数东南亚早期国家,印度教的湿婆崇拜和毗湿奴崇拜与佛教的不同派别都有不同程度的影响力。与印度本土不同,在东南亚早期国家中,佛教与印度教极少有你死我活的争斗。这些国家或同时盛行佛教和印度教,或时而以信奉佛教为主,时而以信奉印度教为主;即使后代国王改变了信仰,也很少破坏前朝遗留下来的另一种宗教的文化历史遗迹。

早期影响东南亚的佛教以大乘佛教为主。南传上座部佛教③虽然很早就已传入这一地区,但是真正产生广泛影响却是在11世纪以后。12、13世纪时,上座部佛教逐渐取代大乘佛教和印度教,成为大陆东南亚的主要宗教。不同于前一时期的印度宗教,它不再只是上层贵族的宗教,而是真正进入了民间。它的宗教起源说和宇宙论、业报和轮回说在底层社会民众中深入人心。④

南传上座部佛教之所以能在11世纪后的东南亚盛行主要有两个原因。首先,在这一时期,大陆东南亚经历了王朝力量的重新整合。一方面,信奉印度教和大乘佛教并在11、12世纪盛极一时的吴哥王朝在13世纪以后面临危机,转向衰弱;另一方面,同一时期的缅、泰、老等国家所在的地区,先后或由分裂、割据的局面走上统一的道路,或从众多的部落、酋邦、早期国家向以某一个民族(如缅族或泰族)为主导的多民族的中央集权式封建国家过渡。处于这样一个"历史转折点"的大陆东南亚中西部各国,或者需要转向新的宗教以应对现时的危机(如吴哥王朝),或者需要一个能在精神上支持其国家统一、政权巩固的宗教来强化其合法性(如蒲甘、素可泰、阿瑜陀耶等)。上座部佛教的出现满足了这样的需求。

---

① 〔宋〕乐史:《太平寰宇记》卷二十六,"盘盘国"。转引自梁志明等主编:《东南亚古代史》,北京大学出版社2013年版,第214页。
② 〔宋〕李昉等:《太平御览》卷七八八,"顿逊国"。转引自梁志明等主编:《东南亚古代史》,北京大学出版社2013年版,第214页。
③ 东南亚的南传上座部佛教就其源头而言,主要传自斯里兰卡的巴利文系南传佛教。
④ [法]G.赛岱斯:《东南亚的印度化国家》,蔡华、杨保筠译,商务印书馆2008年版,第48页。

其次，在上座部佛教成为占主导地位宗教之前的几个世纪中，东南亚国家中盛行的大乘佛教与印度教不仅推行供奉神、佛的繁杂仪式，而且还鼓励大兴陵墓、寺庙建筑——尤其是在极盛时期的吴哥——因而使得普通百姓不堪重负、国家经济面临衰退；而主要从斯里兰卡传入的上座部佛教虽也兴寺建塔，但相对说来却较为简朴，与大乘佛教和印度教的巨型陵庙建筑形成鲜明对比。因此，在各国封建统治者的大力提倡和支持下，上座部佛教逐渐取代印度教和大乘佛教成为这些国家中占统治地位的宗教。① 与海岛东南亚地区在这一时期逐渐转向伊斯兰教一样，上座部佛教在大陆东南亚的盛行正是这一时期当地政治经济变迁的结果。

二、中华文化的影响

如上文所述，相比印度，中国对于古代东南亚的影响更多体现在器物层面，而不是在意识形态和上层建筑领域。唯一的例外则是对今天越南北部的红河流域的影响。

由于这一地区在公元前2世纪到10世纪中叶一直处于中国封建王朝的直接统治之下，因此其文化深受中国古代文化的影响。即使在10世纪独立后，其主流文化依然受到中国古代思想文化的影响，并在适应自身封建国家和社会经济需要的前提下，发展出了一种无论在文化内涵或表现形式上均属于汉文化圈，但又具有越南民族特色的古代文化。②

中华文化对于越南的影响主要表现在三个方面。首先，儒家学说一直是越南封建王朝的主流意识形态。"从11世纪到19世纪初，越南文化在意识形态上的主要特点是儒、道、佛并存，而其总的发展趋势则是儒家学说随着封建国家的发展而作用不断增强，到封建社会末期登峰造极，而佛教的地位和作用在陈朝以后就逐渐下降。"③越南的佛教主要来源于汉传佛教，尤其是禅宗有着广泛的基础（早在6世纪末禅宗就已传入越南），与东南亚其他地区后来流行的上座部佛教有很大的差别。同时，越南也没有像它的印度化邻国那样独尊过佛教。在李朝（1009—1225年）初期，佛教在越南宫廷和社会上的地位皆高于儒学；但为了巩固封建统治、建立统治秩序，李朝在尊崇佛教的同时也逐步提高和重视儒学的地

---

① 贺圣达：《东南亚南传上座部佛教文化圈的形成、发展及其基本特点》，《东南亚南亚研究》2015年第4期，第74—75页。
② 贺圣达：《东南亚历史重大问题研究——东南亚历史和文化：从原始社会到19世纪初》（下册），云南人民出版社2015年版，第254页。
③ 同上书，第259页。

位,用儒家的忠孝伦理思想规范官员的行为。① 陈朝(1225—1400年)时,儒学进一步受到重视,统治者开始借助儒家学说推进封建制度建设并维护封建秩序。到陈朝后期,儒学压倒佛教成为国家的意识形态。明成祖时期,明朝再次将越南置于其直接治理之下(1407—1427年),儒学的重要性得到进一步巩固和提升。不仅儒生的地位有所提高,而且程朱理学的影响力开始渗透到各州县。后者在之后的后黎朝和阮朝成为统治思想。②

其次,科举制度作为培养人才、选拔官员的基本制度,在越南持续施行了800多年。③ 但是,与中国不同,越南早期的科举制度实行儒、佛、道三教并试。1075年,越南开科取士,举行了历史上的第一次科举,"诏选明经博学及试儒三场",后又设国子监和翰林院,完善了与儒学相关的制度。④ 经过多次科举考试,到12世纪越南逐渐形成儒士阶层。陈朝时科举趋于制度化。1232年陈太宗又开太学生科试(考进士);1247年科试设三魁,即状元、榜眼和探花;1253年立国学院,招儒士讲授四书五经。⑤ 程朱理学自陈朝后期传入越南后,儒学教育被进一步强化。后黎朝(1428—1789年)皇帝更是高度重视科举考试,科举制度因此成为封建统治者选贤任能的主要方式。到阮朝时,科举考试独试儒学,并在考试中引入八股制。⑥

再次,汉字的影响。除了胡朝(1400—1407年)和西山朝(1778—1802年)曾经以喃字为官方文字外,越南封建王朝大多数时候一直以汉字作为官方文字。有文化的越南人在写作、通信以及各种官方和半官方的文书中亦使用汉字。⑦ 在日常用语与行文之外,大量汉字著作在越南也广为流行,其中囊括经史子集,天文、地理、历法、音韵、医学、算数、相书等无所不有,并影响了当地文人史官的行文方式。例如,1272年,大越清化人黎文休所著《大越史记》30卷不仅仿照了《史记》的体例,且效仿司马迁"太史公曰"的评论方式,在文后写下"黎文休曰""史臣吴士连曰",夹叙夹议。⑧ 直到19世纪晚期法国殖民者开始大力推行拉丁化的拼音文字后(即今天越南的国语字),汉字的影响才逐渐式微。

需要强调的是,尽管深受中国的制度和文化的影响,但越南的封建统治者在

---

① 贺圣达:《东南亚历史重大问题研究——东南亚历史和文化:从原始社会到19世纪初》(下册),云南人民出版社2015年版,第260页。
② 同上书,第265页。
③ 同上书,第255页。
④ 参见梁志明等主编:《东南亚古代史》,北京大学出版社2013年版,第558页。
⑤ 贺圣达:《东南亚历史重大问题研究——东南亚历史和文化:从原始社会到19世纪初》(下册),云南人民出版社2015年版,第262页。
⑥ 同上书,第269页。
⑦ 同上书,第255页。
⑧ 梁志明等主编:《东南亚古代史》,北京大学出版社2013年版,第562页。

文化取向和政治决策上一直抱着一种非常矛盾的态度。一方面,他们效法中国的封建王朝,并视中国传统文化为越南主流文化的源泉;但另一方面,他们又试图摆脱中国的影响,不仅逐渐以自我为中心,而且还产生了相对周边民族的文化优越感。①

三、伊斯兰文化的影响

伊斯兰教从 11 世纪始已零星传入东南亚沿海的一些地区;13—15 世纪在东南亚海岛沿岸和部分地区立足(出现大大小小的穆斯林苏丹国);16—18 世纪传播到海岛内陆地区,进而最终在整个东南亚海岛地区扎下根来,并在印度尼西亚群岛、马来半岛和菲律宾群岛南部形成伊斯兰社会,印度文化退避到巴厘岛。②

阿拉伯商人甚至早在伊斯兰教诞生之前就已经开始参与同东南亚的海上贸易,但东南亚的伊斯兰化却发生在 13 世纪末以后。有学者根据这条时间线认为东南亚的伊斯兰化并不是阿拉伯人带来的,相比而言印度穆斯林商人的影响更大。印度古吉拉特和南部科罗曼德尔沿岸(Coromandel coast)在 13 世纪末被伊斯兰化。大量来自这两个地区的穆斯林商人将伊斯兰教传播到东南亚沿海港口,并为了贸易的便利而在一些地方定居下来并与当地人结婚,最终成功促使东南亚沿海地区伊斯兰化。③ 但是,由于古吉拉特的穆斯林多信奉哈乃斐派(Hanafi School),而今天在印度尼西亚群岛上占据统治地位的却是苏菲派(Shafi'i School),人们因此相信同样信仰苏菲派的科罗曼德尔穆斯林商人在伊斯兰教向东南亚扩散的过程中扮演了更为重要的角色。④ 当然,除了阿拉伯和印度的商人,郑和下西洋也对伊斯兰教在东南亚的传播有重要影响。

为什么伊斯兰教作为外来宗教能在很短的时间内就在海岛东南亚地区产生巨大影响?因为相比传统的印度化宗教,伊斯兰教更能适应活跃在港口地区的商人阶层的需求,也使它能够以和平的方式在东南亚海岛地区迅速传播。

在伊斯兰教向东南亚扩散的过程中,马六甲发挥了重要的作用。14 世纪下半叶,来自巨港的室利佛逝后裔拜里迷苏剌(Parameshwara)在满者伯夷军队的进攻下,逃亡到淡马锡(今新加坡)附近,建立了马六甲(也称满剌加)王朝。后来,拜里迷苏剌为了与苏门答腊北部的伊斯兰国家建立友好关系而与巴赛公主

---

① 贺圣达:《东南亚历史重大问题研究——东南亚历史和文化:从原始社会到 19 世纪初》(下册),云南人民出版社 2015 年版,第 256—257 页。
② [法]G. 赛岱斯:《东南亚的印度化国家》,蔡华、杨保筠译,商务印书馆 2008 年版,第 419—420 页。
③ D. R. SarDesai, *Southeast Asia: Past and Present* (Fourth Edition), Boulder, Colorado: Westview Press, 1997, p.58.
④ Ibid., p.60.

结婚,改信伊斯兰教。15世纪前后马六甲王国成为东南亚最强大的伊斯兰王朝,也成为了东南亚伊斯兰文化传播的中心。

当然,伊斯兰教最终在海岛东南亚的生根发芽也与西方殖民者的入侵有着密切关系。面对船坚炮利的西方殖民者以及他们对于传播天主教的热情,伊斯兰教逐渐成为当地民众反抗西方殖民的武器。关于这方面内容本书将在后面有关东南亚的贸易时代和殖民历史相关的章节中具体介绍。

思考题

1. 为什么大多数东南亚的古代王国没有形成中央集权的政治体系?
2. 曼陀罗体系有什么特征?它与古代东亚的朝贡体系以及印度的拉惹曼陀罗体系相比,有哪些显著的不同?
3. 为什么从文化上说,印度文化对古代东南亚的影响大于中国文化对其的影响?印度文化又是如何从古代印度向东南亚传播的?
4. 中国对古代东南亚的影响主要表现在哪些方面?

第三章

殖民时期东南亚的国际关系

本章导学

与欧洲"漫长的16世纪"相对应,在1405—1680年间,东南亚地区也进入了一个贸易繁荣、港口兴旺、商品人员往来极为频繁的贸易时代。得益于得天独厚的地理条件,东南亚成为了连接日本、中国、印度、中东和欧洲等重要市场的交通枢纽,也为这些市场提供了广受欢迎的热带香料。然而,随着17世纪殖民者对香料贸易的垄断,贸易时代逐渐走向没落,取而代之的是列强对东南亚殖民地的瓜分。在此后的200多年时间里,荷兰、西班牙、英国、法国、美国等殖民势力不断向这一地区渗透。它们彼此争夺重要的港口和据点,也为了共同的利益而相互妥协。到19世纪末,除了在大国夹缝中艰难维持独立的暹罗外,东南亚的所有地方都已被列强瓜分殆尽。东南亚被迫加入资本主义世界体系,沦为这一体系下的一个边缘地带。

本章学习目标

1. 了解东南亚贸易时代的背景、成因及历史影响。
2. 熟悉殖民势力瓜分东南亚的过程以及列强在东南亚的争夺与妥协。
3. 分析殖民统治对东南亚的影响。

第一节　东南亚的贸易时代

法国东方学家乔治·赛岱斯在 1944 年写作《东南亚的印度化国家》时就曾写道:"在马来半岛及其延伸出去的各岛屿所构成的天然屏障的另一侧,由中国海、暹罗湾和爪哇海组成了一个名副其实的地中海。尽管这个内海有台风和暗礁,然而有史以来,它在沿岸居民之间与其说是个障碍,毋宁说是一条纽带,早在其他区域的航海者到来之前,这里的居民就拥有自己的船只;尽管他们的民族不尽相同,但是由于不断地交往,在他们的文化中已演变出了一定程度的共同性。"① 安东尼·瑞德也指出,如果说"地中海将欧洲南部、地中海东部以东地区以及非洲北部地区联结在一起",那么"南中国海温暖而平和的水域则把东南亚更好地联成一体,殆无疑义"。② 在这里,地中海除了是一个地理概念外,更被视为一个海洋空间、贸易交汇点以及不同文明的纽带。在这个空间里,"多个自治的城市与城市区域共同控制着商品与货币的流通,构成了经济优势的基础"。③

尽管有着得天独厚的地理条件,但是直到贸易时代到来,"地中海"的影响力才从亚洲扩展到世界,东南亚也才开始成为世界体系的重要一员。贸易时代是这样一个时期,"东南亚的城市和产出,都是为了面向世界而存在的;作为催生现代性和全球市场的坩埚,东南亚在世界历史中曾扮演了一个非常核心的角色"。④ 在这一时期,东南亚成为联结日本、中国、印度、中东和欧洲等重要市场的交通枢纽,也为这些市场提供了广受欢迎的热带香料。同时,东南亚本身则一方面受到世界市场变化的影响,另一方面也推动着世界历史的进程。

一、贸易时代(1405—1680 年)的到来

正如安东尼·瑞德所说,"贸易对东南亚地区一向都是生死攸关。风下之地地理条件优越,地处中国(有史以来最大的国际市场)与印度、中东和欧洲之间的

---

① [法]G.赛岱斯:《东南亚的印度化国家》,蔡华、杨保筠译,商务印书馆 2008 年版,第 14 页。
② [澳]安东尼·瑞德:《东南亚的贸易时代:1450—1680》(第一卷),吴小安、孙来臣译,商务印书馆 2017 年版,第 3 页。
③ [法]弗朗索瓦·吉普鲁:《亚洲的地中海:13—21 世纪中国、日本、东南亚商埠与贸易圈》,龚华燕、龙雪飞译,新世纪出版社 2014 年版,第 10 页。
④ 庄礼伟:《年鉴学派与世界体系理论视角下东南亚的"贸易时代"》,《东南亚研究》2016 年第 6 期,第 102 页。

海上贸易通道,每逢国际贸易的大潮来临之际,该地区都成为乘风破浪的弄潮儿"。① 15世纪初,随着东西方同时进入经济发展、贸易扩张的时期,东南亚也进入了贸易时代。在这一时期,东南亚海上城市之间的相互联系空前密切,马来地区成为最重要的货物聚散中心,马来语是主要的贸易语言,伊斯兰教则成为当地商人阶层信仰的主要宗教。②

在贸易时代,东南亚地区的贸易变化趋势是显而易见的。"1400年前后,贸易突然起飞,在15世纪则呈现间歇性增长,很可能在该世纪末叶增长幅度达到最大。1500年,该贸易开始急剧衰落,但在1530年势头转好。此后又开始增长,1570年左右增长速度最快,最后在1600—1630年达到高峰。"③在此之后,荷兰东印度公司的垄断贸易取代贸易时代活跃的、由东西方商人自发进行的自由贸易,贸易时代结束。

1405—1433年间,明朝皇帝派郑和带领贸易船队七下西洋,大力发展海外贸易,刺激了中国对东南亚产品需求的激增,也由此开启了东南亚贸易时代的序幕。④ 而在亚欧大陆的另一边,1453年奥斯曼帝国攻陷君士坦丁堡,结束了历时一百多年的东地中海冲突,并建立起横跨欧亚的大帝国。同时,在经历了黑死病后,欧洲社会经济复苏,对舶来品的需求急剧增加。穆斯林商人重新活跃在东西方贸易航路上,欧洲的航海家和商人也在君主的支持下扬帆远航,寻找传说中东方的香料群岛。⑤

位于印度尼西亚群岛东部的马鲁古群岛就是欧洲人口中所言的香料群岛。在1770年以前,那里更是很多在欧洲广受追捧的香料(如丁香、肉豆蔻、肉豆蔻衣等)的唯一产地。⑥ 此外,东南亚的市场上还有一些兼具香料和药用价值的植物品种,例如罗望子、郁金、生姜、荜澄茄、菖蒲等,也深受西方人的欢迎。⑦ 虽然

---

① [澳]安东尼·瑞德:《东南亚的贸易时代:1450—1680》(第二卷),吴小安、孙来臣译,商务印书馆2017年版,第6页。
② [澳]安东尼·瑞德:《东南亚的贸易时代:1450—1680》(第一卷),吴小安、孙来臣译,商务印书馆2017年版,第14页。
③ [澳]安东尼·瑞德:《东南亚的贸易时代:1450—1680》(第二卷),吴小安、孙来臣译,商务印书馆2017年版,第35页。
④ 同上书,第19页。
⑤ 由于欧洲冬季天气严寒,牲畜难以生存,因此人们不得不在入冬前将它们大批宰杀,并用盐和香料腌制保存。他们使用的重要香料就是印度尼西亚群岛中的马鲁古群岛出产的丁香、胡椒和肉豆蔻等。因此,在欧洲人知道其具体方位之前,马鲁古群岛就有香料群岛之称。参见梁英明:《东南亚史》,人民出版社2010年版,第55页。
⑥ [澳]安东尼·瑞德:《东南亚的贸易时代:1450—1680》(第二卷),吴小安、孙来臣译,商务印书馆2017年版,第9页。
⑦ [澳]安东尼·瑞德:《东南亚的贸易时代:1450—1680》(第一卷),吴小安、孙来臣译,商务印书馆2017年版,第45页。

早期东南亚香料的主要市场是亚洲,但 1470 年以后欧洲逐渐取代亚洲成为香料贸易的最后目的地。①

香料贸易不仅为东南亚带来了巨大的利润,而且随着香料商人的到来,他们也带来了其他货物,触发了东南亚地区整体贸易(包括同外部世界间的贸易和本地贸易)的繁荣。② 这一时期,东南亚向外部世界的输出品除了香料外,还包括胡椒、香木、树脂、虫胶、玳瑁、珍珠、鹿皮,以及越南和柬埔寨出口的蔗糖——事实上,胡椒才是当时东南亚出口量最大的经济作物;③同时,东南亚也从印度进口棉布,从美洲和日本进口白银,从中国进口铜钱、丝绸、瓷器及其他制成品。④ 需要指出的是,在整个贸易时代,尽管东南亚的香料和其他经济作物在世界市场上广受欢迎,但东南亚本地的种植者并没有因此变得富裕,真正的受益人是在商道上活跃的贸易和转运商人。他们才是贸易时代的真正主角。

除了与外部世界的贸易外,当时东南亚区域内部也存在着活跃的贸易关系。由于并不是每一个地区都盛产香料,因此香料群岛外的东南亚地区通过大量生产稻米向马鲁古群岛出口以换取珍贵的香料。这一交易有时候会通过前往马鲁古的欧洲商人完成,即当地人向欧洲人出售大米,欧洲人以从马鲁古群岛获得的香料作为交换。⑤ 当然,更多时候本地贸易由本地居民来完成。他们驾驶着东南亚式的小船向城市和经济作物产区提供稻米、蔬菜、干鱼、牲畜、棕榈酒、蔗糖和食盐等生活物资,同时从那里运回进口货物。"他们形成连接城市和内地水域的重要纽带;他们不仅转运货物,同时也传播思想、运送人员。"⑥

如前文所说,东南亚的贸易时代在 1570—1630 年间达到巅峰,此后逐渐走向衰落,并最终于 17 世纪 80 年代落下帷幕。这一变迁同样受到外部世界变化的影响。一方面,它与中国国内局势的变化有关。1567 年,明朝皇帝在 1433 年海禁之后首次解除了对南方民间贸易的禁令,每年允许 50 艘船离开中国南部的

---

① [澳]安东尼·瑞德:《东南亚的贸易时代:1450—1680》(第二卷),吴小安、孙来臣译,商务印书馆 2017 年版,第 14 页。
② 同上书,第 9 页。
③ [新西兰]尼古拉斯·塔林主编:《剑桥东南亚史》(Ⅰ),贺圣达等译,云南人民出版社 2003 年版,第 381 页。
④ [澳]安东尼·瑞德:《东南亚的贸易时代:1450—1680》(第二卷),吴小安、孙来臣译,商务印书馆 2017 年版,第 36 页。
⑤ [澳]安东尼·瑞德:《东南亚的贸易时代:1450—1680》(第一卷),吴小安、孙来臣译,商务印书馆 2017 年版,第 37 页。
⑥ [澳]安东尼·瑞德:《东南亚的贸易时代:1450—1680》(第二卷),吴小安、孙来臣译,商务印书馆 2017 年版,第 97 页。

海港;这一数字后来又增加到1589年的88艘和1597年的117艘;此外,还有很多未经批准的船只仍然从事着"走私"活动。① 这一切都孕育了东南亚贸易巅峰时代的到来。然而,"明朝末年的兴盛"很快走向了尾声。1616年努尔哈赤建立后金,开始挑战明朝的统治。中国的政治动乱和经济危机也波及它与东南亚的贸易,双边贸易额在之后急剧衰落。②

另一方面,贸易时代的起伏变迁也是欧洲殖民势力在东南亚扩张的结果。16世纪80年代,新大陆的白银大量涌入欧洲市场。由于欧洲对东南亚胡椒和丁香需求的增长,欧洲人又把这些白银运往东方以获取在欧洲市场上紧俏的商品。1579年,西班牙人控制马尼拉。墨西哥阿尔普尔科与马尼拉之间的大帆船也从美洲直接运来了白银,以在马尼拉购买中国的产品和东南亚的香料。到17世纪20年代,从欧洲流入亚洲的白银数量暂时达到了顶峰,贸易时代亦走向最后的繁荣。③ 此后,伴随着欧洲人控制东南亚的主要港口并建立起殖民统治(其中尤以1619年荷兰人建立巴达维亚为标志),东南亚的多元贸易格局逐渐被摧毁,取而代之的是殖民者的垄断贸易。④ 东南亚的港口城市因此衰落,其在世界体系中的地位也发生了变化。东南亚进入被列强瓜分的殖民时代。

二、国际化大都市的兴起

贸易时代在东南亚的一个重要表现就是港口城市的持续发展和城市化水平的提高。虽然这一时期整个东南亚的人口稀少,但却高度集中于大的贸易城市以及一些小的水稻密集种植区。⑤ 其中,成功的贸易城市包括马六甲、勃固、阿瑜陀耶、金边、会安(欧洲人称海铺)、北大年、文莱、巴赛、亚齐、万丹、扎巴拉、锦石和望加锡等。

有学者曾经指出,"东南亚之所以能够在'漫长的16世纪'全球贸易扩张中扮演重要角色,不仅是因为其地理位置、气候及产出这些因素,还由于当时的东

---

① [新西兰]尼古拉斯·塔林主编:《剑桥东南亚史》(Ⅰ),贺圣达等译,云南人民出版社2003年版,第383页。
② [澳]安东尼·瑞德:《东南亚的贸易时代:1450—1680》(第二卷),吴小安、孙来臣译,商务印书馆2017年版,第29页。
③ [新西兰]尼古拉斯·塔林主编:《剑桥东南亚史》(Ⅰ),贺圣达等译,云南人民出版社2003年版,第384页。
④ 庄礼伟:《年鉴学派与世界体系理论视角下东南亚的"贸易时代"》,《东南亚研究》2016年第6期,第102页。
⑤ [澳]安东尼·瑞德:《东南亚的贸易时代:1450—1680》(第一卷),吴小安、孙来臣译,商务印书馆2017年版,第24页。

南亚沿海港口城市在贸易制度、社会形态上已经具有先进性、世界性的特质"。① 这些在海洋贸易繁荣时期诞生成长起来的城市,通过实行开放的制度和提供良好的商业服务来获得贸易机会并彼此竞争,而其中活跃的马来商人和马来通用语——不只是马来人,甚至来自世界各地的商人阶层也都以马来语沟通——的地位更是促成了贸易的活跃与畅通。②

以下本书就以马六甲和万丹为例来看一下东南亚贸易时代大都市的繁荣景象。

(一)马六甲——马来商业世界的首都

1402年,巨港王子(室利佛逝王室后裔)拜里迷苏剌(Parameshwara,约1402—1424年在位)在马来半岛的西海岸、马六甲海峡的最窄处建立了马六甲(中国史籍中又称为满剌加)王国。马六甲王国兴起的最直接后果就是遏制了泰人势力的扩张,同时也预示着伊斯兰教在海岛东南亚的兴起。③

在1511年葡萄牙人占领之前的20—30年内,马六甲的人口有10万人左右。④ 作为高度国际化的大都市,它汇集了世界各地各种肤色的商人,所涉及语言不下80种,商品更是应有尽有。据16世纪葡萄牙第一位来中国的使者多默·皮列士记载,马六甲城贸易兴盛,商客云集,有来自开罗、麦加、亚丁的摩尔人,阿比西尼亚人,忽鲁模斯人,波斯人,土耳其人,土库曼人,古吉拉特人,锡兰人,孟加拉人,中国人,琉球人,吕宋人,等等。⑤ 他还特别提到了马六甲王国的富裕情况,写道:"这个地区比印度的世界更富庶,更有价值。……任何主宰马六甲的人就能控制威尼斯的咽喉,而从马六甲到中国,从中国到摩鹿加,从摩鹿加到爪哇,从爪哇到马六甲[和]苏门答腊,[都]在我们的努力范围内。"⑥

当时,来自阿拉伯和波斯等地的商人把玻璃器皿、珍珠、香水等商品运到印度出售,又从那里购买布匹和其他日用品运到马六甲售卖,再收购东南亚出产的香料、木材、黄金和锡产品运回中东,从而在这一三角贸易中获利。同时,马六甲也从爪哇进口大米和武器,从苏门答腊购买黑胡椒和黄金,从婆罗洲输入丝绸、瓷器等。所有外国商船按照货物价格的6%向马六甲王国交纳港口税,本地商人

---

① 庄礼伟:《年鉴学派与世界体系理论视角下东南亚的"贸易时代"》,《东南亚研究》2016年第6期,第103页。
② 同上。
③ 王赓武:《南洋贸易与南洋华人》,姚楠编译,中华书局1988年版,第257页。
④ [澳]安东尼·瑞德:《东南亚的贸易时代:1450—1680》(第一卷),吴小安、孙来臣译,商务印书馆2017年版,第24页。
⑤ [葡]多默·皮列士:《东方志——从红海到中国》,何高济译,江苏教育出版社2005年版,第209页。
⑥ 同上书,第220页。

则按货物价格的3%缴税。①

马六甲开放包容的商业文化一方面使得外来商人得以在当地飞黄腾达；另一方面也在君主与外来商人之间建立起了相互依存的关系，为贸易的发展提供了便利条件。马六甲早期的富商大贾通常为泰米尔人、古吉拉特人、爪哇人和吕宋人。后来，中国、土耳其、葡萄牙和西班牙的商人也加入了他们的行列，并逐渐取代印度和他加禄的商人，成为当地的商业精英。② 为了保证外商遵循礼仪、交纳港口税，马六甲的苏丹通常会指定外商首领扮演港主（即波斯语中"港口的主人"）的角色。港主在君主和需要官方支持的外商们之间建立联系，并从中获得大量的利润。在鼎盛时期，马六甲一般有四位港主，分别代表古吉拉特商人，来自西方以及印度、勃固、巴赛的商人，来自东部地区（即爪哇、马鲁古、南苏门答腊、婆罗洲和菲律宾）讲马来语的商人以及东亚人（主要是中国和琉球）。③ 马六甲的模式也为这一地区的其他港口所效仿。

除了优越的地理位置和开放的商业文化外，促成马六甲以及东南亚的其他港口贸易繁荣的还有一种卡孟达契约贸易制度。在这一制度下，商人可以凭借契约把商品装在他人的船上运送。在运送过程中，他们要么自己随行押运，要么支付一定的酬劳委托押运人护送。船只返程到港后船主在44天内支付商人销售商品的利润。④ 同时，印度商业阶层的经纪人亦活跃在马六甲的港口。他们发明了一种适于销售的信用证制度。在其他城市开出的信用证可以在马六甲兑换现金，为贸易带来了极大的便利。⑤

为了确保自身在地区内的声望和安全，尤其为了应付暹罗人的南下，马六甲还与中国的明朝保持着密切的联系。1405年，拜里迷苏剌第一次派遣使者前往中国，请求明朝接受马六甲的朝贡。当时明朝已经开启了"郑和下西洋"。郑和船队在马六甲得到当地人的支持，由此明朝允诺与马六甲苏丹国保持朝贡关系，并册封拜里迷苏剌为满剌加国王。第二年，明朝遣使回访马六甲，并赠送印玺、丝绸和黄伞等。此后，马六甲王国与中国之间的贸易关系持续发展，两国使臣不断互访。拜里迷苏剌本人在1411年和1414年两次访问中国；继任苏丹、其子穆罕穆德沙（称号为斯里·摩诃罗阇）亦两次访问中国。郑和也多次到访马六甲，

---

① 梁英明：《东南亚史》，人民出版社2010年版，第48—49页。
② [澳]安东尼·瑞德：《东南亚的贸易时代：1450—1680》（第二卷），吴小安、孙来臣译，商务印书馆2017年版，第161页。
③ 同上书，第166页。
④ [新西兰]尼古拉斯·塔林主编：《剑桥东南亚史》（Ⅰ），贺圣达等译，云南人民出版社2003年版，第391页。
⑤ 同上书，第393页。

并在当地留下很多传说。①

贸易时代在马六甲发生的一件重要事情就是伊斯兰教的传播与发展。随着海上贸易的发展和穆斯林商人的陆续到来,马六甲开始受到伊斯兰文化的影响。1414年,拜里迷苏剌与苏门答腊岛的巴赛王国公主结婚。由于当时巴赛盛行的是伊斯兰教,婚后拜里迷苏剌放弃了原先的印度教信仰而皈依了伊斯兰教,并改名为梅加特·伊斯干达沙。② 国王的皈依吸引了更多的穆斯林商人来这里做贸易,马六甲的伊斯兰化逐步加强。③ 优越的地理位置加上作为地区内最重要的港口,马六甲的变化也带动了伊斯兰教在马来半岛和苏门答腊沿岸地区的传播,海岛东南亚地区的伊斯兰化迅速发展。

1511年,葡萄牙人占领马六甲,马六甲王国就此衰落。尽管在当地人看来这一事件的发生多少出乎意料,但它却构成了东南亚历史上的重大转折点。这是第一次东南亚历史与新兴的大西洋地区历史发生了联系,同时也将东南亚"与近代世界的开端,以及同新式的海军技术、民族国家和公共财政联系起来"。④ 当然,对于当时的东南亚人来说,马六甲的衰落导致的更直接的后果是马六甲海峡南岸亚齐王国和位于巽他海峡沿岸的万丹的兴起。同时,在葡萄牙的统治下,马六甲一蹶不振,人口从几十年前的10万下降到再也没能突破3万。⑤

(二) 万丹

在满者伯夷帝国的末期,爪哇北部沿海地区出现了一些伊斯兰教国家。它们逐渐成为反抗葡萄牙殖民侵略的重要力量,其中就包括淡目。1513年,淡目统治者曾出兵进攻已占领马六甲的葡萄牙人,但被后者击败。由于西爪哇盛产胡椒,葡萄牙人企图控制这一地区的贸易并在此传播天主教。为了与葡萄牙竞争,在国力最为强盛的拉登·特连加那统治时期(1521—1546年),淡目开始在西爪哇扩张。在当地穆斯林的支持下,特连加那的妹夫法塔希拉首先攻占了万丹,接着占领了巽他格拉巴(今雅加达),然后又征服了井里汶。法塔希拉委任长子哈萨努丁统治万丹。⑥ 哈萨努丁在位期间(1552—1570年),万丹逐渐获得独立,并将势力逐渐扩展到了南苏门答腊胡椒产区楠榜(Lampung)。⑦

---

① 梁英明:《东南亚史》,人民出版社2010年版,第48页。
② [美]约翰·F.卡迪:《东南亚历史发展》(上册),姚楠、马宁译,上海译文出版社1985年版,第194页。
③ 贺圣达:《东南亚历史重大问题研究——东南亚历史和文化:从原始社会到19世纪初》(下册),云南人民出版社2015年版,第377页。
④ 王赓武:《南洋贸易与南洋华人》,姚楠编译,中华书局1988年版,第257页。
⑤ [新西兰]尼古拉斯·塔林主编:《剑桥东南亚史》(Ⅰ),贺圣达等译,云南人民出版社2003年版,第389页。
⑥ 梁英明:《东南亚史》,人民出版社2010年版,第52页。
⑦ 《东南亚历史词典》,上海辞书出版社1995年版,第19页。

万丹背靠爪哇岛和苏门答腊岛之间的巽他海峡而建,有着发达的航运,因此非常有利于贸易的发展。葡萄牙人在1511年征服马六甲之后,强迫途经马六甲海峡的所有船只在马六甲港停泊并交纳捐税以取得通行证,从而迫使商船不得不改道,要么往北横穿马来半岛,要么往南沿着苏门答腊西海岸到巽他海峡,并经由巽他海峡北上。这样,位于爪哇西部、巽他海峡沿岸的万丹就逐渐繁荣起来。① 到16世纪中期万丹已经成为可以和曾经的马六甲媲美的港口,并在17世纪时成为东南亚地区胡椒生产与交易的重要贸易中心。

作为反葡萄牙的穆斯林中心,万丹吸引了不同背景的人,而多元人口的集聚更为贸易发展创造了条件。② 根据历史记载,贸易主要通过市场来进行,而万丹的市场非常繁荣。瑞德对当时的万丹市场有过详细的描述:

> 万丹市场位于东城外,靠近海滨。1600年前后该市场功能齐全,批发零售都有,国外国内兼营,男女商贩全来,日常食品和长途货物齐全。每天早上,你都会看到各国商人,如葡萄牙人、阿拉伯人、土耳其人、中国人、羯陵伽人、勃固人、马来人、孟加拉人、古吉拉特人、马拉巴尔人、阿比西尼亚人,以及从印度各地来的商人在忙着做买卖。当地妇女将胡椒和食品卖给外国买主,而外国商人则在自己的摊位上出售货物。这里什么都卖:既卖日常食物,如稻米、蔬菜、水果、蔗糖、鱼类和肉类,又卖家畜、布匹、胡椒、丁香、肉豆蔻、武器、工具和其他金属制品。这个市场由港主来管理,他定期开庭审理贸易纠纷事件。③

作为贸易时代的产物,万丹是这一时期各种矛盾的综合体现场。它一方面与大多数伊斯兰商业城市一样,吸引了四方商人,但其院落、沟渠、通道、集市无人管理,凌乱不堪;另一方面,它又继承了印度传统,将宏伟的中心建筑和布局视作是一国之君的九五之尊。④ 17世纪以后,随着城市的迅速发展和抵御欧洲人海上进攻的需要,万丹和当时的很多港口城市一样开始建设城墙,外国商人通常不被允许住在城墙内,因此贸易也主要发生在市中心以外的地区。⑤

华人是当时万丹最活跃的族群。他们不仅经商,而且务农(如种甘蔗和胡椒)务工(如制糖和酿酒)。1595年,荷兰人的第一支远征船队向东南亚进发,并于次年6月抵达万丹,然后继续向东航行。尽管遭到葡萄牙人的阻击和爪哇人

---

① [澳]安东尼·瑞德:《东南亚的贸易时代:1450—1680》(第二卷),吴小安、孙来臣译,商务印书馆2017年版,第94页。
② 同上书,第119页。
③ 同上书,第128—129页。
④ 同上书,第109页。
⑤ 同上书,第122页。

的反抗,这支船队带回欧洲的香料不仅使得生还的冒险家赚得钵满盆满,也吸引了更多的荷兰公司及其旗下的船队涌向东南亚。① 万丹的华人充当了荷兰人在万丹贸易中的经纪人。他们不仅熟悉内地的情况,取得了胡椒生产者的信任,而且也有办法赢得国王和大臣们的好感,因此他们经常可以收购到大批量的胡椒。荷兰人来到万丹后不得不从华人处购买胡椒。华人则在囤积了大批胡椒后待价而沽,因为他们不仅可以将胡椒运回中国,而且还可以卖给英国人或法国人——他们是荷兰人的主要竞争者。②

这些荷兰人的公司和船队在万丹争购胡椒,使得胡椒价格上涨,最后他们的利润受损。为了保障自己的利益,荷兰人于1602年3月成立了荷兰联合东印度公司,试图垄断与亚洲的贸易,并拥有自己的武装力量。③ 1610—1619年间,荷兰东印度公司一直活跃在马鲁古群岛的安汶岛。但由于马鲁古远离公司其他商业活动和主要航线,因此公司在万丹设立了一个贸易站。然而,当时的万丹已经成为英国人进行胡椒贸易的中心。④ 荷兰东印度公司一方面受到英国人的排挤,另一方面又无法与万丹的土酋达成协议,所以不得不另辟蹊径,于1619年在爪哇如吉礁(Jakarta)建立新城巴达维亚(华人称吧城),并在这个过程中动用了大量华人劳工。

荷兰东印度公司建立巴达维亚后不断进攻万丹,封锁万丹港口,使万丹的对外贸易逐渐衰落。⑤ 当时的万丹苏丹阿贡·蒂尔塔雅沙曾多次反抗荷兰东印度公司的攻击,但后者于1680年挑动万丹苏丹国陷入内战,并趁机将英国商人赶出万丹,取得了周边胡椒贸易的垄断权。万丹港逐渐成为死城。

作为贸易时代东南亚地区一系列繁荣的港口城市的缩影,马六甲和万丹是真正的国际化大都市。不仅来自世界各地的商品汇集于此,而且来自不同地方的商人也在这里落脚并寻找机会。它们伴随着贸易的发展而崛起,最终又在殖民力量介入后走向衰落。

三、伊斯兰文化的传播

贸易时代推动了伊斯兰文化在东南亚的传播。1405年,郑和下西洋。郑和

---

① 梁英明:《东南亚史》,人民出版社2010年版,第78页。
② 朱杰勤:《东南亚华侨史》(外一种),中华书局2008年版,第52页。
③ 梁英明:《东南亚史》,人民出版社2010年版,第79页。
④ 同上。
⑤ 陈博翼:《"亚洲的地中海":前近代华人东南亚贸易组织研究评述》,《南洋问题研究》2016年第2期,第81页。

的船队不仅带来了中国的影响,也对马来世界的伊斯兰文化传播有作用。① 此后,随着与红海地区直接而频繁的贸易联系,伊斯兰教在海岛地区迅速生根发芽。需要指出的是,与伊斯兰教在其他地区多以军事或政治征服的方式扩张不同,它在东南亚是以和平的方式传播的。这种渐进的传播方式也使东南亚的伊斯兰教带有融合前伊斯兰教时期的印度教、佛教甚至当地原始宗教的"东南亚"特征,因此形成了与西亚和南亚不同的伊斯兰文化。②

位于苏门答腊西北的亚齐是当时东南亚伊斯兰教传播的中心,也被称为"麦加走廊"。它是区域内重要的港口。以此为基地的穆斯林商人经常派遣自己的商船远赴红海贸易,并因此与伊斯兰的圣地建立了直接而频繁的联系。与此同时,阿拉伯学者也纷纷来到亚齐,在那里传教、著述、展开辩论,亚齐因此也成为了朝圣者和学者汇集的地方。③

随着贸易时代的繁荣,以亚齐为起点,伊斯兰教逐渐向东传播,直至东印度尼西亚的香料产区。伊斯兰教最为巩固的地方也正是那些在东西方贸易中举足轻重的沿海港口地区,包括马六甲海峡的苏门答腊海岸、马来半岛、爪哇北岸、文莱、苏禄和马鲁古。④

伊斯兰教对于海岛民众的吸引力还在于它同财富和军事力量之间的关系。最早来到东南亚的穆斯林多是商人。他们的富裕和伴随的武力使得当地人相信伊斯兰教就是他们成功的秘诀。人们甚至认为,印度教的满者伯夷帝国就是被穆斯林将领所征服的。⑤ 东南亚的原始宗教相信战争中的胜利者必有神力相助,而传教的穆斯林利用了这一点并说服当地人相信,只要虔诚信仰伊斯兰教,就能得到真主的庇护而获得胜利。这一信仰又使得穆斯林战士作战更加英勇,帮助他们通过军事胜利传播信仰。⑥

尽管伊斯兰教在贸易时代的东南亚海岛地区获得了巨大发展,但在东南亚却没有形成统一的伊斯兰教帝国,而是出现了众多地域范围有限的伊斯兰

---

① 爪哇的历史传说提到了传播伊斯兰教的9位贤人。有学者考证,这9位穆斯林贤人中大多数是华人穆斯林。参见梁英明:《东南亚史》,人民出版社2010年版,第51—52页;陈博翼:《"亚洲的地中海":前近代华人东南亚贸易组织研究评述》,《南洋问题研究》2016年第2期,第96页。
② 贺圣达:《东南亚历史重大问题研究——东南亚历史和文化:从原始社会到19世纪初》(下册),云南人民出版社2015年版,第378—379页。
③ [澳]安东尼·瑞德:《东南亚的贸易时代:1450—1680》(第二卷),吴小安、孙来臣译,商务印书馆2017年版,第201—202页。
④ 贺圣达:《东南亚历史重大问题研究——东南亚历史和文化:从原始社会到19世纪初》(下册),云南人民出版社2015年版,第375页。
⑤ [澳]安东尼·瑞德:《东南亚的贸易时代:1450—1680》(第二卷),吴小安、孙来臣译,商务印书馆2017年版,第211—213页。
⑥ 同上书,第214页。

教王国。① 此后,随着殖民者的到来,伊斯兰教成为动员当地民众反抗殖民扩张的工具。"对于很多来自农村的活跃的人来说,宗教为他们提供了一种表达不满的语言和动员其追随者反对他们所认为的敌人的社会形式。"②

1600 年以后,东南亚本地的贸易中心经历了一系列军事上的挫败。荷兰东印度公司逐渐完成了对马鲁古香料贸易的垄断,东南亚多元化、自由化贸易格局由此沉寂,众多港口城市的影响力衰退,贸易时代因此走向落幕。随之而来的是西方的殖民扩张和对东南亚的瓜分。

第二节 殖民势力瓜分东南亚

从区域史的角度看,不同的殖民者对东南亚地区产生了不同的影响。根据王赓武先生的评述,葡萄牙人对东南亚的影响基本是消极的。"他们并未改善爪哇的状况,……并未使有关地区的财富有所增加。他们声称是为了基督教徒而来,但建树甚微。"③紧随葡萄牙人之后抵达东南亚的是西班牙人。他们从东面来到菲律宾,成功地建立起一个强大的基地,"在使自己富裕起来的同时,还对穆斯林在海岛地区东部的扩张建立了一种基督教的平衡力量"。④ 尽管西班牙人对菲律宾(北部)的渗透程度远高于其他欧洲殖民者在各自殖民地所做的,但他们却始终逗留在东南亚的外围,没有置身于东南亚的事务中,因而对东南亚地区的历史并没有产生直接的影响。⑤

真正对东南亚历史产生深远影响的是荷兰人、英国人以及法国人。同葡萄牙人一样,荷兰人和英国人满足于海上的权力;与西班牙人和葡萄牙人不一样,他们对于传播基督教及与穆斯林争斗不感兴趣。他们在东南亚的利益主要是建立一个可靠的贸易帝国,一般不卷入当地人的事务。⑥ 然而,正是因为对利润的追求,荷兰和英国的东印度公司大规模资助当地的贸易。它们不仅通过提供更强大的枪炮和船只维护各自的贸易垄断,而且还投资可在市场上销售的农作物,

---

① 贺圣达:《东南亚历史重大问题研究——东南亚历史和文化:从原始社会到 19 世纪初》(下册),云南人民出版社 2015 年版,第 378 页。
② [新西兰]尼古拉斯·塔林主编:《剑桥东南亚史》(Ⅱ),贺圣达等译,云南人民出版社 2003 年版,第 163 页。
③ 王赓武:《南洋贸易与南洋华人》,姚楠编译,中华书局 1988 年版,第 261 页。
④ 同上; D. R. SarDesai, *Southeast Asia: Past and Present* (Fourth Edition), Boulder, Colorado: Westview Press, 1997, p.63.
⑤ 王赓武:《南洋贸易与南洋华人》,姚楠编译,中华书局 1988 年版,第 261—262 页。
⑥ 同上书,第 262 页。

并谋求经济上的保证和政治上的结盟,从而改变了当时存在于东南亚社会的各种关系。①

到 18 世纪末期,英国在与法国竞争印度的过程中逐渐占据了上风。为了保护其对华贸易的基地,英国的势力开始向马来半岛扩张,并最终从荷兰手里夺得了马六甲;而法国则试图在越南获得与英国在印度竞争失利的补偿。欧洲战场的局势也波及了东南亚,不同殖民帝国在欧洲的力量对比决定了他们在东南亚的竞争与合作。19 世纪末,美国加入了争夺,从西班牙手中获得了其在菲律宾的权利。至此,东南亚除了暹罗外,其余地方都已沦为了列强的殖民地。

一、欧洲人在东南亚的早期扩张

1511 年,在传播福音、获得黄金、增添荣耀(3G,即 gospel, gold, glory)三重目标的驱动下,葡萄牙人首先占领了马六甲,建立起了殖民统治。② 在此后的 130 年时间里,葡萄牙控制的马六甲一直面临来自亚齐、柔佛和爪哇的穆斯林统治者的敌意。③ 但是,由于更觊觎马鲁古群岛的香料,葡萄牙人除了占领几个马鲁古群岛及附近的重要贸易港口(如特尔纳特岛、蒂多雷、安汶/安波那和婆罗洲)外,并无意拓展其在马来群岛西部的势力范围,而大陆东南亚由于已经有了相对巩固的本土统治,也没能吸引葡萄牙军队涉足。④ 但是它依然获得了在阿瑜陀耶、柬埔寨和丹那沙林沿岸的几个重要贸易站点(trading posts)。

然而,葡萄牙人在马六甲实行了粗暴的统治,不仅试图用暴力强迫当地人改信天主教,而且经常以打击异端为名劫掠穆斯林的商船,引发了当地民众的强烈不满。为了反对殖民者统治,伊斯兰教被动员起来成为团结当地人的工具。⑤ 葡萄牙人不仅没能说服当地人大规模地改信天主教,反而在无意间促成了伊斯兰教的迅速传播。

16 世纪末,英国和荷兰决定直接参与香料群岛的香料贸易。1600 年和 1602 年,英国和荷兰分别成立东印度公司,以控制对印度和东南亚的贸易。

---

① 王赓武:《南洋贸易与南洋华人》,姚楠编译,中华书局 1988 年版,第 262 页。
② D. R. SarDesai, *Southeast Asia: Past and Present* (Fourth Edition), Boulder, Colorado: Westview Press, 1997, p.63.
③ [美]约翰·F.卡迪:《东南亚历史发展》(上册),姚楠、马宁译,上海译文出版社 1985 年版,第 228—230 页。
④ D. R. SarDesai, *Southeast Asia: Past and Present* (Fourth Edition), Boulder, Colorado: Westview Press, 1997, p.64.
⑤ Ibid., p.66.

1623年,英国人在安汶遭到荷属东印度公司的偷袭,伤亡惨重,从而迫使他们放弃了马来群岛,转而专心经营印度。

1641年,荷兰人从葡萄牙人手中夺取了马六甲,从而控制了东南亚水域的两个极具战略意义的海峡——马六甲海峡和巽他海峡。但荷兰在东南亚的主要目的是控制贸易而非扩张领土。因此,直到18世纪中叶,荷兰人始终试图避免对其殖民地进行直接统治,而更倾向于同当地统治者签订条约,允许他们管理地方事务以换取后者向荷兰人提供香料和其他商品。但是,由于爪哇的两大苏丹国——控制西爪哇的万丹和控制东、中爪哇的马打兰——彼此展开了激烈的权力斗争,从而破坏了对荷兰的香料供应,荷属东印度公司被迫于17世纪末开始对它们实行直接统治,并在1770年获得了对整个爪哇的控制。尽管如此,这种逐渐渗透的方式使得印尼大致保留了原有的政治秩序和管理架构,东印度公司与当地的统治者之间也没有发生大规模的流血冲突;同时这也为东印度公司节省了大量统治所需的经济和人力成本。[1]

与葡萄牙人不同,荷兰人无意影响当地的文化、教育和宗教模式,因此他们的到来没有对大多数印尼人的生活构成太大的冲击。[2] 但同样不可否认的是,荷属东印度公司在一些它直接控制的地区强迫当地人改种经济作物,并以固定低价卖给前者,这极大地破坏了当地的经济结构,剥削了当地的农民。同时,由于殖民掠夺和贸易垄断,一些贸易线路被关闭,另一些被东印度公司控制。原先在这一地区从事贸易的商人被迫转行成为农民,甚至有些开始成为海盗以海上劫掠为生,并在17、18世纪对当地海域的安全构成了严重的威胁。[3]

法国在东南亚的贸易活动并没有取得很大的成功,其中主要的原因也在于法国人试图将宗教与贸易结合起来。然而,传教士在更多的时候并没有促进反而阻碍了贸易的发展。1615年,一些耶稣会会士最早在岘港南部的会安(Fai Fo,又称Hoi An)建立了教会,其中包括著名的亚历山大·罗德神父(Alexandre de Rhodes)。为了能让更多人改信基督教,他帮助越南创造了基于罗马字母的越南国语字(Quốc Ngữ),并且在日后取代了原本使用的字喃和汉字而成为越南主要的文字。在早期传教士的努力下,到18世纪末,据称有25万越南沿海人口

---

[1] 参见 D. R. SarDesai, *Southeast Asia: Past and Present* (Fourth Edition), Boulder, Colorado: Westview Press, 1997, p.67。
[2] 参见[美]约翰·F. 卡迪:《东南亚历史发展》(上册),姚楠、马宁译,上海译文出版社1985年版,第228—279页。
[3] 参见 D. R. SarDesai, *Southeast Asia: Past and Present* (Fourth Edition), Boulder, Colorado: Westview Press, 1997, p.68。

改信了基督教。①

然而，传教士在越南并不总是受欢迎。1662年，越南发生针对天主教徒的迫害行为，迫使试图前往越南的传教士最终留在了阿瑜陀耶。当时阿瑜陀耶面临来自荷兰的挑战，后者要求垄断阿瑜陀耶的所有对外贸易。为了对付荷兰人，当时的国王欢迎法国人的到来。② 但是，正当法国试图扩大在阿瑜陀耶影响力的时候，阿瑜陀耶内部贵族却对其充满戒备，并且最终于1688年趁着国王生病离开首都之际宣布驱逐外国势力。到18世纪末，法国在东南亚的影响力局限在越南一些基督徒社区内。直到19世纪中叶，法国都没有在这一地区占领任何贸易港口或领土，其影响力十分有限。

早期西班牙人到达菲律宾时就认为他们控制菲律宾群岛的理由在于要让当地人改信天主教。因此，在经历了西班牙人300多年的殖民统治后，菲律宾成为了唯一一个天主教人口占多数的东南亚国家，同时也是在文化上受西方影响最深的国家。

西班牙人从东边到达东南亚。③ 1565年，他们在宿务建立了第一个定居点。6年后，也就是1571年，西班牙占领了当时还是一座不起眼的小城马尼拉。马尼拉成为了菲律宾群岛上的天主教中心，也是西班牙人向群岛北部和中部扩张的基地。尽管西班牙人在群岛的其他地方扩张顺利，但在南方却面临着来自苏禄群岛和棉兰老岛地区穆斯林的激烈反抗。直到1830年，西班牙殖民者才打败摩洛人，并在1878年征服苏禄国。

西班牙在菲律宾实施什么政策主要取决于宗教因素。当他们来到菲律宾的时候，伊斯兰教已经在棉兰老岛和苏禄群岛站稳了脚跟，而其他地方仍然信奉原始宗教。这一点即使在菲律宾中部和北部已经天主教化以后仍然没有改变——尽管信仰了天主教，他们并没有放弃原始宗教，而是在两者之间寻求平衡。教会在菲律宾的大多数地方影响巨大，④不仅负责精神救赎，还照看教会土地。西班牙的牧师学习他家禄语和其他菲律宾本土的语言以方便传教，却一般不允许当地人学习西班牙语或欧洲其他语言，因为担心当地人接受了这样的教育以后会反抗他们的统治。

然而，不同于其他国家的殖民者，西班牙人并没有在菲律宾挖矿或建立种植

---

① 参见 D. R. SarDesai, *Southeast Asia: Past and Present* (Fourth Edition), Boulder, Colorado: Westview Press, 1997, p.69.

② Ibid., p.70.

③ 参见[美]约翰·F.卡迪：《东南亚历史发展》（上册），姚楠、马宁译，上海译文出版社1985年版，第228—297页。

④ 参见 D. R. SarDesai, *Southeast Asia: Past and Present* (Fourth Edition), Boulder, Colorado: Westview Press, 1997, p.71.

园,当地的农业和生产方式以及社会结构因此得以保留,省级以下政府基本保持着传统模式。菲律宾唯一的出口中心是马尼拉。每年都有来自墨西哥港口阿卡普尔科的大帆船造访马尼拉港,从墨西哥运来银元和纯金,并从马尼拉市场上购买中国的丝绸、瓷器,印度的棉布和爪哇的胡椒等。然而这样的贸易本身对菲律宾人和经济并没有产生很大的影响。①

二、瓜分殖民地:欧洲局势与东南亚

19世纪见证了欧洲殖民势力在东南亚扩张和划分势力范围的高潮。在这一时期,不仅欧洲战场的战局影响到英国、法国、荷兰等诸列强在东南亚的争夺,而且它们彼此之间为了最大化自己的利益并排斥竞争对手的扩张而相互妥协和让步。同时,暹罗独特的地理位置和领导人的外交努力使得它在大国竞争中艰难地维持着独立。19世纪成为了东南亚历史上的"政治分水岭"。因为殖民者的影响,东南亚在政治制度上与传统社会发生了断裂,进入了殖民社会。②

(一)英国与荷兰的妥协及英国势力在马来半岛的扩张

18世纪,荷兰东印度公司缓慢地扩大着他们在印度尼西亚群岛上的控制范围。这种扩张既是为了满足欧洲对热带产品需求的增长,也是为了应对其他外国势力(尤其是英国)在这一区域影响力的扩大。18世纪末,荷兰东印度公司解散,印尼的荷兰殖民当局开始寻求一种更加严密和统一的管理体系来加强对这一地区的殖民统治。③

法国大革命和拿破仑战争对东南亚产生了重要影响。法国在1795—1814年间占领了荷兰,荷兰的威廉五世被迫逃亡英国,并授权后者接管荷兰在世界各地的殖民地(荷兰沦陷后由亲法的荷兰政府控制)。1795年,英属东印度公司占领了马六甲,1811年又从法荷政府手中夺取了爪哇。1814年,拿破仑战争结束以后,根据《伦敦公约》,英国陆续将大多数原先荷属的殖民地归还荷兰,以利用荷兰制衡法国。

在英国统治爪哇(1811—1816年)期间,副总督(lieutenant-governor)斯坦福·莱佛士(Thomas Stamford Raffles)担负着管理爪哇殖民地的任务。他进行

---

① D. R. SarDesai, *Southeast Asia: Past and Present* (Fourth Edition), Boulder, Colorado: Westview Press, 1997, p.73.
② 郑先武:《推荐序:区域史研究的整体视角》,载[澳]米尔顿·奥斯本:《东南亚简史》(第12版最新修订),杨浩浩、曹耀萍译,华中科技大学出版社2020年版,第V页。
③ 需要指出的是,尽管当时荷兰政府不断扩大它对爪哇地区的控制,但是现代印度尼西亚的大部分地区直到19世纪晚期,甚至20世纪初,才被纳入荷兰的殖民统治。参见[澳]米尔顿·奥斯本:《东南亚简史》(第12版最新修订),杨浩浩、曹耀萍译,华中科技大学出版社2020年版,第84、101页。

了一系列改革,包括推行部分自治、废除债奴制、(在除咖啡产地勃良安省以外的地方)以土地所有制取代荷兰的强迫纳税和强迫供应制等。① 1816年,荷兰以好望角和锡兰的据点作为交换,从英国手中重新获得了在爪哇的统治权。同年,莱佛士回到英国。1818年3月他再度来到东南亚,担任苏门答腊西岸明古鲁的代理总督。当时荷兰试图重新控制海峡诸岛并推行商业垄断政策,英国的船只被禁止停靠在除巴达维亚以外的其他群岛的港口。荷兰的这一政策激怒了莱佛士。他随即向英属东印度公司建议在马来半岛的最南端建立一个战略性港口,以制衡荷兰的贸易霸权,维护英国的利益。这一建议得到了当时的印度总督弗朗西斯·黑斯廷斯(Francis Edward Rawdon-Hastings)的支持。1819年1月,奉黑斯廷斯之命,莱佛士在马来亚半岛南端一个小岛上建立自由贸易港——新加坡。② 对于从锡兰(今斯里兰卡)和印度出发前往中国的船只来说,走马六甲海峡经过新加坡比走巽他海峡要近1 000多英里。

荷兰对于新加坡殖民地的建立非常不满,但由于它曾经在拿破仑战争中向英国借款,因此这时不敢贸然发动战争,而是寻求与英国划分势力范围;英国也不愿意因为殖民地事务而把荷兰逼得太紧从而迫使它倒向法国。于是,两国在1824年签订了划分势力范围的《英荷条约》(又称《伦敦条约》)。其中规定,英国控制马六甲、新加坡,放弃苏门答腊的明古鲁地区,并保证不介入新加坡海峡以南岛屿的相关事务。③ 这样,英国获得了荷兰对其在马来半岛地位的保证,而荷兰则获得了在印尼群岛建立帝国的自由。荷兰统治权力的稳固也意味着法国不能介入这一地区。

1826年,英国在新加坡、马六甲和槟城(英国人于1786年占领该地)建立了海峡殖民地。海峡殖民地以新加坡为中心。在1867年前,它的管辖权属于印度加尔各答的英印政府,此后它作为皇室/直辖殖民地(Crown Colony)接受位于伦敦的殖民部(Colonial Office)管理。尽管位于马来世界,但华人在海峡殖民地占据了重要地位。

排除了荷兰的影响后,由于英国在马六甲沿岸的贸易商路已不受阻碍,因此其并没有正式入侵马来半岛,而是致力于同当地的苏丹国发展贸易关系。但是,客观上由于海峡殖民地的存在和英国的非正式干预,半岛地区的苏丹国断绝了与其他欧洲大国的往来,英国因此成为马来半岛的主导力量。

---

① [美]约翰·F.卡迪:《东南亚历史发展》(上册),姚楠、马宁译,上海译文出版社1985年版,第399—402页。
② D. R. SarDesai, *Southeast Asia: Past and Present* (Fourth Edition), Boulder, Colorado: Westview Press, 1997, p.92.
③ [美]约翰·F.卡迪:《东南亚历史发展》(上册),姚楠、马宁译,上海译文出版社1985年版,第404页。

19世纪下半叶,各个马来苏丹国内部土侯之间多次爆发内战,海山公司、义兴公司等华人机构也为锡矿利益爆发多次武斗,影响了英国锡来源的稳定。而当时因内战美国增加了对锡的需求,英国与法国、荷兰以及德国的锡工业部门为此展开了激烈的竞争。① 在这样的背景下,为了保证锡来源的稳定,避免其他欧洲力量介入半岛事务,同时也是在海峡殖民地的官员和商人的鼓动和支持下,英国于1873年改变了它原先对马来半岛事务"不干预"的政策,而转为"积极干预"。

1874年1月通过订立《邦咯条约》(Pangkor Agreement),英国迫使霹雳苏丹接受一名英籍参政司/驻扎官(Resident),让其治理内政,使该地区成为英国保护国,英国并将这一模式逐步向其他马来苏丹国推广。于是,森美兰于1874年、雪兰莪于1875年及彭亨于1888年先后成为英国的保护国。1896年7月5日,彭亨、雪兰莪、霹雳与森美兰正式合组为马来联邦(The Federated Malay States),接受英国保护。1909年,英国又与暹罗签署《英暹条约》,暹罗放弃了吉打、玻璃市、吉兰丹与丁加奴四个马来邦的"一切主权、保护权、行政与任何统治权利"。英国又将这四邦与柔佛合组为马来属邦(The Unfederated Malay States)。

(二)英国在北婆罗洲的统治

1839年,英国探险家詹姆士·布鲁克(James Brooke,他是一个英国驻孟加拉的文职官员的儿子,曾经参加过第一次英缅战争)来到北婆罗洲西部沙捞越地区的古晋,协助文莱苏丹镇压了当地的叛乱,并获得了当地马来人和达亚克人的效忠。1841年,詹姆士·布鲁克被任命为沙捞越的总督,并自称是沙捞越的白人罗阇(Raja)。此后,他以及他的继任者不断从文莱获取土地,在婆罗洲西北部建立起了布鲁克王国。尽管没有得到英国的官方承认,但布鲁克王国一直作为事实上的独立王国而存在。② 1941年,布鲁克王国遭到日军侵占,直至1945年8月日本无条件投降为止。1946年,该王国的最后一位元首查尔斯·维纳·温特·布鲁克决定放弃名号,并将主权交予英国。沙捞越自此成为英国的殖民地。

1865年,文莱苏丹把北婆罗洲(今沙巴)土地出租给美国的投机者,后者又把权利出售给"婆罗洲美国贸易公司"。"婆罗洲美国贸易公司"试图在这一地区(基曼尼斯湾)建立一个小的通商口岸,但建设工作很快停了下来。19世纪70年代早期,意大利人又试图在加亚湾建立罪犯殖民地,但也不了了之。1873年,西班牙决定击溃苏禄苏丹势力,开始封锁苏禄的港口。然而,苏禄的贸易大多掌握

---

① D. R. SarDesai, *Southeast Asia: Past and Present* (Fourth Edition), Boulder, Colorado: Westview Press, 1997, p.102.
② [英]D.G.E.霍尔:《东南亚史》(下册),中山大学东南亚历史研究所译,商务印书馆1982年版,第628页。

在英国和德国商行手中。它们各自的本国政府扬言要联合行动以恢复贸易自由,最终迫使西班牙人妥协,并在1877年允许商人等自由出入苏禄。1878年苏禄苏丹投降。与此同一时期,一家名为纳闽(Labuan,也翻译成拉布安)的贸易公司得到苏禄苏丹的允许,在北婆罗洲东北海岸的山打根建立仓库,私运军火、鸦片、烟草和其他物品进入苏禄,并提出了对该地区的主权要求。这一要求引起了奥匈帝国驻香港总领事奥弗贝克(Gustav Ritter von Overbeck)的注意。奥弗贝克同文莱苏丹达成协议,使北婆罗洲独立于文莱。1878年,他又与苏禄苏丹在霍洛岛签订《割让北婆罗洲条约》。苏禄苏丹放弃权利,每年收取租金5 000美元,让奥弗贝克享有"最高和独立权威"。① 然而,由于没有得到奥匈政府的支持,最后奥弗贝克将他的份额卖给英国合伙人,后者同他在伦敦的同行创办了"英属北婆罗洲临时有限公司",并在1881年获得了英国政府的承认。② 1885年,英国与当时统治菲律宾的西班牙签订《马德里协议》,正式承认西班牙对苏禄群岛所拥有的主权;作为交换,西班牙在北婆罗洲的所有领地被划归英国。1888年,北婆罗洲成为英国的保护国,但其管治仍然完全在北婆罗洲临时有限公司的手中,英国只保留控制北婆罗洲的对外关系。同年文莱苏丹国也成为了英国的保护国。

(三)三次英缅战争与英国占领缅甸

18世纪后半期,缅甸在新的贡榜王朝的领导下,获得了一定程度的内部统一。随着版图的不断扩大,缅甸与英属印度直接接壤。与此同时,法国试图在缅甸南部建立基地,这样威胁到英国在印度的安全和利益。③ 这时,如果缅甸坚持在英法之间保持中立,那么对于英国来说,或许保证缅甸独立就可以对抗法国。然而,当时的缅甸与英国也有着一系列争议。

18世纪末以来,缅甸的阿拉干地区经常爆发起义,起义者往往得到英属印度吉大港地区(今属孟加拉国)武装部队的支持。起义发生后,缅甸派来强大的援军镇压起义,随之大量难民涌入英属领土。缅甸大军进而越境追击,并在英属印度边境一侧建立基地。英国方面随后与缅甸交涉入侵问题,缅甸司令官往往以引渡逃亡首领为条件撤军。英国方面照办后缅甸撤军。但是,这类事件在印缅边境间频繁发生,引起了英印政府对阿拉干边境形势的持续关注。④ 除了阿拉干,1817年后同样的情况也开始发生在英属印度与缅甸交界的阿萨姆地区。追击难民的缅甸军队

---

① 傅聪聪、陈戎轩,《马来西亚与菲律宾沙巴主权争端再起》,《世界知识》2020年11月20日,http://www.globalview.cn/html/global/info_41343.html,最后浏览日期:2021年3月20日。
② [英]D.G.E.霍尔:《东南亚史》(下册),中山大学东南亚历史研究所译,商务印书馆1982年版,第660—662页。
③ 同上书,第681页。
④ 同上书,第681—688页。

多次进入印度领土,使得英国政府高度警觉。① 与此同时,缅甸方面断然拒绝了英国希望它向法国舰队关闭港口的要求;双方还在商业条约的谈判——缅甸人不承认英国商人的权利——和对外交往的层级问题上发生了纠纷。②

为了维护在印度的殖民地,当时的英国一方面急于遏制法国的影响力,另一方面也不能接受来自缅甸的挑战。③ 于是,1824年第一次英缅战争爆发。缅甸战败,被迫于1826年签署了《扬达波条约》。条约规定,缅甸政府割让阿拉干和丹那沙林给英国的东印度公司并从阿萨姆和曼尼普尔撤军;用卢比支付相当于100万英镑的赔款;接受一名英国驻扎官驻在阿摩罗补罗。④ 1852年,第二次英缅战争又让缅甸失去了下缅甸地区。最后在1885年的第三次英缅战争中,英国人最终结束了贡榜王朝,吞并了缅甸全境。1886年1月1日,缅甸被宣布为英国领地,作为英属印度的一个独立省。

（四）法国在印度支那的扩张

当法国在印度遭到英国的排挤时,它就对越南表现出浓厚的兴趣,而18世纪末越南的分裂和内战则为法国人提供了机会。1858年,法国联合西班牙夺取了越南中部的岘港,随后开始向西贡挺进。⑤ 1859年,法国占领了西贡和越南南方三省(交趾支那)的东部。3年后,越南将这些地方割让给了法国,还被迫开放了3个港口,实行宗教自由,并承诺法国今后在领土转让方面享有优先权。此外,越南还要向法国赔款。⑥ 占领交趾支那后,法国殖民当局就有意北上,寻求从红河进入中国。随后,法国于1883年控制了下东京。⑦ 1885年,中法战争结束后,越南正式沦为法国的保护国,并成为了法属印度支那的主要部分。

柬埔寨是越南与泰国之间的缓冲国。1863年,越南的法国人决定加强对柬埔寨的控制,以防越南和暹罗对它的觊觎,并确保该国的生存。柬埔寨因此成为法国的保护国。不同于他们在越南竭力破坏王室权威的做法,在柬埔寨,法国人保留了诺罗敦国王象征性的领导地位,并在一定程度上提升了王室和朝廷官员

---

① [英]D.G.E 霍尔:《东南亚史》(下册),中山大学东南亚历史研究所译,商务印书馆1982年版,第689页。
② [澳]米尔顿·奥斯本:《东南亚简史》(第12版最新修订),杨浩浩、曹耀萍译,华中科技大学出版社2020年版,第88页。
③ [新西兰]尼古拉斯·塔林主编:《剑桥东南亚史》(Ⅱ),贺圣达等译,云南人民出版社2003年版,第30页。
④ [美]约翰·F.卡迪:《东南亚历史发展》(上册),姚楠、马宁译,上海译文出版社1985年版,第406—407页。
⑤ [新西兰]尼古拉斯·塔林主编:《剑桥东南亚史》(Ⅱ),贺圣达等译,云南人民出版社2003年版,第39页。
⑥ [美]约翰·F.卡迪:《东南亚历史发展》(下册),姚楠、马宁译,上海译文出版社1985年版,第529页。
⑦ [新西兰]尼古拉斯·塔林主编:《剑桥东南亚史》(Ⅱ),贺圣达等译,云南人民出版社2003年版,第39页。

的声望。① 1887年,柬埔寨加入法属印度支那。1893年和1900年,老挝和广州湾也先后加入法属印度支那。

法兰西第二帝国把它在印度支那的统治视为它在欧洲和其他地区失败的补偿。越南理论上本可像暹罗那样利用英国来制衡法国的影响。但是,毕竟英国在越南利益有限,加上越南皇帝对英国的贸易要求反应消极,因此英国最终接受了法国对越南的殖民。② 当然,这也反映了英国长期以来追求"平衡"的外交政策传统——避免对某个国家的过度打压而扼杀了未来应付更强大对手时构建新同盟的可能性。

（五）暹罗的独立地位

到19世纪末,由于英国在缅甸建立殖民地,法国控制了越南和柬埔寨,它们在东南亚大陆的争斗加剧了。正是在这样的环境下,暹罗由于其特殊的地理位置和领导人灵活的外交才能,在大国竞争的夹缝中艰难地维持着独立。

首先,暹罗位于英属缅甸和法属印度支那之间。只要它能保持中立,并且作为两个帝国之间的缓冲国,那么它的独立地位就有可能得到保证——因为两个帝国谁都不想对方控制暹罗。对英国来说,如果暹罗最终落入法国的势力范围,那么英属缅甸和马来亚北部地区就会受到威胁;而对法国来说,如果暹罗落入英国手中,那么越南就会受到威胁。

当然,仅有得天独厚的地理条件不足以保证它的独立,更重要的是当时暹罗国王和官员的外交努力。他们对列强和自己的实力有着清晰的认识,同时采取灵活的态度,努力避免与西方强国进行军事上力量悬殊的较量,并在必要时为了独立而出让自己的少量领土。③ 于是,为了获得法国对其独立的支持,暹罗失去了老挝地区沿湄公河的领土以及柬埔寨西部省份;为了讨好英国,它又通过1909年的《英暹条约》(Anglo-Siamese Treaty)把四个马来邦——玻璃市(Perlis)、吉打(Kedah)、吉兰丹(Kelantan)和丁加奴(Trengganu)——的控制权割让给英国;这四个邦加入马来半岛的英国殖民帝国。正是在这种灵活与妥协中,暹罗成为了东南亚地区唯一没有遭到列强瓜分侵占的国家。

（六）西班牙、葡萄牙统治下的菲律宾与东帝汶

菲律宾因为它独特的地理位置和资源禀赋,一直以来与大陆和海岛地区的

---

① ［澳］米尔顿·奥斯本:《东南亚简史》（第12版最新修订）,杨浩浩、曹耀萍译,华中科技大学出版社2020年版,第95—96页。
② ［新西兰］尼古拉斯·塔林主编:《剑桥东南亚史》(Ⅱ),贺圣达等译,云南人民出版社2003年版,第47页。
③ 同上书,第62页。

其他东南亚国家有所不同。1565 年,西班牙入侵吕宋,攻占宿务岛;1571 年,西班牙侵占吕宋岛,建立马尼拉城,后者成为西班牙人在菲律宾的殖民总部。到 18 世纪中期,西班牙的力量控制了菲律宾北部大部分低地地区,但对高地的影响有限;而菲律宾南部穆斯林地区却一直处于西班牙的掌控之外。①

由于菲律宾群岛不出产香料,因此与印尼不同,维持马尼拉生存的并不是与宗主国的香料贸易,而是往来于墨西哥港口阿卡普尔科和马尼拉之间的大帆船贸易(1565—1815 年)。西班牙大帆船从墨西哥运来银元和纯金,在马尼拉市场上购买中国的丝绸、瓷器,印度的棉布和爪哇的胡椒,再将它们卖到美洲。② 殖民者从中获得大量利润,马尼拉也成为了东方商业中心。

然而,大帆船贸易威胁到了英国对海上贸易权的控制。从 18 世纪中叶起,大帆船就经常遭到英国海军的侵扰。伴随着全球扩张,英国输出到美洲的商品也日渐增多,并开始取代菲律宾商品在美洲市场上的地位。大帆船贸易于是走向衰落,直至 1815 年正式终止。③

在大帆船贸易盛行的 250 年间,西班牙殖民者高度依赖国际贸易,因此并没有意愿发展菲律宾的工农业,以至菲律宾国内经济凋敝。④ 同时,为了更好地控制菲律宾,西班牙政府与天主教会携手加强政治控制,并促使当地人改信天主教。在之后的历史进程中,天主教也成为塑造菲律宾社会的重要因素。1898 年美西战争爆发,西班牙战败,被迫签署《巴黎和约》。战后美国政府以 2 000 万美元从西班牙手中购买了菲律宾主权。自此开始了美国对菲律宾的统治。

除了上述的西方大国,最早来到东南亚但随后权力衰落的葡萄牙也在这个地区留下了一隅殖民地。1515 年,寻找马鲁古香料群岛的葡萄牙人发现了帝汶岛并开始从那儿获取檀香木和各种香料。在此后的 100 多年间,葡萄牙逐步占领该岛并建立起了殖民统治。17 世纪初,荷兰人入侵帝汶岛西部,与葡萄牙争夺对该岛的控制。双方势均力敌,相持不下,最终于 1859 年签署协议,将帝汶岛正式划分为荷属帝汶(今西帝汶)和葡属帝汶(今东帝汶)。

三、殖民统治的影响

从总体上看,欧洲大国在东南亚的殖民政策受到他们的经济实力和战略优势的影响,包括各自国内工业革命的进展和动用资源的能力,改变其他民族宗教

---

① [澳]米尔顿·奥斯本:《东南亚史》,郭继光译,商务印书馆 2012 年版,第 76 页。
② 梁英明:《东南亚史》,人民出版社 2010 年版,第 72 页。
③ 同上。
④ 同上书,第 73 页。

信仰、传播欧洲文化的使命感以及彼此竞争的驱动和促进。①

具体来说,当时英国在东南亚(以及在全世界)占有绝对支配地位。这种地位赋予了它更多的灵活性,使其可以在政治上采取相对比较温和的政策,并与其他欧洲大国达成妥协。它对东南亚的殖民地经常不直接统治,而是进行间接统治,让当地人保持一定程度的独立,并且支持改革,而英国就扮演保护国的角色。但是,需要指出的是,对于英国来说,东南亚的殖民地绝不是孤立于周边以及整个大英帝国版图的。印度的安全深刻地影响着英国在东南亚的政策,因为它必须为印度提供管辖属地的安全保障,并确保它免受外来威胁。这就解释了为什么我们在英属缅甸看到了与马来亚、沙捞越、文莱和北婆罗洲迥然不同的殖民政策。② 同样,也是受到它在印度拥有大量穆斯林臣民的影响,英国在东南亚竭力避免与穆斯林的冲突——这一点与荷兰和西班牙殖民者形成了鲜明的对比。例如,在马来亚,他们把穆斯林问题留给苏丹处理。③

法国并不是一个弱国,但是自拿破仑战争失败后,不管在欧洲还是在世界范围内,它都与英国的竞争中处于弱势。因此,它在中南半岛的活动受到它在欧洲维护其地位的愿望驱使,被寄予了一种强烈的象征意义。当然,更重要的是,与英国的长期竞争也使法国人清楚地认识到英国不会反对他们基于经济理由的行动。④ 他们一方面试图挑战英国的霸权地位,另一方面又灵活地回避与英国的直接冲突。

荷兰的政策致力于逐渐把本地国家逐步并入荷属东印度。除了直接动武,它也通过外交、动武的威胁和断绝当地国家与外界的联系等手段达到这一目的。⑤ 荷兰人一直视伊斯兰教为敌人,长期坚持以残酷的方式消除伊斯兰教的影响,但最终由于在亚齐受到的挫折以及伊斯兰教在世界范围内的影响力而使他们的态度变得相对温和。⑥

西班牙殖民者与其他来到东南亚的殖民者(葡萄牙可能是个例外)最大的不同在于他们有着传播天主教的强烈使命感,并将帝国建立在改变当地宗教信仰的基础上。同时,他们也没有给苏禄任何机会,对苏禄直接发动进攻,激起伊斯兰教徒在其他地区的抵抗活动。最终这些抵抗活动成为他们直到统治结束都没

---

① [新西兰]尼古拉斯·塔林主编:《剑桥东南亚史》(Ⅱ),贺圣达等译,云南人民出版社 2003 年版,第 45 页。
② 同上。
③ 同上书,第 50 页。
④ 同上书,第 46 页。
⑤ 同上书,第 48 页。
⑥ 同上书,第 49 页。

有完全解决的麻烦。①

欧洲国家对东南亚的殖民政策表现出了明显的分歧和差异,但有一点是相同的,那就是它们都拥有比当地人更强大的军事优势,而它们彼此之间虽然存在着激烈的竞争,但同时也维持着体面的妥协。它们在东南亚的政策并不立足于这一区域本身,更多时候受到它们在其他地区(尤其是欧洲)竞争的驱动,是欧洲国际关系的延伸。

那么,殖民统治对当地又造成了什么样的影响呢?

第一,殖民者改写了东南亚历史发展的进程,并且他们建立的边界很多已经成为当代东南亚国家的边界。② 然而,也是由于这些边界往往是殖民者根据各自在其他地区的利益和竞争达成妥协后划定的,因此并没有充分考虑当地的宗教、历史和族群特征,有些也为后来一些国家间的冲突(例如马来西亚与印度尼西亚的边界、泰国与柬埔寨就柏威夏寺及附近土地的归属、马来西亚沙巴的归属和地位等)以及民族国家建构的困难埋下了伏笔。

第二,在殖民统治期间,宗主国为了巩固自己的统治而对殖民地实施了分而治之的政策,扶植少数民族制约主体民族(例如英国在缅甸、马来亚的政策),并在此过程中人为地制造不同族群间不平等的社会政治和经济地位。这种殖民政策导致的紧张的种族关系在之后日本以推翻西方统治为名进行的侵略中被进一步复杂化——日本借助被压迫主体民族的民族主义来摧毁由西方殖民者及其支持的少数民族所维持的殖民政权。殖民者还带来了大量的外来移民——部分孟加拉和印度移民就是在这一时期来到了英国在东南亚的殖民地——并支持他们在与当地人的经济竞争中获得优势。这一切都成为日后这一地区族群冲突频发的历史根源。此外,与殖民者一起到来的还有西方的宗教。基督教和天主教在菲律宾、缅甸北部和东北部山区以及越南的部分地区传播,使当地的宗教文化呈现出多元化的状态。

至于欧洲人在东南亚建立的殖民帝国如何被摧毁,原因很复杂,而本土民族主义意识的动员觉醒、外部力量的干涉以及东南亚自身现代民族国家的建构都是其中必不可少的因素,第二次世界大战的爆发则直接启动了这个殖民帝国的崩溃过程。

---

① [新西兰]尼古拉斯·塔林主编:《剑桥东南亚史》(Ⅱ),贺圣达等译,云南人民出版社2003年版,第49—50页。
② [澳]米尔顿·奥斯本:《东南亚简史》(第12版最新修订),杨浩浩、曹耀萍译,华中科技大学出版社2020年版,第86页。

思考题

1. 东南亚的贸易时代有哪些显著的特征？哪些自然、人文与政治经济条件促成了东南亚贸易时代的到来？又是哪些因素导致了东南亚贸易时代的结束？
2. 英国与荷兰为什么能在东南亚海岛地区既相互争夺又彼此妥协？列强在东南亚的争夺与欧洲的国际关系格局有什么联系？
3. 暹罗为什么能在东南亚其他国家都沦为西方殖民地的情况下，仍然维持自身的独立地位？
4. 殖民统治对日后东南亚的政治发展产生了什么影响？

第四章

第二次世界大战对东南亚国际关系的冲击

本章导学

第二次世界大战是东南亚现代史上极其重要的分水岭。1941年至1945年间,日本占领并征服了东南亚的大部分地区,并在那里进行残酷的殖民统治。日本的侵略一方面激发了东南亚民众反法西斯的情绪,并最终配合盟军的反攻成功击败了侵略者;另一方面,它也打破了西方殖民者"不败"的神话,为东南亚推翻殖民统治做好了准备。战后,尽管西方殖民者卷土重来,但他们再也不能建立起战前的殖民秩序。东南亚的民族主义国家先后以不同的形式获得独立。在印度尼西亚和越南,民族独立的力量与荷兰和法国殖民者进行了惨烈的战争,最终在战场上获得胜利并成功建国;在缅甸、马来亚和新加坡,当地的民族主义者与宗主国达成了妥协,以谈判的方式争取到了独立;在菲律宾,美国在确保不发生社会变革的前提下主动兑现了给予菲律宾独立的承诺;在泰国,善于在大国间周旋的领导人成功避免了泰国因为战时与日本结盟而沦为战败国。东南亚民族国家的先后建立改变了地区的国际秩序,也为东南亚在战后的世界体系中争取更有利的地位奠定了基础。

本章学习目标

1. 了解第二次世界大战中日本为什么能够迅速占领东南亚以及日本的占领对东南亚社会的影响。
2. 了解东南亚国家获得独立的不同方式及其背后的原因。
3. 思考东南亚的独立对于东南亚和世界的影响。

第一节　第二次世界大战中的东南亚

由于距离遥远,大多数东南亚国家并没有卷入第一次世界大战。唯一的例外是当时为了能够修改不平等条约并强化国内统治而主动向德国和奥匈帝国宣战的暹罗。1917年,暹罗派遣了一支将近1 300人的远征军前往法国,加入西线的战事,并因此得以作为战胜国参加巴黎和会,成为国际联盟的创始成员国之一。此外,其他东南亚国家除了经历一定程度的经济萧条外,基本避免了在一战中的重大战场伤亡。

在第一次世界大战和第二次世界大战期间,大多数西方殖民者依然认为他们在东南亚的殖民统治能够长期维持;而东南亚当地的民族主义者尽管已经开始了他们的抗争,但也很少有人会相信殖民势力能够很快消失。然而,当1941年第二次世界大战蔓延到东南亚以后,这一地区的政治格局发生了翻天覆地的改变,历史因此进入一个不可逆转的节点。随着一个新的"东方"殖民者的到来,欧洲殖民主义在东南亚的丧钟也随之敲响。

当日本军队一步步侵入东南亚并扩大战争时,并非所有的东南亚人在那时都将日本人看作是侵略者,甚至一些人"欢迎"日本军队的入侵。这一点与我们站在中国的角度看日本入侵有着显著的差异。在日本侵占时期,东南亚的部分民族主义者与日本侵略者合作,试图推翻西方的殖民统治。这一"梦想"最终随着日本残酷的剥削和压榨以及盟军在战场上的胜利而破灭。当然,在这个过程中,也有一些政治力量始终在与日本侵略军抗争。

一、日本的南侵

第二次世界大战爆发以后,欧洲战场的形势和变化直接影响到宗主国对东南亚殖民地的控制、当地民族主义和反殖民力量的发展以及日本在这一地区的迅速扩张。

1931年日本侵占中国东北后,一方面向中国关内步步紧逼,妄图占领整个中国领土;另一方面加紧准备向东南亚扩大侵略,以获得维持战争所必需的战略物资。1936年8月7日,广田弘毅内阁声称,日本的"国策基准"就是"向南方海洋方面扩张发展"。随着第二次世界大战的正式爆发,法国、荷兰被德国法西斯占领,英国也处于德国的围困和威胁之下。欧洲殖民帝国无力顾及在东南亚的殖民地,夺取东南亚成为日本帝国主义的战略目标。

1940年6月,日本陆军参谋部确定了军事进攻东南亚的方针;7月26日,近卫文麿内阁提出"以皇国为核心,建设以日满华坚强团结为基础的大东亚新秩序";8月1日,日本外务大臣松冈洋右宣称,日本外交的任务就是确立"大东亚共荣圈"。

1941年6月22日,纳粹德国单方面撕毁《苏德互不侵犯条约》入侵苏联,同时要求日本配合从东边向苏联发起进攻。日本国内因此陷入了是先配合德国北上从东部进攻苏联、蒙古(即北进),还是趁欧洲战场激战先南下入侵东南亚(即南进)的争论。外相松冈提议立刻向西伯利亚发动进攻;陆军方面虽不反对在北方开战,但希望等德国与苏联的战局更明朗之后再作行动;海军则坚决不同意北上,而是坚持南侵。① 最终联席会议决定,即使南侵意味着不得不同时与苏联和美国作战,还是要先南侵占领东南亚。

那么,为什么日本急于侵占东南亚呢?首先,这是日本以战养战策略的一部分。它需要掠夺东南亚丰富的战略物资来支持战争的继续。这些战略物资包括印尼的石油(这正是日本海军急需的)、马来亚的锡和橡胶、菲律宾的椰油、泰国和印度支那国家的铁、煤及大米等农产品。其次,当时美国为支持中国抗战,正在通过滇缅公路和滇越铁路向中国运送军需物品。日本要占领中国,就必须先占领缅甸和越南,以切断美国向中国运送抗战物资的交通线。当然,日本南侵政策的最终确定,也与其在北线曾经受挫密切相关。1939年5月至8月,关东军未经军部同意擅自在诺门坎一带向苏军发起进攻,几乎被全歼。日军意识到苏联的强大,转而将扩张的矛头转向南方。②

在日本酝酿南进的过程中,美国与日本的关系也急剧恶化。1940年1月,美国废除《美日通商条约》,对日本实施禁运,同时增加对中国抗战的援助。这既使得占领东南亚、获得当地丰富的资源(尤其是石油资源)对日本变得至关重要,也意味着如果日本要这么做,那么与美国之战不可避免。当然,日本也深刻地意识到,美国拥有比日本更为强大的经济和军事能力。因此,它唯有采取突袭的手段迅速占领东南亚,否则南侵不可能成功。

在正式南侵之前,日本做了周密的准备与安排。1939年,日军先后攻占中国的海南岛、南沙群岛和广西南宁等地。次年6月,随着法国被纳粹德国打败,主张投降的贝当傀儡政府于6月17日成立。日本立即向其施压,要求其切断援华物资运输线。不久,日本又以调动军队为由迫使维希政权接受一定数量的日本兵力通过法属印度支那北部并在该地区驻扎。虽然日方标榜"和平进驻",但由

---

① 潘兴明:《东南亚战场》,华夏出版社2015年版,第8页。
② 同上书,第17页。

于日法双方签署协议的结果并没有及时传达前线,日军当时还是与法国驻军发生了武装冲突,同时空袭(日方称"误炸")了海防西南郊区。① 此后,日本又以调停泰国与法属印度支那的边境纠纷为名扩大在这一地区的影响力,并最终在1941年7月迫使维希政权接受日军进驻印度支那南部。至此,印度支那三国名义上仍为法国殖民地,实际上已完全被日军占领,成为日军向东南亚发动进一步侵略的基地。

二、日本占领东南亚

在周密的部署之后,日本于1941年12月7日凌晨偷袭了美国夏威夷的军事基地珍珠港,太平洋战争爆发。然而,尽管美国海军在珍珠港遭到打击,但是美国仍然拥有比日本更为强大的经济与军事潜力。日本唯有采取速战速决的方针,一举击败美国,才有可能在战争中占据优势。12月8日,日本空袭美国在菲律宾的海空军基地和英国在中国香港的海军基地,并向英、美两国宣战。同时,日本从印度支那出动军队进攻泰国。② 泰国的銮披汶·颂堪(Plaek Phibunsongkhram)政府在短暂的象征性抵抗后即向日本投降,并同意对英、美宣战。③

1941年12月25日,日军占领中国香港,英国因此失去了在远东的战略基地。然后,日军又出其不意地从印度支那和泰国出动大军向马来半岛推进,从北方攻打马来亚和新加坡。在日本进攻之前,虽然预料到它会以新加坡作为主要目标,但英国殖民当局却坚持认为新加坡的主要威胁来自海上,并因此耗费600万英镑在新加坡东海岸修建一道号称是"东方马其诺"的坚固防线,却忽视了对马来半岛北部的守卫。于是,当日本从宋卡、北大年和哥打巴鲁登陆并一路南下攻打马来亚和新加坡时,英国人领导的英印、英澳守军迅速溃败并不断南撤。1942年1月11日,日军占领马来亚首都吉隆坡;1月底,英国军队被迫撤出马来半岛。随后,2月15日,新加坡沦陷。

日本在东南亚其他地区的进攻亦势如破竹。在吞并法属印度支那后,缅甸成为盟国援华物资进入中国的唯一通道,日本因此视其为战略要地,认为攻占缅甸就可以切断盟国援华通道,改变中国战局。1941年12月中旬,日军从泰国向缅甸丹那沙林地区进攻;次年3月8日,日军占领仰光,并向缅甸北部进攻;4月底,日军占领了滇缅公路的重要枢纽——腊戌,中国远征军被迫退入中国境内,

---

① 潘兴明:《东南亚战场》,华夏出版社2015年版,第19—20页。
② 1939年6月,暹罗改名为泰国;1945年9月又改回暹罗;1949年5月泰国再度成为官方称呼。
③ 梁英明:《东南亚史》,人民出版社2010年版,第162页。

英国军队也撤退到印度。缅甸被日本占领。①

随着缅甸战事的进行，日军的后勤补给显得紧张。马六甲的航线由于受到盟军的干扰，不能完全保证补给通道的安全。因此，日本决定在泰国曼谷以西的佛统和缅甸毛淡棉以南的丹彪西驿之间修筑一条长约400千米的单轨铁路，所需劳动力全部由战俘（主要是来自英国、荷兰和澳大利亚的战俘，也有亚洲其他国家的战俘）和被占国家劳工充当。② 铁路刚开始修建时盟国飞机时常来空袭，但当日本人告知盟国修筑者主要为盟国战俘后，空袭就被迫停止。然而，即使没有空袭，铁路的修筑过程也异常惨烈。在极其恶劣的自然条件下，战俘和劳工不得不完全依赖肩挑手挖来修筑铁路，每天劳作的时间超过16个小时。日本方面又仅提供极少量的霉变米饭作为他们每天的伙食。高强度的劳作、恶劣的饮食加之东南亚酷热潮湿的气候和孳生的蝇虫，每天都有不少人死去。最终，战俘和劳工在一年多的时间内就修完了这条和平时期需要六年才能完工的铁路，而修筑每千米铁路平均有300—600人死亡。这条铁路因此也被称为"死亡铁路"。

1941年12月10日，日军开始在菲律宾登陆；次年1月2日，日军占领马尼拉，美军撤退到巴丹半岛后与日军激战数月，到5月初宣布投降，菲律宾完全处于日军统治之下。在4月9日巴丹守军投降后，日军就强迫76 000多名士气低落、疲惫不堪、满身伤病的美菲联军战俘，在高温炎热又缺乏食物的情况下，从巴丹半岛步行转移到100多千米外的据点（以从那儿通过铁路被运往奥唐纳战俘营），并在途中肆意虐待、刺杀及击毙大量战俘。12天的行军途中估计有上万名美菲士兵死亡。③ 巴丹的"死亡行军"与泰缅的"死亡铁路"及发生在中国的南京大屠杀被并称为日军在远东的三大暴行。

1942年2—3月，日军又先后在苏门答腊岛和爪哇岛登陆，占领了荷属东印度群岛。由于荷属东印度出产石油、橡胶等战略物资，攻占这一战略资源产地对日本的意义不言而喻。这样，在短短数月时间内，日本就占领了东南亚的绝大部分地区。

为什么日本能在那么短的时间内迅速占领东南亚呢？这一方面是因为当时统治东南亚的欧洲各殖民帝国受困于欧洲战场（法国、荷兰已被德国法西斯占领），无法全力参与对日作战，但又不愿意动员当地民众抵抗日军。当时驻守马来亚的是印度、澳大利亚的士兵。他们没有动力拼死保卫马来亚，更多时候为了

---

① 梁英明：《东南亚史》，人民出版社2010年版，第163页。
② 潘兴明：《东南亚战场》，华夏出版社2015年版，第129页。
③ ［美］列斯特·坦尼：《活着回家：巴丹死亡行军亲历记》，范国平译，世界知识出版社2009年版，第52—72页。

保全自己的部队而对日军的进攻无动于衷。① 同时,无论是法国、荷兰的殖民者,还是英国殖民者,都不愿意武装当地人抵抗日军,因为担心他们有了武器后反过来会将矛头指向殖民统治。因此,在早期的东南亚战场上并没有有组织的有力的抗日力量。另一方面,日本打着建立"亚洲人的亚洲"的旗号,并以"解放者"自居,承诺让饱受殖民统治的缅甸、马来亚、印度尼西亚获得独立,因而得以凭推翻西方殖民主义之名获得当地民族主义者的支持。在殖民当局抵抗不力又获得当地民众支持的背景下,日军能够在东南亚势如破竹似乎也并不出人意料。

三、日本在东南亚的殖民统治与东南亚各国人民的抗日斗争

从 1942 年初占领东南亚到 1945 年 8 月 15 日正式投降,日本在东南亚各国实行了三年半的军事殖民统治。占领期间,日本占领当局不仅取缔了各国的政党、工会和群众组织,迫害支援中国抗日的华侨社团领袖,而且还控制了各国的铁路、公路、港口等交通设施,管制殖民地一切的对外贸易,并没收西方国家在东南亚的所有企业以交由日本财阀经营。② 为了服务于它在战场上的需要并尽可能地掠夺殖民地的资源,日本甚至强迫各国农民减少粮食作物和传统经济作物的种植而改种军需作物,粗鲁地搜刮东南亚国家的原材料、食物和劳动力,极大地破坏了当地的经济生产并对人民的生活造成严重影响。各地人民的反抗斗争开始兴起。

由于在日本占领东南亚过程中,除了菲律宾,其他各国的西方宗主国军队基本没有激烈反抗,大多数或仓皇撤退或被日军击败,因而在此后也难以组织起有力的抗日力量。同时,东南亚本地的部分民族主义领导人(如缅甸德钦党的领导人昂山、奈温,印尼的苏加诺、哈达等人)在日本占领早期受到日本方面承诺的所谓独立的"诱惑"而选择与日本合作,并没有参与到激烈的抗日斗争中。各国的共产党因此成为了东南亚当地抗日武装斗争的主要领导力量。

在越南,印度支那共产党在日本占领越南北部后于 1940 年 9 月 27 日发动起义,建立了北山游击队,并于次年 5 月在胡志明的领导下成立了反法抗日民族统一战线,也即越南独立同盟(简称越盟,即 Việt Minh)。越盟成为日本占领时期越南抗日游击运动的组织者和领导力量。

随着日本对缅甸的残酷镇压升级、独立日益无望,昂山等民族主义者逐渐转向抗日。

---

① 潘兴明:《东南亚战场》,华夏出版社 2015 年版,第 58 页。
② 梁英明:《东南亚史》,人民出版社 2010 年版,第 165 页。

在菲律宾,尽管留守的官员向日本占领军投降,但菲律宾共产党和其他爱国团体仍然坚持抗日斗争。他们成立了一个由共产党领导的游击队组织——"虎克"(Hukbalahap)小组(他加禄语中意为"抗日人民军"),并以吕宋岛为基地建立抗日根据地,没收与日军勾结的菲律宾地主的土地。当地华侨也加入抗日队伍,与菲律宾人民并肩作战。①

在马来亚,共产党于1942年1月成立了马来亚人民抗日军,其成员绝大多数为华人。同时,中国国民党也与英国达成协议在印度建立英军特别行动执行部马来亚分部,派遣英国人和华人特工深入马来亚各地搜集情报,支持人民抗日军的抗日活动并配合盟军的反攻。②

在印度尼西亚,尽管印尼共产党的领导人在荷兰殖民时期就已经被殖民当局逮捕而无法有效组织抗日力量,但仍然有一些印尼共成员领导地下的各种抗日运动,通过发动工人罢工、农民抗税等运动抵制日本的殖民统治。

四、盟军在战场上的胜利与日本的节节败退

尽管民间的反日运动给日本的殖民统治带来了很大的麻烦,但日军在战场上的败退主要原因还是盟军的强有力反攻。1942年6月4日,日美海军在中途岛发生以航空母舰为主的大规模海战,日军战败,损失惨重。中途岛之战是太平洋战争的转折点。此后,美军逐渐掌握了太平洋的制空权,并开始由防御转向反攻。

1942年8月7日,瓜达尔卡纳尔岛(简称瓜岛)战役爆发。瓜达尔卡纳尔岛是南太平洋所罗门群岛中最大的一个岛,也是南太平洋海陆空交通枢纽。日本想要通过控制该岛来切断盟军与澳大利亚的联系,并夺回日军在中途岛海战中失去的太平洋战场的主动权。战役开始后,美日双方都在战场上逐渐投入了重兵,并在海洋、陆地和空中展开了空前激烈的争夺。由于日军从东南亚调集了大量兵力投入瓜岛,东南亚战场出现了暂时的兵力空虚,当地日军的攻势亦暂告停止。③ 瓜岛战役历时半年多,双方均损耗了大量的战舰与飞机,但日军的伤亡远超美军。1943年2月,日本因无力继续进行消耗作战而选择了撤军。此后,美军以瓜岛为据点夺取了所罗门群岛,并控制了整个南太平洋的制海权。瓜岛一役也成为日军在太平洋战场上从战略进攻走向战略防守的转折点。

除了太平洋主战场的战事外,1942年3月,盟军成立由麦克阿瑟指挥的西

---

① 梁英明:《东南亚史》,人民出版社2010年版,第167页。
② 同上。
③ 潘兴明:《东南亚战场》,华夏出版社2015年版,第119页。

南太平洋战区，负责菲律宾及除苏门答腊之外的荷属东印度、婆罗洲、澳大利亚、新几内亚领地及所罗门群岛西部的战斗。1943年8月，丘吉尔首相又说服罗斯福总统，成立了东南亚盟军司令部，负责指挥缅甸、印度、泰国、新加坡和马来亚的对日作战。原盟军联合作战部司令蒙巴顿被任命为东南亚盟军司令部司令，史迪威任副司令。① 这样，盟军对于东南亚地区的战事有了统一的规划和协调。

由于在太平洋战场陷入困境，日本决定在陆地上给盟军以重大打击，以迫使盟军分散太平洋方面的兵力。1944年1月，日本下令从缅甸的若开出发，击溃盟军防线并攻占印度东北的英帕尔。2月，英帕尔战役开打。由于此前日本战机被大量调往太平洋战场并损失惨重，因此驻缅甸的日军几乎没有战机可用，完全失去了制空权，并遭到盟军战机的沉重打击。同时，在地面上，日军长途奔袭缺乏补给，又受到英印军队和中国驻印军队的夹击，损失惨重。最终，英帕尔战役持续了4个多月，在7月初以日军的失败而告终。这场战役也使东南亚战局发生扭转，盟军开始进入反攻而日军则转向全面败退。

几乎与此同时，此前退出缅甸的中国远征军也与美、英等盟国军队配合，自1943年10月起从印度和云南两个方向反攻缅北，歼灭和击溃大量驻守该地的日军，打通了中印公路，成功收复滇西，并在1945年1月会师中缅边境的芒友。② 缅北的战斗基本结束。随后，英军于5月收复仰光。自此，缅甸的绝大部分地区都已光复。

在西南太平洋战区，1944年9月，在麦克阿瑟的领导下，美军打响了菲律宾战役，并于1945年2月25日占领了马尼拉。5、6月间，澳大利亚部队在美军第7舰队的支援下夺取婆罗洲。同年7月，菲律宾战役结束。

随着日军在战场上的节节败退，美国于1945年8月6日和9日分别在广岛和长崎扔下两颗原子弹。8月15日，日本宣布无条件投降。9月5日，英军重返新加坡。一周后，东南亚盟军在新加坡接受日本投降。蒙巴顿将军在新加坡市政厅发表讲话，宣布盟军在东南亚战场上打败了日本，取得了最终的胜利。

第二节　东南亚殖民体系的瓦解

尽管东南亚国家寻求独立的抗争在西方殖民者到来后就一直存在，但具有

---

① 潘兴明：《东南亚战场》，华夏出版社2015年版，第144页。
② 同上书，第198页。

现代特征的民族主义活动——也是真正能够动员起民众对殖民者构成威胁的斗争——直到20世纪20、30年代才开始出现。

19世纪末、20世纪初,欧洲发生了剧烈的政治变革,有一种观点认为殖民地人民也需要接受教育。① 在这样的背景下,部分东南亚本土的精英或者在本国接受西方的教育,或者去宗主国求学,进而接触了现代政治理论和价值观。然而,当他们满怀抱负想要将学到的知识付诸实践时,却发现被殖民的身份使得他们不可能获得平等的机会,接受了现代知识的武装又使其对现状充满了怨恨,他们越来越意识到殖民关系并非不容置疑,民族意识也在这个过程中得到觉醒和强化。正如米尔顿·奥斯本指出的,正是本土知识分子阶层的出现导致了东南亚民族主义的萌芽和发展。"只要有相当数量的东南亚人接触到西方教育,新的民族主义精神的发展就会获得强劲动力。"②

当然,除了民族主义意识的觉醒外,二战中外部因素的介入也起到了重要的作用。一方面,日本的"成功"——在很短的时间内迅速占领东南亚——向东南亚人民有力地证明了西方殖民者并不是不可战胜的。"亚洲人不仅可以击败他们,还可以在击败他们后,将白皮肤的外国人从特权位置上拉下来,让他们沦为与苦力无异的角色。"③另一方面,日本也有意利用了东南亚国家民众的反殖民主义情绪,以"解放者"的姿态粉饰其占领的行动,并寻求与本土的民族主义者合作清除欧美的力量,这种现象客观上也推动了东南亚民族主义的发展。在战争后期,由于日本的残酷镇压和剥削政策以及总体战争局势的扭转,东南亚的民族主义者逐渐认清了日本侵略者的本质,转而兴起并形成了反法西斯民族主义组织,并为独立而战斗。

需要指出的是,尽管多数东南亚国家(泰国除外)在日本战败后初期就宣布了独立(印度尼西亚于1945年8月,越南于1945年9月,老挝于1945年10月),但它们真正实现独立并彻底赶走西方殖民者的历程却延续到战后数年甚至十几年:1949年年底荷兰才承认印尼独立;1963年荷兰殖民者最终从荷属新几内亚撤走;1954年《日内瓦会议最后宣言》签署后,法国殖民者才真正离开印度支那的越南、老挝和柬埔寨。④ 因此,我们在讨论东南亚政治地图重组时需要区分这两个不同的时间点,并以后者作为结束殖民统治的最终节点。

---

① [澳]米尔顿·奥斯本:《东南亚简史》(第12版最新修订),杨浩浩、曹耀萍译,华中科技大学出版社2020年版,第163页。
② 同上。
③ 同上书,第190页。
④ 王正毅:《边缘地带发展论:世界体系与东南亚的发展》,上海人民出版社2018年版,第81页。

一、通过革命方式独立:印度尼西亚和越南(及柬埔寨、老挝)

东南亚的殖民地对于不同的殖民帝国而言有着不同的地位。对法国与荷兰来说,印度支那和印度尼西亚在二战前就已经成为了它们各自海外帝国的核心。二战中,两国的流亡政府更是坚信战后恢复对这两地的殖民统治将有助于各自的民族复兴。而对于英国来说,东南亚的殖民地却仅仅只是"以印度为中心的帝国体制的边缘"。它对东南亚殖民地的政策也始终围绕着巩固和维护印度殖民地这一核心利益。因此,英国并没有对战后恢复东南亚的殖民地抱有很高的期待。①

第二次世界大战结束后,当美、英等国逐渐接受了殖民时代即将过去的现实时,法国和荷兰的殖民者仍然执着于维持自己的殖民帝国。也正因为如此,在东南亚的欧洲殖民地中,越南和印度尼西亚在独立前经历了与法国和荷兰殖民者的长期而艰苦的战争;而东南亚的英、美殖民地则多通过谈判和有限抗争就与殖民者达成协议并实现独立。②

然而,就在越南与印度尼西亚争取独立的时候,冷战在欧洲爆发。在这样的背景下,美国的决策者一改此前反对殖民主义的态度,倾向于认为在包括东南亚在内的动荡地区恢复殖民主义的稳定秩序更符合美国的利益。③ 这是因为美国认为如果在这些地区建立独立但脆弱的民族国家,那么"共产主义力量就可能很快渗透并建立社会主义政权"。因此,在印尼与越南争取独立的过程中,自诩支持民族自决的美国成为了殖民主义的帮凶,殖民地的独立战争也成为了当时两大阵营的一个"战场"。

(一)印度尼西亚

荷兰人在印度尼西亚的殖民统治史可以分为前后两个时期:前期是东印度公司统治时期(1602—1799 年),后期为荷印殖民政府统治时期(1814—1942 年)。两个时期之间的十几年,荷兰由于在拿破仑战争中战败而由法国和英国轮流接管其东方殖民地。

印度尼西亚在 19 世纪只是一个地理名词,并没有形成过统一国家,更没有

---

① [新西兰]尼古拉斯·塔林主编:《剑桥东南亚史》(Ⅱ),贺圣达等译,云南人民出版社 2003 年版,第 274 页。
② [澳]米尔顿·奥斯本:《东南亚简史》(第 12 版最新修订),杨浩浩、曹耀萍著,华中科技大学出版社 2020 年版,第 168 页。
③ [新西兰]尼古拉斯·塔林主编:《剑桥东南亚史》(Ⅱ),贺圣达等译,云南人民出版社 2003 年版,第 275 页。

民族主义。在反对殖民主义的过程中,早期的印尼领导人一方面吸收了来自西方的新价值观,一方面融合印度尼西亚的传统和历史——信仰伊斯兰教和共同经历荷兰的殖民统治——逐渐唤醒了民众的民族主义意识,并使他们产生了有关国家的身份认同。① 1928年10月28日,在巴达维亚举行的印尼青年代表大会通过了著名的《青年宣言》(印尼语:*Sumpah Pemuda*):"一个祖国,印度尼西亚;一个民族,印度尼西亚民族;一种语言,印度尼西亚语(印尼语:*satu nusa, satu bangsa, dan satu bahasa*)。"②"印度尼西亚"这个名字成为民族国家的身份认同。特别需要指出的是,民族主义者并没有将被更多人当作母语的爪哇语作为印度尼西亚语,而是采用了已经成为普遍混合语的马来语方言作为这片土地上多元人口的共同语言。③ 其背后的用意也显而易见——印度尼西亚不是爪哇人的印度尼西亚,而是所有印度尼西亚人的印度尼西亚。

第二次世界大战前夕,印尼主要的民族主义领袖都被荷兰殖民当局或拘留放逐或遭到恐吓而不敢行动,民族主义运动因此陷入低潮。④ 1942年1月,日本入侵并打败了荷兰。占领印尼后,日本殖民当局意识到他们需要当地人的合作来维持统治并掠夺资源,否则很快就会在镇压当地人抵抗的过程中陷入瘫痪。因此,他们释放了部分被荷兰人关押的印尼民族主义者(包括苏加诺、哈达、夏赫里尔等),把他们吸纳进日本占领当局并允许他们担任管理职务。同时,日本也征用、训练和动员几十万印尼人加入日本军队,为未来与盟军的作战做准备。⑤

随着战争局势的发展,日本战败的前景日益明晰。在这样的背景下,日本占领当局开始筹划战败后事宜。他们认为,在日本"失去"印尼后,一个独立的而不是作为荷兰殖民地的印尼更符合日本的利益。因此,从1944年开始日本就公开允诺印尼独立,并在1945年3月创立了印度尼西亚独立筹备工作组调查委员会,8月7日(日本战败前夕)建立了独立准备委员会。⑥

但是,时间已经来不及了。在日本将政权移交印尼民族主义者之前,两颗原子弹就被美国投放到日本的广岛和长崎。8月15日,日本无条件投降。盟军命令日本保持被占领土的现状,直到权力转交给同盟国军队。这就意味着荷兰即将卷土重来并再度控制印度尼西亚。⑦

随后,印尼爆发了"八月革命"。1945年8月17日,苏加诺单方面宣布印度

---

① [澳]史蒂文·德拉克雷:《印度尼西亚史》,郭子林译,商务印书馆2019年版,第63—64页。
② 同上书,第65页。
③ [澳]约翰·芬斯顿:《东南亚政府与政治》,张锡镇译,北京大学出版社2007年版,第68页。
④ [澳]史蒂文·德拉克雷:《印度尼西亚史》,郭子林译,商务印书馆2019年版,第68页。
⑤ 同上书,第70—71页。
⑥ 同上书,第73页。
⑦ 同上书,第75页。

尼西亚独立,成立印度尼西亚共和国,并反击任何重新恢复荷兰殖民统治的企图(如今这一天依然被作为印尼独立日加以庆祝)。次日,各政党领袖召开"印度尼西亚独立筹备委员会"会议,通过了共和国宪法,推举苏加诺为共和国总统,哈达为副总统。为了团结伊斯兰民族主义者和世俗民族主义者,苏加诺将此前提出的"潘查希拉"(Pancasila,即建国五基)写入了印度尼西亚共和国宪法。其中的五项原则为信仰神道①、人道主义、民族主义、民主和社会公正,核心是印度尼西亚的国家观念。② 这样,在荷兰重返印度尼西亚之前,印度尼西亚共和国已成了既定事实。

在盟军这边,1945年7月,英国在波茨坦会议上取得了东南亚地区的军事管辖权,东南亚被划归为英国的受降区。8月24日,英国与荷兰就合作重新占领荷印尼殖民地达成协议。③ 9月底,第一批英国军队在雅加达登陆,随后又占领了西爪哇首府万隆。10月25日,作为盟军在东南亚地区的代表,英军进入东爪哇首府泗水,随后印度尼西亚共和国军队与英军之间爆发了激烈的泗水争夺战。在这场战斗中,数千印度尼西亚军人战死,新成立的印度尼西亚共和国军队被逐出泗水,转到农村开展游击战争。同样的情况也发生在雅加达、万隆、茂物等印度尼西亚的大城市。④ 出于安全的考虑,1946年1月,苏加诺和哈达决定将印度尼西亚共和国政府从雅加达迁到中爪哇的日惹,并得到日惹苏丹国苏丹哈孟古·布沃诺九世(Hamengku Buwono Ⅸ)的承认。

1946年8月,在大批军队调到印度尼西亚之前,荷兰派出了三人委员会与印度尼西亚共和国谈判,并于11月15日签订《林牙椰蒂协定》,其中规定"印度尼西亚共和国与各邦组成印度尼西亚合众国,并于1949年1月1日前与荷兰组成荷印联邦,以荷兰国王为最高元首",从而使共和国降到了荷兰附属国的地位。然而,即使《林牙椰蒂协定》也并非荷兰的目标,它只是荷兰在军队到位之前的缓兵之计。同时,1946年11月30日,英国军队撤离印度尼西亚群岛,荷兰军队开始接管。⑤

1947年7月,荷兰做好了战争准备,向印度尼西亚共和国发动第一次侵略战争,称为"第一次警察行动",并占领了印度尼西亚的大片领土。在联合国的调停下,1948年1月17日,荷兰与印度尼西亚共和国在美国军舰伦维尔号上签署了《伦维尔协定》。《伦维尔协定》比之前的《林牙椰蒂协定》更不利于印度尼西亚,

---

① 信仰神道("独一无二的神明")意味着必须有宗教信仰,但并没有规定这个宗教是伊斯兰教。
② [澳]史蒂文·德拉克雷,《印度尼西亚史》,郭子林译,商务印书馆2019年版,第74页。
③ 梁英明:《东南亚史》,人民出版社2010年版,第192页。
④ 同上书,第192—193页。
⑤ 同上书,第193—194页。

使一些原先未被荷兰占领的最富庶、最重要地区划归荷兰控制,从而使印度尼西亚处于荷兰的包围中,共和国的地位更是降为合众国的 14 个成员邦之一。①

1948 年 9 月,印度尼西亚共和国发生反共的"茉莉芬事件",印度尼西亚共产党的主要领导人在事件中被杀,大量印度尼西亚共产党领导的军队与共和国军队发生激烈的冲突,死伤惨重。这一事件一方面让荷兰军队看到了共和国内部的分裂,从而决定在同年 12 月 19 日发动第二次大规模侵略战争,即所谓的第二次警察行动;另一方面,由于共和国政府表现出的反共倾向,当时已在欧洲发动冷战的美国得出结论:"与走回头路去投资长期而可能徒劳的荷兰事业相比,支持一个独立的印度尼西亚,是更好的政策。"②

荷兰不宣而战后,当天就攻占了印度尼西亚共和国的临时首都日惹,苏加诺、哈达和夏赫里尔等政府主要成员被俘(也有报道称,苏加诺等人是有意留下来让荷军俘虏,以此引起国际社会的关注,使荷兰军队由军事上的胜利转为政治和外交上的失败),共和国的部队则在苏迪曼将军的指挥下进入农村并展游击战。12 月 24 日,联合国安理会谴责荷兰,要求双方停止敌对行动,荷兰立即释放印度尼西亚共和国的领导人;同时,美国也决定停止对荷兰的一切援助,向荷兰施压。③ 在共和国部队游击战争的反击以及国际社会的压力下,荷兰政府于 1949 年 2 月 26 日同意恢复谈判。④

1949 年 5 月 7 日,荷兰和印度尼西亚共和国签署一项联合声明(即《五七协定》),宣布停战,荷兰释放印度尼西亚共和国领导人并恢复其在日惹的政权管理。8 月 23 日,双方开始在海牙举行圆桌会议。11 月 2 日达成《圆桌会议协定》,其中规定:由印度尼西亚共和国和荷兰所扶植的 15 个邦区共同组成印度尼西亚联邦共和国;荷兰于 1949 年 12 月 30 日前向印度尼西亚联邦共和国移交主权;印度尼西亚联邦共和国与荷兰王国创立"荷印联盟",以荷兰女王为国家元首。⑤ 尽管这一协议从表面上看与 1946 年 11 月签订的《林牙椰蒂协定》很像,但三个因素确保了印度尼西亚联邦共和国的政治地位:(1)共和国掌握着国家的多数人口;(2)苏加诺是印度尼西亚联邦共和国的总统;(3)印度尼西亚共和国的军队构成了印度尼西亚联邦共和国军队的核心。⑥ 1949 年 12 月 27 日,荷兰正式将荷属东印度主权移交给印度尼西亚联邦共和国。⑦ 除了西巴布亚(西伊利

---

① 梁英明:《东南亚史》,人民出版社 2010 年版,第 194 页。
② [澳]史蒂文·德拉克雷:《印度尼西亚史》,郭子林译,商务印书馆 2019 年版,第 81 页。
③ 马晋强:《当代东南亚国际关系》,世界知识出版社 2000 年版,第 92 页。
④ 梁英明:《东南亚史》,人民出版社 2010 年版,第 196 页。
⑤ 同上书,第 197 页。
⑥ [澳]史蒂文·德拉克雷:《印度尼西亚史》,郭子林译,商务印书馆 2019 年版,第 81 页。
⑦ 梁英明:《东南亚史》,人民出版社 2010 年版,第 197 页。

安)以外,荷兰在印度尼西亚的殖民统治就此终结。①

然而,在印度尼西亚国内,人们对联邦制感到强烈不满和屈辱,认为这是荷兰人强加的。反对联邦制的运动也在印度尼西亚国内如火如荼地展开。1950年5月,各邦代表协商后决定取消联邦制并起草新宪法。新宪法于8月14日在印度尼西亚国会获得通过。8月15日,苏加诺宣布废除《印度尼西亚联邦共和国宪法》,成立统一的(单一制)印度尼西亚共和国。② 1954年8月10日,印度尼西亚与荷兰达成协议,宣布取消"荷印联盟"。

最后,需要特别指出的是苏门答腊西北的亚齐省在印度尼西亚共和国中拥有较高的自治地位。在二战日军占领期间,原来得到荷兰殖民者支持的部落封建主世俗政权的地位被不断削弱,亚齐社会发生了深刻变化。日本战败投降后,亚齐地区的政治局面最终以伊斯兰教势力取胜而稳定下来。所以,当印度尼西亚共和国成为一个世俗国家时,伊斯兰教却在亚齐占据了主导地位。

战后,当荷兰人企图重返印度尼西亚时,印度尼西亚人民激烈反抗。在亚齐地区,由于穆斯林领袖曾经遭受过荷兰殖民者与世俗政权的联合排挤,所以他们坚信,如果荷兰殖民者卷土重来,就会恢复部落封建主的权力。出于这样的考虑,亚齐的穆斯林领袖将自己的命运与新兴的印度尼西亚共和国的存亡紧紧联系在一起,并在反抗荷兰殖民者的过程中为共和国的抵抗组织提供了大量的人力和物力支援。由于亚齐地区对印度尼西亚共和国的坚定支持,它与后者形成了特殊的关系,因此在印度尼西亚独立后其成为共和国中地位特殊的自治省。

(二)越南(以及柬埔寨、老挝)

二战中,日本军队在1940年9月就已进入印度支那,并计划借道此地进一步南下侵略东南亚其他国家。由于当时在欧洲战场上法国已向纳粹德国投降,傀儡的维希政权根本无暇东顾,因此很快与日军达成和解。法国维希政府允许

---

① 西巴布亚原是荷兰殖民地(荷属新几内亚),1961年12月1日获得独立。同年12月19日,苏加诺总统对西巴布亚发起解放战争,荷兰被迫重回谈判桌。在国际社会的协调下,1962年8月5日,印度尼西亚政府同荷兰政府经过艰苦谈判签订了《纽约协议》,荷兰同意将对西巴布亚的管理权移交给联合国临时行政机构。1963年起联合国开始与印度尼西亚共同管理西巴布亚。而巴布亚地区是否归属印尼还要通过公民投票——"自由选择法令"来确定。

为了阻止当地人在"自由而普遍"的公民投票中反对加入印度尼西亚,印度尼西亚当局宣称伊里安人(即巴布亚人)还不够"投票条件",所以不是所有人都能参加投票。作为替代方案,印度尼西亚军队在1969年9月选出1 022名社区领导者,并在士兵的监督下迫使他们投票承认加入印度尼西亚。尽管当时美国、澳大利亚和联合国的观察员被邀请见证了投票过程,但是出于冷战意识形态的考虑,这些国家并未对具体选举进行干预。联合国大会于同年11月19日承认这一公投结果。自此西巴布亚正式被划入印度尼西亚版图,成为伊里安查亚省,直至2000年改名为西巴布亚。2003年,原先的西巴布亚省被划分为巴布亚和西巴布亚两省。参见[澳]阿德里安·维克尔斯:《现代印度尼西亚史》,何美兰译,世界知识出版社2016年版,第165—166,178页。

② 梁英明:《东南亚史》,人民出版社2010年版,第197页。

日本军队使用法属印度支那的领土作为中转、培训和取用给养的地区,日本则允许法国维希政府保留对殖民地政府机构的控制。① 这一状态维持到日本战败前夕。

1945年3月,随着战败难以避免,日本军队为了最大限度地控制印度支那地区而决定推翻法国殖民当局,并囚禁了其政府和军事方面的官员。② 随后,日本支持并无实权的越南阮氏王朝末代皇帝保大帝宣布越南"独立"。和中国的伪满洲国一样,保大帝无非是日本的傀儡,所谓的"独立"也只是日本掩盖其殖民统治的漂亮话语。

随着法国的出局,由印度支那共产党领导的越南独立同盟(以下简称越盟,即Viet Minh)积极开展工作,在日本难以完全控制的农村和小城市进行广泛动员,领导抗日武装斗争。

日本投降以后,越盟迅速发动"八月革命",以便制造既成事实阻止殖民者的再占领。③ 8月13日,印度支那共产党成立起义委员会,发出总起义命令。8月16日,越南各党派和人民团体以及各界代表召开国民大会,决定号召全国人民夺取政权,并推选以胡志明为首的民族解放委员会作为越南临时政府。④ 8月25日,在各地起义力量的冲击下,保大帝被迫宣布退位;8月30日,保大帝将象征权力的金印和宝剑移交给临时政府的代表。9月2日,胡志明在河内巴亭广场发表《独立宣言》,宣布成立独立于法国的越南民主共和国。

与此同时,法国则希望继续留在这一地区,成立名义上的印度支那联邦,并使其和法国以及法兰西共同体的其他部分组成一个法兰西联邦。⑤ 根据1945年7月波茨坦会议达成的协议,印度支那以北纬16度线为界划出两大战区:北部为中国战区,由中国军队接受日本投降;南部为东南亚战区,由盟军接受日本投降。1945年9月,在英美军队支持下,法军以受降为名重新进入越南,占领西贡并计划以此为基地重新建立印度支那殖民政权。⑥ 同时,中国军队亦开进印度支那北部,1946年2月,法国同中国达成协议,以废除与中国的不平等条约为条件,要求中国军队在一个月内撤出印度支那北部。

尽管当时法越双方都已经意识到如果要控制越南全境,战争是唯一选择,但

---

① [澳]米尔顿·奥斯本:《东南亚简史》(第12版最新修订),杨浩浩、曹耀萍译,华中科技大学出版社2020年版,第192—193页。
② 同上书,第212页。
③ [新西兰]尼古拉斯·塔林主编:《剑桥东南亚史》(Ⅱ),贺圣达等译,云南人民出版社2003年版,第286页。
④ 梁英明:《东南亚史》,人民出版社2010年版,第183页。
⑤ 王正毅:《边缘地带发展论:世界体系与东南亚的发展》,上海人民出版社2018年版,第83页。
⑥ 梁英明:《东南亚史》,人民出版社2010年版,第184页。

由于法国尚未做好战争的军事准备,而越南民主共和国政府也需要争取时间巩固和发展革命力量,因此双方决定从1946年2月开始谈判,并于3月6日达成了初步协定。根据《三六协定》,法方放弃"自治"的提法,越方放弃"独立"的提法;法国承认越南民主共和国是"自由的"国家;由公民投票决定南圻(交趾支那)统一。①

然而,法国并不准备放弃印度支那殖民地。1946年6月1日,法国擅自宣布成立交趾支那共和国临时政府,并声称该共和国将是印度支那联邦和法兰西联邦内的一个独立国家(而不是越南的一部分),这遭到越南民主共和国的反对。② 9月14日,双方再次达成一项临时协定。除肯定之前的《三六协定》外,双方还同意停止一切敌对和暴力行动。③ 但是,法国再一次违背了诺言,继续向越南各地增派军队,积极为战争做准备。

到1946年底,法国的战争准备工作业已就绪。12月19日,驻河内的法军发动对越南的大规模侵略战争,历时8年的越南抗法战争(即第一次印度支那战争)就此爆发。需要强调的是,越南抗法战争既是殖民地人民的反殖民战争,同时也由于交战双方的不同意识形态和阵营归属以及外部支持,而成为(以边缘地带"热战"形式表现的)全球冷战的一部分。

在印度支那共产党的领导下,越南军民在极其艰难的条件下展开了游击战争,英勇抗击法国的侵略,使得法国速战速决的战略计划成为泡影。1948年,抗法战争进入相持状态。为了分化瓦解越南的抗法力量,法国于1948年6月让当时流亡香港的保大帝回到越南,并与其签订协议,由其担任法军控制区内伪政权"越南国"的皇帝,承认所谓"越南国"为法兰西联邦内的"独立国家"。④

1949年10月1日,中华人民共和国成立。1950年1月,中华人民共和国承认越南民主共和国,并与其建立了外交关系(这在越南尚未独立的背景下具有特殊的战略意义)。随即,胡志明秘密经过北京飞往莫斯科(当时毛泽东在莫斯科访问),与斯大林、毛泽东共商有关越南党的建设、民族阵线、军事和外交等诸多问题。会谈中,中、苏两党领导人明确表示要援助越南取得抗法斗争的胜利。⑤ 中共中央决定派遣陈赓大将到越南,协助组织打通中越通道的战斗;同时派出由韦国清同志率领的军事顾问团和罗贵波同志率领的政治顾问代表团奔赴

---

① 马晋强:《当代东南亚国际关系》,世界知识出版社2000年版,第56页。
② 同上。
③ 梁英明:《东南亚史》,人民出版社2010年版,第185页。
④ 同上。
⑤ 杨奎松:《新中国从援越抗法到争取印度支那和平的政策演变》,香港中文大学中国研究服务中心,http://ww2.usc.cuhk.edu.hk/PaperCollection/Details.aspx? id=2620,最后浏览日期:2021年10月20日。

越南。4月起,中国援越物资就开始被陆续运往位于越南北部的根据地,第一批越南人民军①主力部队亦进入中国境内接受装备和训练。在中国的帮助下,人民军于当年9月发起边界战役,并很快控制了长约750千米的中越边境地区,为战略后方的巩固奠定了基础。②

与此同时,随着美苏冷战的全面展开,美国开始介入印度支那的战事,并将中、越联合抗法的反殖民战争看作是社会主义阵营与资本主义阵营争夺势力范围的竞争。因此,从1950年起,美国便撕下了反殖民的伪装,不仅承认了保大帝的"越南国"傀儡政权,而且还通过提供军事与财政援助公开支持法国的侵略行径。越南抗法战争在冷战的背景下被扩大化了。

1951年2月,印度支那共产党召开第二次代表大会,决定将越南的党组织更名为越南劳动党,选出以胡志明为首的中央委员会。③ 此后,越南劳动党领导人民一边与法国军队战斗以扩大解放区;一边在解放区开展土地改革运动,扩大抗法战争的群众基础。

1954年3月,奠边府战役爆发。经过两个多月的激烈战斗,越南人民军攻克奠边府,并歼灭全部法军。5月7日,法军投降,从此退出亚洲战场。

1954年5月8日,法国同意在日内瓦召开有法国、英国、美国、苏联、中国以及印度支那三国参加的外长会议,以讨论和平解决印度支那问题。7月20日,除美国以外的与会国达成了关于恢复印度支那和平的各项协议,包括《日内瓦会议最后宣言》《关于在越南停止敌对行动的协定》《关于在老挝停止敌对行动的协定》《关于在柬埔寨停止敌对行动的协定》等文件。其中与越南有关的主要内容有:立即结束在印度支那三国的敌对行动;与会国保证尊重印度支那三国的主权、独立、统一和领土完整;三国不得参加任何军事集团,不容许任何外国在三国的领土上建立军事基地;以北纬17度线、9号公路稍北为军事分界线,越军在线北集结,法军在线南集结;越南在1956年7月举行全国自由选举,以实现国家统一等。④ 美国代表没有签署日内瓦协定及最后宣言。

在东南亚国家中,为什么只有越南共产党成为民族独立运动的领导者并取得了成功?两个原因至关重要。首先,对于越南人民来说,国家认同并不是现代的产物,而是在历史发展的进程中逐渐发展而巩固起来的。不仅如此,他们长期以来深受儒家思想的影响,有着统一的意识形态。当20世纪儒家思想遭遇挑战后,共产主义的意识形态迅速填补空白,成为新的思想武器,并与民族主义完美

---

① 1950年初,越南民主共和国武装部队改组为越南人民军。
② 梁英明:《东南亚史》,人民出版社2010年版,第186—187页。
③ 同上书,第187页。
④ 同上书,第188页。

融合在一起,成为指导越南革命的核心思想。东南亚其他国家却不具备这样的条件。印尼的国家认同源自反荷兰的殖民运动;种族、宗教、文化的多元又使得单一的意识形态从来不具有吸引力。更重要的是,"当印度尼西亚的民族主义者在筹谋未来时,传统文化、传统宗教以及现代宗教都还没有被人证明是失败的"。① 民族主义者——无论他们的政治取向——都不可能仅依赖西方的政治思想,而必须从文化遗产中汲取力量,才能动员广大民众参与到反殖民的运动中。类似的情况也发生在马来亚、缅甸等国。在这些国家中,宗教可以被直接用来作为民族主义动员的工具,相比之下共产主义意识形态的作用就不那么显著了。其次,越南共产党的领导力是在与法国殖民者残酷镇压的斗争中成长起来的。面对严酷的政治环境,众多民族主义反抗力量中只有越南共产党因为它的严密性和组织能力才生存下来,并最终取得成功,其他力量都被殖民者扼杀在摇篮里了。②

需要指出的是,尽管第一次印度支那战争的主要战场在越南,但柬埔寨和老挝人民也通过游击战或政治斗争的手段与法国殖民者周旋,积极配合越南的斗争。

1941年,诺罗敦·西哈努克(Norodom Sihanouk)成为柬埔寨国王。1945年3月,日本解除了法国驻柬埔寨军队的武装。西哈努克趁机宣布柬埔寨独立,并向世界宣告法国对柬埔寨长达80年的"保护"终结。③ 然而,随着日本的战败,法国人很快卷土重来,并于1945年10月恢复了对柬埔寨的殖民统治。

西哈努克国王于1949年开始向法国要求独立。1953年上半年,西哈努克先后访问了法国、美国、日本、泰国,以寻求国际社会对柬埔寨独立的支持。面对全球范围内的反殖民浪潮以及越南主战场的军事压力,法国殖民当局最终于1953年9月3日同意给予柬埔寨完全的独立与主权。同年11月9日,柬埔寨正式独立。④ 1954年召开的日内瓦会议再次确认了柬埔寨的独立地位,同时规定柬埔寨在1955年举行全国大选。

在老挝,1945年10月12日,琅勃拉邦王国(位于今老挝北部)副王兼首相佩差拉亲王废黜原国王西萨旺·冯,建立了伊沙拉(老挝语意为"自由")政府,并在万象宣布老挝统一和独立。⑤ 苏发努冯亲王任新政府的外交部长。⑥

---

① [澳]米尔顿·奥斯本:《东南亚简史》(第12版最新修订),杨浩浩、曹耀萍译,华中科技大学出版社2020年版,第171页。
② 同上书,第170页。
③ 段立生:《柬埔寨通史》,上海社会科学院出版社2019年版,第166页。
④ 同上。
⑤ 梁英明:《东南亚史》,人民出版社2010年版,第185页。
⑥ 《老挝国家概况》(2012年4月8日),中华人民共和国驻老挝人民民主共和国大使馆,2012年4月8日,http://la.china-embassy.org/chn/lwdt/t942076.htm,最后浏览日期:2021年7月27日。

1945年11月,法国占领老挝南部。次年3月,在北纬16度线以北的印度支那接受日本投降的中国军队撤出老挝北部,法国军队随即入侵该地区,并在4、5月间占领了万象和琅勃拉邦。重新占领老挝后,法国迅速扶植原国王西萨旺·冯恢复王位,建立君主立宪制,并与其签署临时协定。老挝成为法属印度支那联邦的成员国。同时,伊沙拉政府的大部分成员被迫逃往泰国境内,苏发努冯亲王领导的军队则在泰老边境抗法。①

1954年法国在奠边府战役中彻底失败,被迫于1954年7月签署日内瓦协议,承认老挝独立并从老挝撤军。此后,老挝虽然获得了独立,但美国一直在老挝积极扶植亲美势力,挑起内战甚至发动秘密战争,以避免老挝加入社会主义阵营。直到1975年,老挝革命方才取得胜利,老挝人民民主共和国成立,组成以苏发努冯为主席的最高人民会议和以凯山·丰威汉为总理的共和国政府。

二、以谈判方式独立:缅甸与马来亚联合邦(及新加坡)

不同于荷兰和法国,日本战败后英国人带着允许自治的许诺回到东南亚,并实行"开明"的殖民统治。虽然没有明确的时间表,但他们当时已经将殖民地/自治领的自决作为在东南亚的最终目标。这一点在印度独立后变得日渐明晰。②

(一)缅甸

在20世纪20、30年代,为了反抗殖民主义,缅甸发生了由僧侣领导的民族主义运动。佛教信仰因此成为民族主义动员的主要工具,也是区分佛教徒和"外人"(主要是非佛教徒的上缅甸少数民族和在英国殖民时期大量涌入缅甸的印度人)的标志。僧侣在这场民族主义运动中扮演了重要的角色,各种反殖民的策略也在佛教徒理事会上得到讨论。③

第二次世界大战改变了缅甸获得独立的进程。在战争初期,以缅族为主的缅甸民族主义者选择与日本人合作,接受了日本的军事训练并配合日军击败英军,在缅甸建立了日本的傀儡政府——他们幻想着日本战胜英国后便会支持缅甸实现独立。然而,这一幻想很快就在日本对缅甸的苛刻剥削和日本利益至上的原则下破灭。与此同时,缅甸的少数民族大多仍然选择与英军并肩作战以反抗日本入侵。其间,作为战争中对立势力的代理人,缅族与少数民族之间发生了

---

① 梁英明:《东南亚史》,人民出版社2010年版,第185页。
② [新西兰]尼古拉斯·塔林主编:《剑桥东南亚史》(Ⅱ),贺圣达等译,云南人民出版社2003年版,第282—283页。
③ [澳]米尔顿·奥斯本:《东南亚简史》(第12版最新修订),杨浩浩、曹耀萍译,华中科技大学出版社2020年版,第176页。

激烈的对抗甚至血腥的屠杀和报复,这也为战后缅甸始终难以调和的族群矛盾关系埋下了伏笔。

1944年8月,缅甸民族主义者成立了秘密的反抗组织反法西斯人民自由同盟(简称自由同盟),准备在战争局势扭转后与盟军合作抵抗日本侵略者。1945年3月,英国与印度军队发动了一次击败日军的重要战役。该地的盟军司令路易斯·蒙巴顿(Lord Louis Mountbatten)同意与缅甸的民族主义者合作,在战后给予缅甸独立地位。① 5月,英军收复仰光并发表声明,同意缅甸按照英国于1937年制定的缅甸宪法在英联邦内自治,并在未来恰当的时候举行自由选举。②

英国重新占领缅甸后就对其实行了军事管制以稳定局势。自由同盟也在日本投降后不久发布声明,要求尽快结束英国的殖民统治并实现缅甸的完全独立。1945年10月15日,英国解除对缅甸的军事管制,英国驻缅甸总督也于次日返回缅甸。但是,英缅双方并没有立即就临时政府的组成达成一致,自由同盟的领导人因此号召缅甸人民为争取完全独立而继续战斗。③ 此后,尽管英国方面撤换了总督并作了一定程度的妥协,由昂山出任临时政府的总理兼国防与外交部长。

然而,由于英国在战争中实力严重受损,尤其是在它意识到结束在印度的殖民统治已经在所难免后,本就是为了维护其在印度殖民地利益而存在的缅甸对英国的价值就大大下降了。④ 在这样的背景下,英国同意与缅甸进行会谈,并且会谈的关注点也从此前缅甸该不该独立变成了缅甸如何获得独立——英国人希望能体面地离开缅甸。⑤

1947年1月,在英国首相艾德礼的邀请下,昂山率领自由同盟代表团赴伦敦谈判,并签署了《昂山-艾德礼协定》。其中规定,缅甸可以自行决定是否留在英联邦内;于1947年4月举行制宪会议选举,并由制宪会议制定宪法,但必须经英国议会批准;通过协商解决缅甸本部与边疆少数民族地区联合问题等。然而,这一协定没有明确独立的具体日期;而昂山则一再强调,独立要在一年内实现。⑥

1947年2月12日,在缅甸东北掸邦小镇彬龙,昂山与主要少数民族领导人达成了《彬龙协议》(The Panglong Agreement),同意缅甸各民族地区与缅甸本

---

① [澳]米尔顿·奥斯本:《东南亚简史》(第12版最新修订),杨浩浩、曹耀萍译,华中科技大学出版社2020年版,第208页。
② 梁英明:《东南亚史》,人民出版社2010年版,第203页。
③ 同上书,第204—205页。
④ [新西兰]尼古拉斯·塔林主编:《剑桥东南亚史》(Ⅱ),贺圣达等译,云南人民出版社2003年版,第282页。
⑤ [澳]米尔顿·奥斯本:《东南亚简史》(第12版最新修订),杨浩浩、曹耀萍译,华中科技大学出版社2020年版,第208页。
⑥ 梁英明:《东南亚史》,人民出版社2010年版,第205页。

部建立联邦,并同时宣布从英国独立。4月9日,缅甸举行制宪会议选举。6月16日,制宪会议通过关于缅甸独立的决议,决定缅甸脱离英联邦成为独立国家;委派吴努去英国谈判有关政权交接事宜,并成立宪法起草委员会。①

1947年7月,昂山与其他6名内阁成员被暗杀(尽管事后有人被逮捕判刑,但谁是幕后真正的黑手却至今众说纷纭,未有定论)。昂山的去世不仅意味着英国失去了一位愿意同英国维持密切关系的民族主义领袖,而且缅甸的少数民族也失去了值得信赖又在缅族民族主义者中享有威望的合作伙伴。② 此后,虽然吴努领导下的自由同盟继续当政并制定了缅甸独立后的宪法,但缅甸主体民族与少数民族之间的互不信任却始终是缅甸在民族国家建构中面临的巨大挑战。

1947年9月24日,缅甸制宪会议通过缅甸宪法,对缅甸的国家性质、政府组织形式、少数民族地位等作出了明确的规定。10月17日,吴努赴伦敦与英国首相艾德礼会谈并签订《英缅协定》,英国承认缅甸为完全独立国家。

1948年1月4日,缅甸正式独立,并退出英联邦。然而,吴努领导的缅甸政府没能在仰光以外的地方建立起牢固的统治,内战在缅甸独立后迅速爆发并延续至今。

(二) 马来亚联合邦及新加坡

无论是战前还是战后一段时期,马来亚从来没有出现过高涨的民族主义情绪。英国和日本的殖民者正是利用了这一特点,试图巩固自己的统治。

在日本侵占时期,日本当局视华人为敌人,野蛮对待和屠杀华人,而对马来人和印度人则没有那么残酷。他们甚至寻求拉拢马来苏丹,并征召了一些马来亚的印度少数族群加入"印度国民军",帮助日本从英国手中"解放"印度。这种"分而治之"的政策也使得在马来亚只有华人激烈反抗日本军队的占领,其中尤以华人为主的马来亚共产党游击队影响大。他们同英国的一支军事小分队(136部队)合作并与日军展开了激烈的武装抗争,但终因势单力薄而难以发挥很大的作用。③

1945年9月3日,英国重新占领马来亚。次年4月1日,作为英联邦一部分的马来亚联盟(Malayan Union)成立。它是由9个马来土邦(即原先的马来联邦和马来属邦)和马六甲、槟城一起组成的一个英国的保护国。新加坡则成为英国单独的一个直辖殖民地。此外,原先分属北婆罗洲特许贸易公司和布鲁克家族

---

① 梁英明:《东南亚史》,人民出版社2010年版,第203页。
② [新西兰]尼古拉斯·塔林主编:《剑桥东南亚史》(Ⅱ),贺圣达等译,云南人民出版社2003年版,第281页。
③ [澳]米尔顿·奥斯本:《东南亚简史》(第12版最新修订),杨浩浩、曹耀萍译,华中科技大学出版社2020年版,第215页。

控制的沙巴和沙捞越也成为了英国的直辖殖民地。

在新成立的马来亚联盟中,马来土邦的苏丹虽然仍然保留王位,但却被剥夺了所有实权。因为英国政府认为,这些马来苏丹在日本占领时期曾经与日本当局合作反对盟军,因此战前英国与他们所签订的条约已经作废,原先得到承认的特权也被取消。① 马来人对此强烈不满,并在马来民族统一机构(也称巫统)②的领导下在各地掀起了抗议运动。由于担心(以华人为主的、"激进"的)马来亚共产党借机联合马来民族主义者,英国殖民者被迫作出让步,同各邦苏丹和巫统重新谈判,并最终达成建立马来亚联合邦(The Federation of Malaya)的协议。

1948年2月1日,马来亚联合邦成立。在新宪法下,马来苏丹获得了对所辖土邦的合法统治权,建立了马来人统治者会议制度;英国向马来亚联合邦派驻一名高级专员,以取代英国总督;新加坡依然保持独立。这一方案满足了马来苏丹的要求,但却遭到了马来人和华人的反对。③ 尤其是以华人为主的马来亚共产党认为马来亚联合邦不过是少数马来统治者与英国殖民者勾结的产物,并组织发动罢工和暗杀英国种植园主。1948年6月,英国当局宣布马共为非法组织,马共被迫转入农村开展武装斗争。④

为了抗衡马共的力量,1949年2月,在英国的支持下,马来亚华人中的温和派成立了马华公会。后者主要以帮助华人争取公民身份以及政治经济地位为宗旨,并在政治上与巫统进行合作。与此同时,马来亚人民要求独立的呼声也日渐高涨。英国不得不再次作出让步,同意于1955年举行议会普选。⑤

1955年7月27日,马来亚联合邦举行大选。由巫统、马华公会和印度人大会党组成的马华印联盟(又称马来亚联盟党)获得了胜利,巫统主席东姑·阿卜杜勒·拉赫曼(Tunku Abdul Rahman)担任首席部长。英国随后任命了一个以英国人为首的宪法起草委员会,负责制定马来亚联合邦的宪法。⑥ 1956年1月,拉赫曼率领代表团赴伦敦谈判马来亚联合邦独立事宜。英国同意马来亚联合邦于1957年8月31日独立。

独立后,马来亚联合邦议会修改并通过了英国协助起草的宪法,保留了马来人统治会议制度,建立了两院制的议会,并决定以马来语为国语,英语在10年内

---

① 梁英明:《东南亚史》,人民出版社2010年版,第208页。
② 1946年3月,为了反对建立马来亚联盟,41个马来民族主义组织在吉隆坡集会,成立了马来民族统一机构。由于当地华人称马来族为巫(来由)族,故又称巫统。参见梁英明:《东南亚史》,人民出版社2010年版,第208页。
③ 王正毅:《边缘地带发展论:世界体系与东南亚的发展》,上海人民出版社2018年版,第85页。
④ 梁英明:《东南亚史》,人民出版社2010年版,第210页。
⑤ 王正毅:《边缘地带发展论:世界体系与东南亚的发展》,上海人民出版社2018年版,第85页。
⑥ 梁英明:《东南亚史》,人民出版社2010年版,第211页。

仍然作为官方语言使用。同时,虽然马来亚联合邦获得了独立,但新加坡、北婆罗洲和沙捞越仍然为英国的直辖殖民地,直到1963年9月16日这四部分共同组成新的联邦国家,即马来西亚联邦(1965年8月9日新加坡退出)。

三、殖民者支持下独立:菲律宾

1898年,美西战争爆发。美国从西班牙手中买下菲律宾并开始殖民这个国家。在之后的30多年里,尽管美国与菲律宾保持着殖民与被殖民的关系,但与在东南亚的其他地方不同,殖民者和当地的一些上层人士形成了一种奇特的利益联盟:一方面,不同于它的前任西班牙人,美国政府在统治菲律宾的早期就承诺要给予其独立地位,并且这种承诺贯穿美国殖民时期的始终;另一方面,菲律宾当地的一些上层人士也相信美国统治下的体制有利于自己的经济利益。[①]

1935年,菲律宾群岛获得美国授予的自由邦协的地位,菲律宾联邦(The Commonwealth of the Philippines)成立。尽管美国依然控制菲律宾的外交和国防事务,但所有的国内事务都交由菲律宾国会处理;并且美国承诺10年后让其完全独立。然而,这一进程在日本入侵后被打断。

在日本占领的早期,菲律宾的部分上层人士选择与日方合作。1943年,在日本的支持下,傀儡政治家们宣布菲律宾"独立"。但是,日本占领当局残忍对待平民的方式和提出的苛刻经济要求,让菲律宾普通民众深信这些以"解放者"姿态出现的"亚洲同胞"不会给他们带来真正的独立,他们只能仰仗战前的美国统治者。[②]

随着日本走向失败,如何处理战争期间与日本勾结的政治上层人士成为菲律宾政治中的重要问题。美国的政治家和军事领导人认为,尽管曾经与日本人合作,但菲律宾上层人士在政治上总体还是倾向保守。如果要继续维护保守派的利益并使他们在战后保持亲美的立场,而不是让独立后的政权落入"激进"的共产党人的手里,那么美国就不能过于计较他们在战争期间与日本人合作这一事实。[③]

重返菲律宾后,美国一方面无视曾经英勇抗击日军的"虎克"游击队(即抗日人民军)的主张,甚至将他们贬斥为叛乱分子;另一方面,也没有惩罚菲奸,并着

[①] [澳]米尔顿·奥斯本:《东南亚简史》(第12版最新修订),杨浩浩、曹耀萍译,华中科技大学出版社2020年版,第178—179页。
[②] 同上书,第202页。
[③] 同上书,第209页。

手恢复文官政府。① 战时设在美国的菲律宾流亡政府总统奎松（Manuel Quezon）去世后，奥斯敏纳（Sergio Osmeña）接任总统，并于1944年10月随美军回到菲律宾。同时，曾与日本人合作并在日军占领时期成立的菲律宾政府中任职的罗哈斯（Manuel Roxas）在1945年4月逃到美军驻地后不仅没有被追责，而且还得到了麦克阿瑟的支持以挑战奥斯敏纳领导的民主联盟。② 美国支持罗哈斯而非奥斯敏纳的理由很简单，因为对于美国人来说，罗哈斯比奥斯敏纳更顺从，所以他们可以依赖前者确保菲律宾不发生社会变革，并始终服务于美国的战略利益。③

在美国人的支持下，1946年4月，罗哈斯领导的自由党顺利赢得了菲律宾议会参众两院的多数席位，罗哈斯本人也取代奥斯敏纳成为菲律宾总统。1946年7月4日，菲律宾共和国成立并宣布独立。同日，美国与菲律宾签订《美菲总关系条约》(Treaty of General Relations between the Republic of the Philippines and the United States of America)，规定美国承认菲律宾独立，但有权在菲律宾保留为两国防御之需的军事基地；菲律宾承担美国殖民统治时期的一切债务。④ 此外，两国还签署了一项有关保证两国间自由贸易的协定，同意美国参议院此前批准的《贝尔法案》。

四、摆脱战败国困境：泰国

作为东南亚唯一没有经历过殖民统治的国家，泰国在二战中倒向了日本，并向美、英宣战。战后，虽然并不存在殖民地独立的问题，但泰国却面临着如何与盟国谈判以结束战争状态并摆脱战败国困境的难题。为此，泰国再次发挥了其灵活外交的优势，先后得到了各同盟国的谅解与支持，并成功争取到有利的国际地位。

如上一节所述，二战期间，尽管銮披汶·颂堪领导的政府与日军勾结，但以时任财政部长比里·帕侬荣（Pridi Phanomyong）和时任泰国驻美国大使社尼·巴莫（Seni Pramot）为首的泰国政治家在国内外领导了"自由泰运动"，与銮披汶·颂堪政府决裂，并动员泰国人民起来积极反抗日本侵略。

1945年8月15日，日本宣布无条件投降。次日，作为泰王拉玛八世摄政的

---

① ［新西兰］尼古拉斯·塔林主编：《剑桥东南亚史》（Ⅱ），贺圣达等译，云南人民出版社2003年版，第279页。
② 梁英明：《东南亚史》，人民出版社2010年版，第199页。
③ ［新西兰］尼古拉斯·塔林主编：《剑桥东南亚史》（Ⅱ），贺圣达等译，云南人民出版社2003年版，第279页。
④ "Treaty of General Relations, Manila, 4 July 1946", https://digital-commons.usnwc.edu/cgi/viewcontent.cgi?article=2162&context=ils，最后浏览日期：2021年7月10日。

比里·帕侬荣即以国王的名义发布《和平宣言》,宣称战时泰国对英美的宣战违反泰国宪法和人民的愿望,因而是非法和无效的。同时,泰国将战时获得的四个马来亚州(吉打、吉兰丹、丁加奴和玻璃市)和缅甸的掸邦(景栋和孟播)归还英国,并承诺赔偿英美公民的战时损失。美国随后发表声明,表示承认泰国的《和平宣言》。9月2日,同盟国派遣部队进驻泰国。①

同时,英国也向泰国提出恢复战前在泰国的利益,泰国的对外贸易、交通运输和采矿工业等均要受英国资本控制等要求。泰国在美国的支持下拒绝了英国的这些要求。1946年1月1日,英国与泰国达成协议,在新加坡签署《和平条约》。泰国承诺:(1)保护、维持和恢复英国人的财产、权利和一切权益;(2)偿还战争期间管理马来亚北部给英国造成的损失;(3)不开掘贯通太平洋与印度洋的克拉地峡运河;(4)迅速修改泰英、泰印(度)通商航海条约;(5)向英国及其殖民地免费提供150万吨大米(尽管这一条最终并未完全兑现,但泰国也没有因此受到惩罚)。② 随后,英国表示支持泰国加入联合国。

1946年10月,法国和泰国在华盛顿进行非正式会谈。法国提出泰国应归还战争期间划归泰国的争议领土,成立调解委员会审议双方有争议的边界修改要求,并赔偿法国损失。双方于同年11月正式签署协议,泰国满足了法国的要求后,得到了法国对其加入联合国的支持。③

此外,泰国还积极与苏联沟通,并按苏联的要求废除了反共法令,恢复与苏联的外交关系,因此苏联也没有阻挠其加入联合国。最终,泰国于1946年12月16日正式成为联合国成员国,恢复了正常的国际地位,成功避免了沦为战败国。

东南亚的独立既是民族主义抗争的产物,也是世界体系调整和重构的结果。欧洲在经历了连续两次灾难性战争后失去了对世界的领导,日本的扩张则助推了它们在东南亚霸权的终结。东南亚的民族主义者一方面从日本的迅速扩张中看到了击败西方殖民者的希望,另一方面也在经历日本的剥削和压迫后进一步激发了民族主义的情绪。④ 最终,他们的抗争在世界体系重构的大背景下获得了成功。

东南亚民族国家的独立构成了东南亚历史的分水岭,也使东南亚与世界的关系发生了根本的改变。在殖民体系下,虽然互为邻国,但东南亚国家只能通过宗主国来维持彼此之间的关系。独立后,它们成为了自主的民族国家,既需要重

---

① 段立生:《泰国通史》,上海社会科学院出版社2019年版,第241页。
② 同上书,第242页。
③ 同上书,第243—244页。
④ [美]约翰·F.卡迪:《东南亚历史发展》(下册),姚楠、马宁译,上海译文出版社1985年版,第737—738页。

新调整各自与曾经的宗主国及它们所代表的西方世界的关系,也面临着彼此之间因为共同的地理和历史联系所存在的竞争和利害冲突。这些矛盾与和解将在冷战的大背景下逐渐展开。

思考题

1. 二战爆发后,日本为什么舍弃了"北上"配合德国入侵苏联的方案,而选择了侵占东南亚?
2. 为什么日军在入侵东南亚初期能够势如破竹,短短数月内就占领了几乎整个东南亚?
3. 哪些因素导致了东南亚民族主义意识的觉醒并推动了东南亚国家的独立运动?
4. 为什么印度尼西亚和越南不能像缅甸、马来亚或者菲律宾那样,通过相对和平的方式实现独立?冷战的开始对印尼和越南争取独立的革命斗争产生了什么影响?

第五章

冷战中东南亚的国际关系

本章导学

虽然冷战在欧洲表现为超级大国之间的"长和平",但在东南亚地区却以三场"热战"(三次印度支那战争)为主要特征。20世纪50、60年代,围绕着遏制中国和北越,美国在东南亚积极扶植代理人,成立了反共的东南亚条约组织,并直接介入了越南战争。70年代后期,随着越南的统一,苏联开始支持越南在印度支那的扩张,并引发了柬埔寨危机,使得地区安全局势再次陷入动荡不安。尽管如此,东南亚的民族国家仍然坚持在美、苏之间寻求第三条道路,努力避免民族主义支配下的利益冲突,并选择以区域合作来抵制外部势力的渗透,为日后东南亚区域主义的发展创造了条件。1967年东盟的成立是东南亚从对抗走向联合的标志,也是东南亚在竞争性国际关系中寻求自主地位的成功尝试。东盟在20世纪80年代柬埔寨危机中的积极斡旋则为它树立了良好的国际信誉,并得到了广泛的认可。

本章学习目标

1. 了解东南亚冷战的特点和区域国家的反应。
2. 了解东南亚区域主义发展面临的主要困难以及地区内国家为克服这些困难所作的努力。
3. 熟悉东盟合作进程在冷战期间的发展以及东盟在柬埔寨问题中所发挥的作用。

第一节 冷战时期东南亚的对抗与"热战"

1947年,以美苏对抗为标志的冷战在欧洲爆发。在亚洲,随着1949年中华人民共和国的成立以及越南民主共和国(通称北越)抵抗法国殖民战争的进行,冷战也迅速蔓延到了东南亚地区。为了遏制中国和北越,美国在东南亚积极扶植代理人,成立了反共的东南亚条约组织。东南亚国家则努力维持独立,避免卷入冷战的阵营对抗,并在这个过程中尝试着与亚非国家联合共同抵制帝国主义的渗透,寻求和平共处之道。亚洲区域主义思想也在这期间逐渐萌芽和发展(这一点将在下一节具体展开)。

值得注意的是,尽管世界范围内的冷战以"长和平"的形式展开和维持着,世界性的大战没有发生,但在东南亚,冷战却表现为残酷血腥的热战和被西方视若无睹的"反共"镇压和屠杀。冷战期间,在东南亚发生的三场激烈的"热战"(即三次印度支那战争)都与东南亚以外力量(法国、美国与苏联)的介入和渗透有关,背后既有外部势力借区域内"代理人"塑造地区秩序的企图,也有东南亚人民争取独立与自决进而摆脱边缘地位的坚定决心。三场战争的结束多少都依靠了外部的支持,但它们也为东南亚区域主义的发展埋下了种子。避免战争、寻求和解一直是东南亚区域主义发展的主要动力。

一、冷战在东南亚的展开:东南亚条约组织的建立

1952年,美国艾森豪威尔政府的国家安全委员会明确了美国对于共产主义在东南亚扩张形势的判断。其认为,"如果没有有效而及时的反制措施,东南亚任何一个国家被共产党控制,都会导致地区内的其他国家迅速处于共产主义的威胁之下甚至倒向共产主义。""无论以什么形式发生,共产主义对东南亚的控制都将对美国的安全利益构成短期内严峻并且长期来看关键的威胁。"[①]这就是所谓的"多米诺骨牌"理论,而其中的第一张骨牌就是越南。

在美国看来,胡志明领导的越南共产主义力量受到苏联的控制;而1949年新中国的成立以及随后中国人民志愿军的抗美援朝更使得其在东南亚遏制共产主义力量的"扩张"成为当务之急。尽管当时美国尚未准备好直接介入印度支那

---

① Donald E. Weatherbee, *International Relations in Southeast Asia (Third Edition)*, Lanham, Maryland: Rowman & Littlefield, 2015, p.64.

事务，但为了支持法国对越南共产主义抵抗力量的镇压，美国向法国提供了大量资金。然而，到1954年，法国在战场上的节节败退表明它对这一地区的殖民统治正在走向终点。

美国参加了1954年在日内瓦召开的有关解决印度支那问题的外长会议，但却拒绝在《日内瓦会议最后宣言》（也称《日内瓦协定》）上签字。美国还警告北越（即越南民主共和国），它的任何试图统一越南的行径都将被视为"侵略"（aggression）。① 《日内瓦协定》正式结束了法国在印度支那的殖民统治；沿北纬17度线将越南分为南、北越；规定在1956年7月以前举行普选，并由普选统一南、北越。

随着法国的战败，美国开始动员它在这一地区的盟友积极参与对共产主义——事实上是对中国——的遏制，并于1954年9月同英国、法国、澳大利亚、新西兰、菲律宾、泰国、巴基斯坦在马尼拉签订了《东南亚集体防务条约》（又称《马尼拉条约》），成立了东南亚条约组织（Southeast Asia Treaty Organization，SEATO），也即亚洲版的"北约"。1955年2月19日，《马尼拉条约》正式生效，泰国外交部长旺·威泰耶康（Wan Waithayakon）亲王担任第一任主席。② 为了表示对泰国作为东南亚对抗所谓印度支那"共产主义运动扩张"的前线阵地地位的支持，该组织特意选择了曼谷而不是马尼拉作为总部所在地。③

具有讽刺意味的是，尽管声称是"东南亚"条约组织，但事实上其成员中只有菲律宾和泰国是真正的东南亚国家。这显然不是因为美国不想拉拢其他东南亚国家，而是因为后者明确反对美苏两大集团间的冷战，拒绝加入东南亚条约组织。例如，印度尼西亚政府在给马尼拉会议邀请的答复中称："任何一方的防御安排……应该避免，因为它会给该地区可能引发战争的紧张因素增添新的成分"，而印尼拒绝"选边站"。"印度尼西亚不能在东南亚和西太平洋参加任何防御安排，因为这将损害其独立的对外政策。"缅甸政府则回复称，这一邀请"与缅甸推行的不结盟政策不符"，它"不能参加或公开支持反对一方的任何协定"。缅甸总理吴努后来解释说："与大国结盟即意味着受其支配。这意味着失去独立。"④

《马尼拉条约》规定，对于缔约区域内的任何（共产主义势力）针对缔约国或缔约国一致指定的国家或领土的武装进攻都是对所有缔约国和平与安全的威

---

① Donald E. Weatherbee, *International Relations in Southeast Asia* (Third Edition), Lanham, Maryland: Rowman & Littlefield, 2015, p.65.
② [英]D.G.E.霍尔:《东南亚史》（下册），中山大学东南亚历史研究所译，商务印书馆1982年版，第101页。
③ 喻常森:《冷战时期美国对东南亚区域合作的政策选择——从东约(SEATO)到东盟(ASEAN)》,《东南亚研究》2014年第5期，第52页。
④ Amitav Acharya, *Whose Ideas Matter?: Agency and Power in Asian Regionalism*, Ithaca: Cornell University Press, 2011, pp.51-54.

胁。此外,虽然老挝、柬埔寨和南越由于受到《日内瓦协定》关于中立的约束而不能加入东南亚条约组织,但后者通过一项独立的协定将三国也纳入了《马尼拉条约》保护的范围。①

值得注意的是,尽管泰国和菲律宾都曾提出东南亚条约组织缺乏威慑力量,需要有一支永久性的军事力量驻扎在规定区域内,但(不同于北约)美国从一开始就没打算在这一组织的框架下建立军事一体化组织。② 它的重要性更多体现在政治上而不是军事上——它为美国在东南亚的遏制战略提供了一个多边的政治框架,美国仅在菲律宾有前沿军事部署。

二、万隆会议

随着冷战的深入和美国在地区内的渗透,亚非国家感到迫切需要联合起来,以共同反对新、老殖民主义,并在冷战的两大阵营之外寻找第三条道路。1953 年 8 月,时任印度尼西亚总理阿里·沙斯特罗阿米佐约(Ali Sastroamidjojo)首先倡议召开亚非会议,得到部分东南亚和南亚国家的积极响应。1954 年 4 月 28 日至 5 月 2 日,缅甸、锡兰(今斯里兰卡)、印度、印度尼西亚(简称印尼)、巴基斯坦五国总理在科伦坡举行会议,讨论印尼倡议的可行性。③ 这些国家中只有巴基斯坦参加了东南亚条约组织;其他国家则认为,军事上的结盟会让东南亚更加不稳定,而"中立主义"才是和平的最好保证。④ 这一立场也得到了中国的认同。中国于 1953 年在与印度的谈判中提出了"和平共处五项原则"⑤,其在日后成为指导中国与印度、中国与缅甸及中国同世界其他各国关系的准则。同年 12 月 28—29 日,参加科伦坡会议的五国总理决定于 1955 年 4 月最后一周在印尼的万隆召开第一次亚非会议。

1955 年 4 月 18 日,29 个亚非国家⑥的政府首脑和外长齐聚万隆,第一次亚非

---

① Donald E. Weatherbee, *International Relations in Southeast Asia (Third Edition)*, Lanham, Maryland: Rowman & Littlefield, 2015, p.65.
② [英]D.G.E.霍尔:《东南亚史》(下册),中山大学东南亚历史研究所译,商务印书馆1982年版,第 975 页。
③ "科伦坡国家"(The Colombo Powers):由印度、巴基斯坦、锡兰、印度尼西亚和缅甸五个亚洲国家为应对中南半岛危机不断升级而建立的、松散的非正式国家集团。1954 年 4 月 28 日至 5 月 2 日,五国政府首脑在锡兰科伦坡举行了首届峰会,即科伦坡会议。
④ [英]D.G.E.霍尔:《东南亚史》(下册),中山大学东南亚历史研究所译,商务印书馆1982年版,第 975 页。
⑤ 和平共处五项原则:互相尊重领土主权、互不侵犯、互不干涉内政、平等互惠和和平共处。
⑥ 除了 5 个发起国外,另有 24 个国家参加会议:(1)阿富汗,(2)柬埔寨,(3)中华人民共和国,(4)埃及,(5)埃塞俄比亚,(6)黄金海岸,(7)伊朗,(8)伊拉克,(9)日本,(10)约旦,(11)老挝,(12)黎巴嫩,(13)利比里亚,(14)利比亚,(15)尼泊尔,(16)菲律宾,(17)沙特阿拉伯,(18)苏丹,(19)叙利亚,(20)泰国,(21)土耳其,(22)越南民主共和国,(23)南越,(24)也门。参见《亚非会议最后公报》(1955 年 4 月 24 日),外交部,https://www.fmprc.gov.cn/web/ziliao_674904/1179_674909/t191828.shtml,最后浏览日期:2021 年 8 月 24 日。

会议正式开幕。印尼总统苏加诺以《让新亚洲和新非洲诞生吧!》为题致开幕词。随后,会议围绕反对帝国主义和和平共处两大主题,探讨了包括民族主权、种族主义、民族主义和反殖民主义斗争、世界和平、与会国的经济和文化合作等在内的议题。① 这是世界上第一次没有西方国家参加的、由亚非独立的主权国家自主召开的重要国际会议,是泛亚洲区域主义的一次重要实践。② 会议的成功召开也标志着印尼开始成为国际舞台上的重要行为体、东南亚区域主义的推动者。③

万隆会议通过的《亚非会议最后公报》(Final Communique of the Asian-African Conference)提出了"万隆十项原则",包括:(1)尊重基本人权,尊重《联合国宪章》的宗旨和原则;(2)尊重一切国家的主权和领土完整;(3)承认一切种族的平等,承认一切大小国家的平等;(4)不干预或干涉他国内政;(5)尊重每一国家按照《联合国宪章》单独地或集体地进行自卫的权利;(6)不使用集体防御的安排来为任何一个大国的特殊利益服务,任何国家不对其他国家施加压力;(7)不以侵略行为或侵略威胁,或使用武力来侵犯任何国家的领土完整或政治独立;(8)按照《联合国宪章》,通过谈判、调停、仲裁或司法解决等和平方法,以及有关方面自己选择的任何其他和平方法,来解决一切国际争端;(9)促进相互的利益和合作;(10)尊重正义和国际义务。④ 会议所弘扬的"万隆精神"也体现了亚非人民团结一致、反对帝国主义和殖民主义、争取和维护民族独立、保卫世界和平并促进各国人民友谊的愿望和决心。⑤

遗憾的是,由于20世纪60年代初中国与印度关系的变化、印尼与马来西亚之间的"对抗"、参与国之间日益扩大的分歧以及非洲一些国家的公开抵制,第二次亚非会议并没有如期召开。但是,亚非会议为1961年在南斯拉夫首都贝尔格莱德召开的第一次不结盟运动首脑会议奠定了基础,缅甸、印尼和柬埔寨参加了这次会议。

二、越南战争

1954年日内瓦会议后,美国通过培植代理人并建立傀儡政权的方式加紧向

---

① 《亚非会议》(2000年11月7日),外交部,https://www.fmprc.gov.cn/web/ziliao_674904/wjs_674919/2159_674923/t8979.shtml,最后浏览日期:2021年8月24日。
② 郑先武:《东南亚早期区域合作:历史演进与规范建构》,《中国社会科学》2017年第6期,第194页。
③ Donald E. Weatherbee, *International Relations in Southeast Asia (Third Edition)*, Lanham, Maryland: Rowman & Littlefield, 2015, p.67.
④ 《亚非会议最后公报》(1955年4月24日),外交部,https://www.fmprc.gov.cn/web/ziliao_674904/1179_674909/t191828.shtml,最后浏览日期:2021年8月24日。
⑤ 《亚非会议》(2000年11月7日),外交部,https://www.fmprc.gov.cn/web/ziliao_674904/wjs_674919/2159_674923/t8979.shtml,最后浏览日期:2021年8月24日。

印度支那扩张,以谋求取代法国的地位,并防止所谓共产主义在这一地区的"扩张"。① 美国认为,亚洲当时已有4.5亿人在共产党的控制下。如果东南亚国家中再有一个成为共产主义国家,那么其他的也会很快成为共产主义国家。

在美国的支持下,南越的吴庭艳(Ngo Dinh Diem)成为了保大帝手下的"总理"。为了彻底清除亲法势力,1955年10月23日,吴庭艳举行了一次"征求民意"的公民投票,宣布废黜保大帝并成立所谓"越南共和国"(通称南越)。② 当时,尽管吴庭艳政府在国内进行残酷统治且任人唯亲,但由于它是激进的反共政府,美国就不惜重金支持。时任美国总统林登·约翰逊(Lyndon Johnson)甚至声称:"他是我们在东南亚唯一的人手。"③

然而,吴庭艳政府的残酷统治激起了南越人民的强烈不满。1960年,在(北越)越南劳动党的支持下,"越南南方民族解放阵线"成立。这是一个由越南南方各阶层、各民族、各党派、各社会和宗教团体的爱国力量组成的反美爱国统一战线组织。其主要纲领是推翻吴庭艳政权,反对外来干涉,并建立民族联合政府和实行民主、和平和中立政策,最终统一祖国。该组织还建立了自己的解放军,并在越南劳动党的支持下进行游击战争。尽管并不是共产党组织,但当时的吴庭艳政权为了"诋毁"南越民间的这一抵抗力量而将其称为越共(Việt Nam Cộng Sản,即Viet Cong)。④

1961年,越南战争(也被称作第二次印度支那战争)爆发。战争分为三个阶段。第一阶段为1961—1965年间的特种战争阶段。所谓"特种战争"是指在美国的政治、经济援助下,由美国训练、装备和指挥的南越军队镇压南越人民反抗的战争。换言之,这一阶段的战争是由美国人支持的、越南人打越南人的战争。⑤ 其间,尽管美国不断增派军事顾问,⑥但却无法阻止南越军队在战场上的连连失利。到1963年,美国开始对吴庭艳政府的腐败无能公开表示不满。同年11月,吴庭艳在一场军人政变中被击毙。但吴死后西贡政权仍不稳固,军事政变迭起,政府易主频繁。在这样的背景下,美国将特种战争的失败归咎于北越对南越解放军的不断支持和援助,于是决定扩大战争,伺机侵犯北越。⑦

---

① 张锡镇:《当代东南亚政治》,广西人民出版社1995年版,第77页。
② 同上。
③ [英]迈克尔·瓦提裘提斯:《季风吹拂的土地:现代东南亚的碎裂与重生》,张馨方译,上海人民出版社2021年版,第6页。
④ 这里的"越共"是南越吴庭艳政权对北越解放军的蔑称,而非"越南共产党"的简称。越南劳动党是在越南完成统一后的1976年12月正式更名为"越南共产党"(简称"越共")。
⑤ 张锡镇:《当代东南亚政治》,广西人民出版社1995年版,第78页。
⑥ 据说有15 000名美国的军事顾问被派往南越。参见Donald E. Weatherbee, *International Relations in Southeast Asia (Third Edition)*, Lanham, Maryland: Rowman & Littlefield, 2015, p.68。
⑦ 张锡镇:《当代东南亚政治》,广西人民出版社1995年版,第78—79页。

1965年后,战争进入第二阶段,即局部战争阶段。在这个阶段,美国不再满足于只是充当顾问,转而公开向越南人民宣战,成为镇压和屠杀越南人民的主力。战争因此正式美国化。① 其间,美军开始对北纬17度线以北进行持续轰炸,并派出大量地面作战部队开进南越。不仅如此,美国还联合了韩国、菲律宾、澳大利亚、新西兰等盟国共同入侵越南。这一阶段美国升级战争主要是为了震慑北越政府,以迫使其举行和谈并接受美国对南方的占领。但事与愿违,美国的轰炸激起了南越民族解放军和北方共和国政府更加坚决的反击。与此同时,美国国内朝野的反战浪潮也达到了顶点。

此后,随着国内反战压力的持续升级,美国开始寻求逐步从越南脱身。1969年,尼克松上台后,美国提出了"越南战争越南化"计划,即分期陆续撤出美国地面部队和有计划地加强南越伪军,以便在美国撤出之后西贡政权仍然得以维持。与此同时,为了切断越南南、北方在老挝、柬埔寨境内的运输线(即"胡志明小道"),清除南越解放军在柬境内的庇护所,尼克松把战争扩大到整个印度支那,对老挝、柬埔寨进行大规模进攻和轰炸。② 不仅如此,美国还联合泰国在老挝境内发动"秘密战争",以图摧毁与北越结盟的巴特寮(老挝自由民族统一战线和老挝爱国战线的统称)武装力量。柬埔寨时任首相西哈努克也由于拒绝介入战争并坚持中立而在1970年被美国支持的朗诺通过政变推翻。随后,朗诺军政府迅速与美国结盟,加入战争。③

在战争激烈进行的同时,北越和美国自1968年5月起就开始在巴黎举行和谈。1973年1月27日,参加"关于越南问题的巴黎会议"的四方(即美国、北越、南越、越南南方共和国临时革命政府)在巴黎正式签订《关于在越南结束战争、恢复和平的协定》。同年3月29日,美军撤出越南。

但越南战争并没有因此结束,游击战继续进行。北越逐渐控制南越境内的多个乡村,而南越随着美国经济援助的减少而陷入了政治动荡的局面,局势日益不稳。1975年4月,北越发动胡志明战役,并在4月30日成功解放西贡。南越总统杨文明宣布投降,越南战争以北越的胜利告终。这一年同时也是中南半岛历史上的一个重要里程碑,因为"它标志着西方殖民主义、帝国主义势力在本地区的基本消灭"。④

1976年7月2日,越南社会主义共和国成立,越南实现统一。首都定为河内,西贡被改名为胡志明市。

---

① 张锡镇:《当代东南亚政治》,广西人民出版社1995年版,第78页。
② 同上书,第81页。
③ Donald E. Weatherbee, *International Relations in Southeast Asia (Third Edition)*, Lanham, Maryland: Rowman & Littlefield, 2015, p.69.
④ 张锡镇:《当代东南亚政治》,广西人民出版社1995年版,第85页。

四、柬埔寨问题

1951年2月,印度支那共产党第二次代表大会决定越南、老挝、柬埔寨三国分别建立自己的政党。同年6月28日,在越南劳动党的帮助下,柬埔寨第一个共产主义政党——高棉人民革命党(今柬埔寨人民党的前身)——成立。但是,根据1954年签署的解决印度支那问题的《日内瓦协议》,高棉人民革命党武装力量须在战后就地复员。为了保存革命力量,部分党的高级领导人和骨干力量秘密撤往河内。①

为了独立领导当地革命,柬埔寨青年革命者决定另起炉灶,建立自己的共产主义政党。1960年,高棉劳动党正式成立。1963年2月,该党召开第二次代表大会,激进的独立派清除了亲越派势力,波尔布特(Pol Pot)当选为中央委员会书记。1966年,高棉劳动党改名为柬埔寨共产党(简称柬共)。②

1970年朗诺政变后,美国把越南战争扩大到柬埔寨,柬越两党重新接近。在这样的背景下,越南领导人提出成立柬越联合军事指挥部,并许诺让波尔布特出任总司令。在柬革命即将胜利时,越南又劝说波尔布特暂缓进攻金边,等越南解放西贡后把坦克调过来,再解放金边。波尔布特对于越南的这些无理要求明确予以了拒绝。③

在进行战争准备期间,越南加紧发展与苏联的特殊关系。1978年6月,越南加入了苏联控制的经互会;11月,又与苏联签订《苏越友好合作条约》,双方承诺"在缔约一方受到进攻或进攻的威胁时,缔约双方应立即协商以采取相应措施"。与此同时,苏联开始向越南派遣军事顾问,并向其提供了大量的军事援助。作为回报,苏联获得了越南金兰湾军事基地的使用权。④

在做了一系列准备之后,1978年12月25日,越南以解放柬埔寨为名,兵分五路向柬埔寨发动突然袭击,并于次年1月7日占领首都金边。同日,所谓的"柬埔寨人民共和国"成立。名义上,共和国由柬埔寨人民革命党领导。

金边沦陷后,民主柬埔寨力量并未因此消亡,而是转入农村和泰柬边境的山林地区。当时抵抗越南侵略的柬埔寨武装力量还有1979年10月成立的高棉人民民族解放阵线(Khmer People's National Liberation Front,KPNLF)和1981年3月成立的由西哈努克亲王建立的奉辛比克党(FUNCINPEC)。越南的

---

① 张锡镇:《当代东南亚政治》,广西人民出版社1995年版,第86页。
② 同上。
③ 同上书,第87页。
④ 梁英明:《东南亚史》,人民出版社2010年版,第295页。

入侵因此也拉开了第三次印度支那战争的序幕。

越南对柬埔寨的入侵遭到了国际社会的普遍反对。联合国安理会和联合国大会自 1979 年起几乎每年都通过决议,要求越南无条件从柬埔寨撤军。

1982 年 6 月,在东盟国家的积极推动和撮合下,"民主柬埔寨联合政府"(Coalition Government of Democratic Kampuchea,CGDK)得到国际社会的广泛支持和承认——大多数国家支持联合政府在联合国的合法席位,拒绝承认金边政府。在联合政府中,西哈努克亲王任主席。

20 世纪 80 年代末,越南国内面临严重的经济困难,战争成为了它的沉重负担(越南每年 60% 的财政支出用于军费)。加上冷战末期,苏联逐渐减少对越南的支持,东盟也在政治、经济方面对越南施加压力和影响,越南逐渐陷入了"内外交困"的状态。

1989 年 9 月,越南从柬埔寨撤走全部军队,接受柬埔寨问题的政治解决。1991 年 10 月 23 日,《巴黎和平协定》签署,第三次印度支那战争正式结束。1992 年 2 月,根据联合国安理会第 745 号决议以及与柬埔寨国(即事实上的柬埔寨政府)所订立的协议,柬埔寨过渡时期联合国权力机构(United Nations Transitional Authority in Cambodia,UNTAC)成立。在联合国的监督和协助下,柬埔寨于 1993 年举行了全国大选,拉那烈亲王领导的奉辛比克党得票数位居第一,洪森的人民党位居第二,两党组成联合政府。同年 9 月,柬埔寨制宪会议通过新宪法,恢复君主立宪制,并将国名确定为"柬埔寨王国"。西哈努克返回柬埔寨并重新登基成为柬埔寨国王。随着持续 20 多年的柬埔寨动荡局面结束,东南亚的冷战落下了帷幕。

第二节　亚洲区域主义与民族主义的角力

在战后的头 20 年,民族主义是东南亚政治发展的主要推动力量。然而,民族主义对区域主义发展的影响却很复杂。一方面,东南亚的民族主义者们认识到区域主义的趋势在所难免,东南亚人民需要打破由于殖民统治所造成的人为隔离和割裂,并联合起来应对来自外部世界的挑战;另一方面,区域主义的发展又受制于不同国家去殖民化的不同进程,以及东南亚国家的政治领导人借区域主义服务于国内民族主义——本质上是党派政治——的意图。[①]

---

① Amitav Acharya,*The Making of Southeast Asia: International Relations of a Region*,Ithaca:Cornell University Press,2013,p.106.

早在 1947 年第一次亚洲关系会议(Asian Relations Conference)召开时,来自印尼、缅甸、泰国、越南、菲律宾和马来亚等地的东南亚代表就明白,他们很难从印度等亚洲大国获得进行反殖民斗争的有力支持,因此东南亚国家间的联合才是唯一出路。他们甚至讨论了如何从经济文化事务的合作出发逐渐拓展到政治合作,并最终形成一个大东南亚(A Greater Southeast Asia)联邦的计划。① 缅甸的民族主义领导人昂山和印度支那共产党领导人胡志明当时都是区域主义的积极支持者。昂山还曾强调,缅甸的命运与东南亚共同体紧密相连,区域合作能够弥补缅甸在防务与经济领域的不足。②

然而,对当时的东南亚民族主义者来说,区域主义只是支持民族主义的一种方式。当印尼和马来亚领导人意识到支持越南民主共和国会影响他们与宗主国的谈判和来自英、美等国对其独立的支持时,当越南的共产党人发现区域组织不能为他们的民族独立事业提供帮助后,他们很快就失去了对区域主义的兴趣。在冷战的大背景下,一些东南亚国家迅速陷入了意识形态和政治的分裂,民族主义因此成为了区域主义发展的阻碍。

在 20 世纪 60 年代早期,面对冷战的不断升级,几个东南亚国家的领导人艰难地维持着各自国家的"独立",避免卷入冷战的纷争。这时候,区域合作再次成为他们在恶劣的地缘政治环境下减少对区域外国家依赖的工具。

一、亚洲区域主义的尝试

1957 年马来亚获得独立后,其领导人东姑·拉赫曼提出,区域国家要联合起来应对贫困问题。③ 拉赫曼的提议得到了菲律宾和泰国的积极响应,但印尼却对此充满疑虑。印尼认为,东南亚国家的联合只会沦为东南亚条约组织的工具,并与其不结盟和中立的外交立场相悖。

尽管没有印尼的支持,马来亚、泰国和菲律宾还是在 1961 年发起成立了东南亚联盟(Association of Southeast Asia,ASA)。作为第一个由东南亚国家独自倡议并建立的区域政府间组织,东南亚联盟聚焦东南亚内部事务,推动东南亚国家间的经济、社会、科技和文化合作。④ 其主要内容包括简化国家间的海关流程和管理、交换各个国家制造业产品的进出口信息、考虑建立和发展出口商品的

---

① Amitav Acharya, *The Making of Southeast Asia: International Relations of a Region*, Ithaca: Cornell University Press, 2013, p.109.
② Ibid., p.110.
③ Ibid., p.150.
④ Donald E. Weatherbee, *International Relations in Southeast Asia (Third Edition)*, Lanham, Maryland: Rowman & Littlefield, 2015, p.73.

区域市场以及推动社会与文化合作并促进"东南亚研究"。①

东南亚联盟的建立证明了区域主义与民族主义相互促进的一面。它的支持者们甚至乐观地展望,这一尝试将带来地区经济的繁荣,并在与世界其他力量谈判时给予区域国家更有利的地位。② 然而,这一切随着马来(西)亚与菲律宾之间围绕沙巴争议陷入对抗而灰飞烟灭。

沙巴争议的激化虽然使东南亚联盟瘫痪,但也让菲律宾开始寻求改善与印尼的关系。当时的菲律宾总统马卡帕加尔(Diosdado Macapagal)提出,要借马来人之间的历史联系和共同文化遗产来加深三个马来国家——马来亚、菲律宾、印尼——彼此之间的政治、经济和文化关系。③ 1963 年 7 月 31 日—8 月 5 日,他在马尼拉召集了三国领导人会议,并共同签署了《马尼拉协议》(Manila Accord)。东南亚本地首个区域安全组织——马菲印集团(即 Malphilindo)——由此诞生。

由于英国拒绝与菲律宾谈判沙巴的归属,马菲印集团就试图通过区域协商来解决沙巴的主权争议,它因此也成为了"区域问题区域解决"(regional solutions to regional problems)的最初尝试。④ 在马菲印的框架下,菲律宾和马来亚承诺,尽管它们分别与美国和英国保持着安全联系,但是美、英的基地是暂时的,不会被直接或间接地用于威胁三国中任何一国的独立。三国还同意不会利用集体防御安排来服务于任何大国的利益。⑤

然而,这个松散的三国协商框架中,菲律宾和印尼拉拢马来亚的真正目的却是推迟甚至破坏马来西亚联邦的成立。虽然马来亚在《马尼拉协议》中承诺它将寻求英国的同意,并由联合国小组来决定此前对北婆罗洲(沙巴)和沙捞越有关加入马来西亚联邦的民意调查是否公正,但后来由于拉赫曼催促英国尽快移交主权,以致联合国小组的调查结果未能在马来西亚联邦正式成立前公布。印尼因此指责马来亚采取单边行动,而马来亚则声称马来西亚的成立不取决于联合国小组的调查结果。⑥ 三国的关系随之陷入了紧张,马菲印集团的合作尝试也宣告破产。

---

① Amitav Acharya, *The Making of Southeast Asia: International Relations of a Region*, Ithaca: Cornell University Press, 2013, p.151.
② Ibid., pp.151-152.
③ Bernard K. Gordon, *The Dimensions of Conflict in Southeast Asia*, New Jersey: Prentice Hall, 1966, p.21.
④ Amitav Acharya, *The Making of Southeast Asia: International Relations of a Region*, Ithaca: Cornell University Press, 2013, p.154.
⑤ Donald E. Weatherbee, *International Relations in Southeast Asia (Third Edition)*, Lanham, Maryland: Rowman & Littlefield, 2015, p.73.
⑥ 梁英明:《东南亚史》,人民出版社 2010 年版,第 249 页。

尽管马菲印集团没有成功,但它却对之后东南亚的合作产生了极大的影响。它不仅确立了菲律宾是东南亚国家而不是美国"附庸"的认同,证实了共同的文化纽带可以推进政治与战略目标,同时也形成了区域合作中的一些基本原则,比如区域问题区域解决、协商一致和共同安全(而不是服务于大国利益)。①

二、民族主义与动荡的 20 世纪 60 年代

在 20 世纪 60 年代的东南亚,一方面,区域国家开始探索通过区域合作来减少对外依赖、强化区域主体性的途径,并在现实中作了勇敢的尝试;但是另一方面,各个国家国内汹涌的民族主义浪潮又使得区域国家彼此之间矛盾重重,难以坐到一起共商合作。1963 年马来西亚联邦的成立进一步激化了周边国家的民族主义情绪,也给了政治家操纵民族主义的机会。正如随后的历史所呈现的,它不仅成为对早期东南亚区域合作的致命一击,而且也使得这一时期的东南亚充满了动荡与危机。

(一)马来西亚联邦的成立

二战结束后,原先由布鲁克家族统治的沙捞越和由北婆罗洲特许公司统治的北婆罗洲于 1946 年先后被移交给英国政府。这两个地区与新加坡一样成为了英国的直辖殖民地。② 1957 年马来亚联合邦(由原先的马六甲、槟城、马来联邦、马来属邦组成)独立。1959 年,新加坡获得完全自治。

历史上,新加坡与马来亚就有着密切的经贸往来:新加坡为马来亚提供对外贸易的港口,而马来亚则是新加坡工商业的市场。因此,自治政府成立后,新加坡就主张与马来亚联合邦合并。但是,由于新加坡华人人口占据多数,若与马来亚联合邦合并,那么在新成立的国家中,华人人口就将和马来人口数量相当。马来亚领导人担心马来人失去对新国家的主导地位,因此拒绝了新加坡政府的提议。

然而,马来亚领导人的态度在 1961 年发生了变化。由于担心共产党和左派势力在新加坡"坐大",巫统领导人东姑·拉赫曼开始接受马来亚与新加坡合并的提议。同时,为了抵消合并后华人人口增加的压力,他主张要将沙捞越、北婆罗洲以及文莱也并入新成立的马来西亚联邦。③

拉赫曼的提议受到新加坡的热烈欢迎,双方于 1961 年 8 月达成合并协议。

---

① Amitav Acharya, *The Making of Southeast Asia: International Relations of a Region*, Ithaca: Cornell University Press, 2013, p.155.
② 梁英明:《东南亚史》,人民出版社 2010 年版,第 245 页。
③ 同上书,第 246 页。

但北婆罗洲、沙捞越和文莱则因为担心成为马来亚的附庸而顾虑重重。拉赫曼不得不作出让步,同意这三个地方加入马来西亚后,当地原住民将享有与马来人同等特权并尊重他们的信仰,允许他们使用英语作为官方语言。① 1963年6月,在英国的主持下,各方在伦敦举行了最后谈判。最终,英国与马来亚联合邦、新加坡、北婆罗洲和沙捞越共同签署了马来西亚联邦协定,但文莱由于苏丹位次和石油财富分配等问题未能与其他各方达成一致而拒绝加入。

由马来亚、新加坡、沙捞越和北婆罗洲组成的马来西亚联邦于1963年9月16日正式成立。② 然而,马来西亚联邦的成立却遭到了菲律宾和印尼的激烈反对,其国内也面临着马来人与华人之间围绕税收、权利分配等问题的矛盾。这一时期,东南亚地区因为马来西亚的成立而陷入了动荡与对抗的局面。

(二)印度尼西亚与马来西亚的"对抗"

早在马来亚联合邦总理拉赫曼提出成立马来西亚联邦的计划时,印度尼西亚和菲律宾就明确表示了反对。印尼政府甚至在马来西亚联邦成立前夕发表声明,拒绝承认马来西亚联邦。③

1963年9月16日,马来西亚联邦正式成立。印度尼西亚总统苏加诺指责它是殖民主义的产物,是帝国主义者企图包围印尼、挫败印尼革命的阴谋,并声称要"粉碎马来西亚",由此引发了两国之间长达数年的"对抗"(印尼语:*konfrontasi*)。④

在苏加诺政府的不断鼓动下,印尼民众中掀起了反对马来西亚的民族主义情绪。就在马来西亚成立当天,愤怒的印尼群众袭击了英国大使馆,焚烧了英国国旗和大使的汽车;而各地工会也在之后几天内强行夺取英资企业的财产。印尼政府还宣布断绝同马来西亚的商业和金融联系,并因此遭到了国际货币基金组织和美国的惩罚,被中断了经济援助。与此同时,在马来西亚首都吉隆坡也爆发了针对印尼的示威游行。9月17日,马来西亚断绝了与印尼和菲律宾的外交关系。⑤

除了金融和外交领域的对抗外,苏加诺政府还发动了针对马来西亚的低烈度武装对抗行动。他命令军队在马来半岛空投伞兵,派蛙人在新加坡港口进行爆破,派游击队渗透到沙巴、沙捞越等地作战,为反对马来西亚的北加里曼丹国

---

① 梁英明:《东南亚史》,人民出版社2010年版,第246页。
② 加入马来西亚后,北婆罗洲改称沙巴;文莱仍然作为英国的保护国直至1984年独立。
③ 梁英明:《东南亚史》,人民出版社2010年版,第249页。
④ Donald E. Weatherbee, *International Relations in Southeast Asia* (Third Edition), Lanham, Maryland: Rowman & Littlefield, 2015, p.71.
⑤ 梁英明:《东南亚史》,人民出版社2010年版,第249页。

民军提供军事训练,甚至还成立了指挥对马来西亚作战的司令部。而马来西亚则在英国的支持下进行抵御,并尝试反攻。① 其间,由于担心东南亚局势动荡,菲律宾、日本和泰国建议印尼、菲律宾和马来西亚三国举行首脑会议,被马来西亚拒绝;美国总统亦派出特使试图调解双方冲突,也没有成功。② 1964 年 12 月,马来西亚当选安理会非常任理事国。苏加诺一怒之下宣布退出联合国。两国关系处于战争的边缘。

苏加诺政府与马来西亚"对抗"有着深刻的国内与国际政治背景。首先,苏加诺及一些印尼民族主义者有着根深蒂固的泛印度尼西亚民族主义思想。他们认为,印尼的领土应该包括沙巴、沙捞越(以及文莱和东帝汶)。英国在加里曼丹岛(印尼对婆罗洲的称呼)的殖民地和西伊里安一样都是帝国主义残余,应当被取消殖民统治然后并入印尼领土。其次,印尼还担心一个在经济上更成功的马来西亚会吸引印尼的分离主义者。这一点对于与马来半岛和北婆罗洲相邻且有着密切种族、文化联系的苏门答腊岛与加里曼丹岛尤其如此。再次,即使不能建立理想中的大印度尼西亚,对于印尼来说,分裂的马来亚、新加坡、沙巴、沙捞越和文莱更有利于它的区域霸权地位,而一个统一的马来西亚则会挑战这一地位。最后,对马来西亚的"对抗"政策一定程度上也是为了转移当时印尼国内因为经济发展停滞所带来的矛盾。③

(三) 马来西亚与菲律宾关于沙巴的主权纠纷

马来西亚联邦的成立也揭开了它与菲律宾关于沙巴的主权纠纷。沙巴位于婆罗洲(加里曼丹岛)东北部,旧称"北婆罗洲",马来语别称"风下之邦"。1685 年,文莱苏丹为了感谢苏禄苏丹帮助平息其国内叛乱,将北婆罗洲送予后者,此后它就成为了由苏禄苏丹掌控的领土。

如之前讲述西方殖民者对东南亚进行瓜分时提到的,1877 年英国人登特与奥匈帝国驻香港总领事奥弗贝克合作收购了美国人在北婆罗洲的特许权。随后,奥弗贝克同文莱苏丹达成协议,使北婆罗洲独立于文莱。1878 年,他又与苏禄苏丹在霍洛岛签订《割让北婆罗洲条约》。苏禄苏丹放弃权利,每年收取租金 5 000 美元,让奥弗贝克享有"最高和独立权威"。④ 1885 年,英国与当时统治菲律宾的西班牙签订《马德里协议》,正式承认西班牙对苏禄群岛所拥有的主权;作

---

① Donald E. Weatherbee, *International Relations in Southeast Asia* (Third Edition), Lanham, Maryland: Rowman & Littlefield, 2015, p.71.
② 梁英明:《东南亚史》,人民出版社 2010 年版,第 250 页。
③ Donald E. Weatherbee, *International Relations in Southeast Asia* (Third Edition), Lanham, Maryland: Rowman & Littlefield, 2015, p.71.
④ 傅聪聪、陈戎轩:《马来西亚与菲律宾沙巴主权争端再起》(2020 年 11 月 20 日),《世界知识》,http://www.globalview.cn/html/global/info_41343.html,最后浏览日期:2021 年 9 月 2 日。

为交换,西班牙在北婆罗洲的所有领地被划归英国。

马来西亚联邦成立后,沙巴问题成为了菲律宾和马来西亚之间的主权纠纷。一方面,菲律宾认为它继承了苏禄苏丹国的主权,因此对沙巴拥有历史性权利;另一方面,英国和马来西亚则认为,菲律宾从西班牙和美国继承了菲律宾群岛,西班牙在1885年议定书中放弃了对北婆罗洲的主权要求,并且英美两国也于1930年商定了两国的分界线,因此菲律宾不能对北婆罗洲声索主权。①

马来西亚联邦成立后次日,菲律宾就因反对北婆罗洲加入马来西亚联邦而宣布与马来西亚断绝外交关系。9月24日,因为马来西亚没能就菲律宾对沙巴的要求与菲达成令人满意的协议,菲律宾政府下令关闭了驻吉隆坡的大使馆,并暂停了两国之间的外交和领事关系,直至1964年2月两国领导人达成协议,马来西亚和菲律宾才于同年5月重开使领馆。② 此后,尽管沙巴问题并未解决(且为两国未来的冲突埋下了伏笔),但在1964—1966年间菲律宾与马来西亚两国关系总体趋于稳定。

(四)新加坡被逐出马来西亚

华人问题一直是马来西亚民族国家建构过程中的重要问题。1963年,马来西亚成立时,华人人口占联邦的比例高达42%,而沙巴和沙捞越加入联邦,在一定程度上也是马来西亚政府希望借此平衡华人人口所作的努力。③

马来西亚联邦成立后,新加坡与联邦政府之间的矛盾日益显现。一方面,新加坡的经济依赖转口贸易,因此希望马来西亚能对其开放市场;但联邦政府对此却并不热心,市场开放进展缓慢。另一方面,联邦政府要求新加坡增加对联邦的财政贡献以应对印尼的"对抗政策",同时向沙巴和沙捞越提供贷款,但新加坡认为受到不公正待遇,拒绝履行联邦责任。

更严重的是,新加坡反对马来西亚当时实行的种族政治,拒绝给新加坡的马来人以特权。1964年7月和9月,新加坡先后发生两次种族骚乱,时任新加坡州长的李光耀指责联邦政府推行"种族沙文主义政策",认为种族冲突是马来种族主义者煽动的结果。④ 李光耀还多次在马来西亚国会倡导建立"马来西亚人的马来西亚"

---

① 傅聪聪、陈戎轩:《马来西亚与菲律宾沙巴主权争端再起》(2020年11月20日),《世界知识》,http://www.globalview.cn/html/global/info_41343.html,最后浏览日期:2021年9月2日。
② "Philippines-Malaysia Relations: An overview" (February 21, 2019), Embassy of the Philippines, Kuala Lumpur, http://www.philembassykl.org.my/overview.htm,最后浏览日期:2021年9月3日。
③ 《马来西亚华侨华人概况》(2014年10月31日),中国新闻网,http://www.chinanews.com/hr/491/2014-10-31/10.shtml,最后浏览日期:2021年9月2日。
④ 梁英明:《东南亚史》,人民出版社2010年版,第249页。

而不是"马来人的马来西亚",引起首相东姑·拉赫曼的极度不满。由于在华人中有着极高的支持率,李光耀领导的人民行动党在1964年的国会选举中成为了马华公会①的有力竞争对手,这更让马来人感受到了来自当地华人的所谓"威胁"。

  在即将全国大选的政治形势下,当时巫统的领导人认为唯有迫使新加坡脱离联邦,才可能解决种族矛盾,否则大规模的种族冲突将难以避免。1965年8月9日上午10点,东姑·拉赫曼向马来西亚国会解释,"我们最终发现,只有两条路可走:一、对新加坡政府或新加坡领袖采取镇压措施;二、同不再效忠中央政府的新加坡州政府断绝关系。我们现在走的是第二条路。"②新加坡由此被正式逐出了马来西亚联邦,成为独立的共和国。

  李光耀曾痛苦地回忆新马分家的历程,并对新加坡未来的安全与发展表达了深深的担忧。他说:

> 一些国家原本就独立,一些国家争取到独立,新加坡的独立却是强加在它头上的……对新加坡来说,1965年8月9日不是什么值得庆祝的日子。我们从没争取新加坡独立……在居住着1亿多马来印尼穆斯林的3万个岛屿的群岛里,我们的华人人口简直微不足道。新加坡是马来海洋中的一个华人岛屿。我们在这样一个敌对的环境里如何谋求生存呢?③

  然而,吊诡的是,也正是新加坡这种对生存的担忧,为之后东南亚区域主义的发展创造了契机。

第三节 走向联合:东盟的成立

  东南亚国家联盟(简称东盟)的成立是东南亚区域主义发展的里程碑,但它的成功却不应被视作理所当然。无论是20世纪60年代东南亚内部的动荡、越南战争的升级还是全球冷战的大背景,似乎都不是有利于区域主义发展的条件。但是,东盟并没有像东南亚此前的区域主义组织(东南亚联盟与马菲印集团)那样陷入困境,而是成立并逐渐发展起来。其背后既有当时东南亚政治精英的智慧,又夹杂着区域国家对于现状的清醒认识和意识形态方面的因素。最终,克制、理性和在互动过程中建立起来的对共同价值的认可抑制了民族主义的膨胀,并成为了东盟发展的动力。

---

① 马华公会是马来(西)亚的华人政党,在独立前就与巫统及国大党合作组成联盟。
② 李光耀:《风雨独立路——李光耀回忆录》,外文出版社1998年版,第2页。
③ 同上。

需要指出的是,东盟并不是一个野心勃勃的一体化组织。在东盟早期的发展历程中,它主要是一个内向型的组织,致力于通过合作控制各自国内的政局,同时也拒绝外部大国以维持稳定为由介入区域内部事务;它刻意回避区域层面的多边防务安全合作,以避免被区域外国家视作威胁(尽管有时候显得徒劳无功);它坚定维护基于历史经验与文化传统的行为准则,却又不得不受制于现实的权力关系格局。正如印尼前外长马尔蒂(Marty Natalegawa)所说,尽管东盟国家各自有着不同外交政策偏好和同盟关系,但它们对于如何维护东盟作为一个整体/区域的利益有着广泛的共识。①

一、区域合作的障碍

独立后的东南亚国家面临着严重的内部问题,其中最为突出的是国内武装势力对政权的威胁和民族分离主义引发的冲突。当时遍布东南亚大多数国家的共产主义运动得到了一定程度的外部支持,比如,马来亚共产党(Communist Party of Malaya)在遭到政府军追击后就撤退到泰国境内重整力量,等到时机成熟再回到马来亚进行活动。在1975年印度支那三国革命成功前,北越对巴特寮的支持和对柬埔寨共产党的庇护也是引发三国矛盾的主要原因。② 而当时东南亚的亲西方国家对于国内共产主义运动的根源有着明确的共识,即它们是在各自国家反殖民、反外来侵略的过程中形成的,并提供了一种与民族主义精英对现代化与社会秩序的理解截然不同的方案。由于区域国家间边界管控的松弛和相互沟通不足,这些问题被放大了。同样,各国国内的民族分离主义运动也面临着一些周边国家跨境支持的挑战。比如,泰南的伊斯兰宗教势力往往得到马来西亚伊斯兰组织的支持,后者还向菲律宾棉兰老岛的叛乱势力提供帮助;而缅甸的民族地方武装也经常能够在泰国境内找到庇护和援助。③

严重的内部冲突除了使东南亚国家自顾不暇外,也导致了它们不得不依赖区域外大国的军事援助来维持国家的稳定(如泰国和菲律宾对美国的依赖,马来西亚和新加坡对英国的依赖),而这种依赖反过来却削弱了它们在区域内寻求合作的动力。此外,自殖民时代起,大多数东南亚国家的经济就以热带产品的出口为支柱。相似的自然条件和产业结构,决定了这些国家在经济领域彼此之间的

---

① Marty Natalegawa, *Does ASEAN Matter? A View from Within*, Singapore: ISEAS-Yusof Ishak Institute, 2018, pp.71-72.
② Amitav Acharya, *The Making of Southeast Asia: International Relations of a Region*, Ithaca: Cornell University Press, 2013, p.122.
③ Ibid.

竞争性远大于互补性,而它们各自与殖民宗主国的经济关系也要比它们相互之间的关系更为紧密。

如果说以上这些因素是阻碍东南亚区域主义发展的深层原因,那么伴随着马来西亚联邦的成立而引发的区域局势的动荡则是扼杀区域合作努力的直接障碍。如上一节所述,印尼的苏加诺政府视马来西亚联邦为英国殖民主义的遗产,菲律宾与马来西亚围绕着沙巴的主权归属争执不休,马来西亚又因为种族问题而将新加坡逐出联邦。这些新兴的民族主义国家之间似乎根本不可能坐到一起讨论区域合作的议题。

二、从对抗到和解:东盟的成立

这些区域合作的障碍伴随着 1965 年印尼政局的剧烈变迁而出现了变化。1965 年"9·30"事件后上台的印尼苏哈托政府放弃了前任苏加诺的大印尼民族主义立场,并将巩固统治的重心从扶植印尼共产党以制衡军队力量转向了严厉打击清洗国内共产主义势力,甚至引发了全国范围血腥残酷的反共排华大屠杀。在外交上,苏哈托不仅断绝了与苏联和中国的外交关系,还迅速开启了与周边国家和解的进程,放弃了对抗马来西亚和退出联合国的激进政策,并同马来西亚和新加坡实现了关系的正常化。

随着国家间关系的缓和,东南亚国家的领导人转而开始重新思考区域合作对于巩固国内统治以及应对共同的国内威胁——反政府力量——的重要性。一方面,当时各国都面临着加快经济发展、改善人民生活的重任。新加坡从马来西亚独立后亟需寻找新的地区市场,并加强同东南亚国家的合作以发挥自身作为区域转口贸易港的优势。印尼、马来西亚、泰国和菲律宾作为农产品和工业原料的出口国,不仅需要在国际市场上合力维护原料输出国的权益,也要考虑建立和发展民族工业,摆脱对外经济依赖的局面。对于这些刚刚走出动荡的国家来说,加强区域合作是发展经济、巩固国内统治的重要途径。另一方面,越南战争的升级也给地区带来了更大的不确定性。这些东南亚国家不仅需要遏制和打击各自国内各种力量对政权的威胁,防止越南的局势激励这些势力发起新一轮的挑战;而且更要警惕美国借打击共产主义扩张为由介入各个国家的内政,从而使得殖民主义势力以新的形式卷土重来——这对于这些不久之前刚刚摆脱殖民统治的国家来说是绝对不可接受的。在这样的背景下,通过区域合作共同应对面临的各方面威胁就显得迫在眉睫。

除了局势所迫之外,东盟的成立也是各个国家权衡利益的结果。尽管苏哈托政府放弃了前任的"对抗"政策,但为了说服相邻的小国相信印尼能够在区域合作中扮演积极角色,并为"新秩序"政权①巩固国内统治创造一个稳定的国际环境,印尼需要有一个机制化的框架来约束自身的行为,以使邻国确信它的实力不会被用于损害它们的利益。东盟就是这样一个约束印尼的"金丝笼"(Golden Cage)。② 为此,苏哈托政府不仅推动了东盟的建立,而且选择主动放弃印尼——区域内最大国家——对它的领导权,而让小国来领导东盟。也正是因为这种克制,印尼不仅为东盟培养真正可持续的共同体意识创造了条件,也赢得了邻国对它事实上影响力的认可。③

当然,东盟的建立也符合区域内其他国家的利益。对于菲律宾来说,东盟有助于进一步确立其东南亚国家的身份,而不再只是美国的跨太平洋"附庸";泰国虽然不存在认同困境,但也需要借东盟来平衡它在东南亚条约组织中美国盟友的身份,以在区域事务中发挥更大的影响力;新加坡作为新兴主权国家渴望借由东盟成员的身份获得区域国家的承认;马来西亚则希望能在英国从苏伊士运河撤军后获得除英联邦以外的、新的政治认同。④ 可以说,东盟是区域国家在共同利益驱使下共识的产物。

1967年8月8日,印度尼西亚、新加坡、泰国、菲律宾的外长以及马来西亚的副首相在曼谷发表《东南亚国家联盟成立宣言》(即《曼谷宣言》),建立了东南亚国家联盟(简称东盟)。《曼谷宣言》明确,东盟对"所有认同东盟目标、原则、愿景的东南亚区域内国家"开放,但它并没有对东南亚的边界作出明确规定。⑤ 同时,签署《曼谷宣言》的五国外长还决定向缅甸、柬埔寨、锡兰(1972年后改称斯里兰卡)发出加入东盟的邀请,但它们出于各自的不结盟和中立原则拒绝加入(然而当斯里兰卡1981年提出加入东盟的申请时,东盟以其不属于东南亚为由拒绝)。⑥

根据《曼谷宣言》,东盟的主要目的在于促进区域合作,推动区域的和平、进步与繁荣,同时确保成员国国内政治的稳定并避免外来干涉。⑦ 此前成立的东南

---

① 1966年,苏哈托上台后就宣布印尼进入"新秩序"时期,并开始实行一系列发展经济和巩固政权的政策。"新秩序"一词后来成为苏哈托统治(1966—1998年)的代名词。
② J. Soedjati Djiwandono, "The Political and Security Aspects of ASEAN: Its Principal Achievements", *Indonesian Quarterly*, 1983, 11(3), p.20.
③ [新加坡]马凯硕、孙合记:《东盟奇迹》,翟崑、王丽娜译,北京大学出版社2017年版,第54页。
④ Donald E. Weatherbee, *International Relations in Southeast Asia (Third Edition)*, Lanham, Maryland: Rowman & Littlefield, 2015, p.72.
⑤ ASEAN, "The ASEAN Declaration (Bangkok Declaration)" (August 8, 1967), https://agreement.asean.org/media/download/20140117154159.pdf,最后浏览日期:2021年10月30日。
⑥ Amitav Acharya, *The Making of Southeast Asia: International Relations of a Region*, Ithaca: Cornell University Press, 2013, pp.155-156.
⑦ "The ASEAN Declaration (Bangkok Declaration) Bangkok" (August 8, 1967), ASEAN, https://asean.org/the-asean-declaration-bangkok-declaration-bangkok-8-august-1967/,最后浏览时间:2021年10月3日。

亚联盟和马菲印集团也在东盟成立后并入东盟。

三、20世纪70年代东盟合作的进展

东盟成立后不久即经历了马来西亚与菲律宾由于沙巴主权纠纷而断交的危机。1968年3月,马尼拉的媒体报道了菲律宾在科雷吉多岛(Island of Corregidor)秘密训练军队,为收复沙巴做准备。尽管菲律宾政府否认了这一计划,但它对此事的回应表明了菲律宾在沙巴问题上的主张。① 随后,马来西亚与菲律宾的双边谈判破裂,泰国和印尼的调解努力也未获成功。随着双方关系的激化,两国于1968年9月正式断绝了外交关系。东盟的命运岌岌可危。

即便如此,东盟国家依然敦促双方保持克制,马、菲两国也在东盟的框架下保持着沟通,最终菲律宾态度软化并于1969年3月承诺不在东盟会议上提及沙巴问题。同年12月,在一次东盟外长会上,菲律宾和马来西亚决定恢复外交关系,并暂时搁置了沙巴争议。② 这场危机几乎危及了新生东盟的存续,但在互动中建立起的东盟意识以及对东盟价值的认可还是将成员国团结在了一起,并使东盟避免了当初马菲印集团的命运。

1971年11月,东盟外长发表《吉隆坡宣言》,提出东南亚作为一个和平、自由和中立的地区(Zone of Peace, Freedom and Neutrality, ZOPFAN),拒绝外部力量任何形式的干涉;同时,区域内国家也要尊重彼此的主权和领土完整,不参与任何可能直接或间接威胁彼此安全的活动。这也是东盟的第一个区域政治倡议。③ 但它只是一个倡议,对于签约国没有强制性的政策要求,也不寻求改变它们既有的军事同盟关系和安全安排。

1975年是东南亚历史上具有重要转折意义的一年。在这一年中,共产党力量先后在柬埔寨、越南、老挝三个印度支那国家取得胜利,东盟国家进一步感受到加强安全合作的紧迫性和必要性。1976年2月,东盟各国的政府首脑在印尼的巴厘岛召开了东盟历史上的第一次峰会,为之后东盟更紧密的政治和经济合作奠定了基础,也为与印支三国的和解打开了大门。④

在这次历史性的峰会上,东盟国家签署了两个加强政治安全领域协调行动

---

① Amitav Acharya, *The Making of Southeast Asia: International Relations of a Region*, Ithaca: Cornell University Press, 2013, p.164.
② 葛洪亮:《马来西亚与东盟的区域一体化发展》,《学术探索》2017年11月,第38页。
③ M. Ghazali bin Shafie, "The Neutralization of Southeast Asia", *Pacific Community*, 1971, 3(1), p.114.
④ Donald E. Weatherbee, *International Relations in Southeast Asia (Third Edition)*, Lanham, Maryland: Rowman & Littlefield, 2015, p.76.

的重要文件。一个是《东南亚国家联盟协调一致宣言》(也称《巴厘第一协约》,Declaration of ASEAN Concord/Bali Concord I)。它呼吁东盟国家加强政治协调,采取一致行动;同时确立了东盟的宗旨与原则。东盟明确,尽管它支持成员国之间出于各自的需要和利益进行安全合作(如边界管理和情报交换),但这些合作是双边层面而非东盟层面的合作。东盟没有多边防务合作,它作为社会经济组织而非安全同盟的性质没有改变。① 此外,协约还规定成员国每年至少召开一次外长会讨论影响区域发展的问题,并决定建立东盟秘书处。

另一个对东盟未来发展影响重大的文件是《东南亚友好合作条约》(Treaty of Amity and Cooperation in Southeast Asia,TAC)。它要求成员国不干涉彼此内政,通过和平方式解决分歧和争端,并放弃使用或威胁使用武力。这些原则后来也成为"东盟方式"的核心内容。值得特别指出的是,在这一条约中,东盟国家明确表示愿意与(当时尚不是东盟成员国的)东南亚社会主义国家和平共处。这也为90年代四个中南半岛国家(即越南、老挝、缅甸、柬埔寨)加入东盟创造了条件。接受TAC后来成为区域内国家加入东盟以及区域外国家成为东亚峰会成员的前提条件之一,其所主张的原则也得到了东盟主要对话伙伴国的认可和尊重。

在巴厘峰会上,东盟还特别强调要在和平、自由和中立的地区框架下处理大国竞争和干预问题,并认可这一框架有助于当时东盟之外的所谓"敌对"国家(如越南、中国)改变将东盟成员国既有的(与西方国家的)军事同盟关系视作是对其安全的挑衅与威胁的看法。②

巴厘峰会后,东盟国家之间的合作关系有了进一步的发展。1977年2月,成员国签署了《东盟特惠贸易协定》(Agreement on ASEAN Preferential Trading Arrangements),开始了初步的贸易自由化进程。它们还加强了彼此的团结合作,共同组成或加入各种经济联合组织以维护共同的经济权益。更重要的是,通过和平协商的途径,东盟国家解决了一些长期存在的领土和领海争端,避免了成员国双边关系影响东盟整体的合作进程。1977年8月,在东盟第二次首脑会议上,时任菲律宾总统马科斯(Ferdinand Emmanuel Edralin Marcos)宣布菲律宾放弃对沙巴的主权要求,同时马来西亚保证不以沙巴为基地支持菲南部穆斯林反政府武装。1981年7月,马来西亚与印尼达成协议,马来西亚承认印尼对东马来西亚和西马来西亚之间的海域拥有主权;印尼则承认马来西亚船只和飞机在这个水域及其上空自由来往的权利,允许马来西亚渔民在该水域捕鱼,并承认马

---

① Amitav Acharya, *The Making of Southeast Asia: International Relations of a Region*, Ithaca: Cornell University Press, 2013, p.168.
② Ibid.

来西亚为保护渔民而采取军事行动的合法权利。这些进展为东盟合作的深化扫清了障碍。

四、东盟在柬埔寨问题上的分歧、合作与协调

尽管在巴厘峰会后东盟的合作进一步机制化,但20世纪80年代围绕着印度支那问题,东盟内部产生了新的分歧,同时也加强了协调与合作。

1976年5月,东盟在外长会上发表声明,呼吁在万隆原则的基础上同印度支那国家发展"友好与和谐"(friendly and harmonious)的关系。然而,越南拒绝了东盟的示好,认为东盟国家不过是美国的傀儡,并且在1976年的不结盟峰会上谴责了东盟峰会的召开,明确反对东盟提出的建立一个和平、自由和中立地区的倡议。[①] 但与此同时,越南在1976年实现了与当时所有的东盟国家(印尼、马来西亚、菲律宾、新加坡和泰国)外交关系的正常化,并在1977年开始逐渐改变对东盟的敌对态度。

越南态度的改变是有多重原因的。首先,越南南北统一后,中越关系开始恶化;其次,越南与波尔布特领导下的民主柬埔寨的关系也因为后者拒绝接受越南的领导和渗透而破裂;再次,受越南影响颇深的老挝开始寻求与泰国的经贸合作和关系正常化,而越南自身也需要通过加强与东盟国家的经贸与技术交流来发展国内经济;最后,越南在潜意识中可能也希望通过发展与东盟的关系,来平衡它对苏联日益加深的依赖。[②] 东盟对越南的改变作出了积极的回应。同时,1977年东南亚条约组织的寿终正寝也为东盟与越南关系的缓和创造了条件。1977—1978年间,越南总理先后访问了当时所有的东盟国家。

然而,东盟与越南关系的缓和在1978年底戛然而止。如此前所述,越南在1978年12月公然入侵柬埔寨,推翻了波尔布特的红色高棉政权,并很快在柬埔寨建立起受其控制的金边政权。随之爆发的第三次印度支那战争(1978—1991年)不仅使得同柬埔寨直接接壤的泰国成为了"前线"国家(大量柬埔寨的抵抗力量潜伏在泰柬边境,不时与金边政权的军队在边境地区甚至越境交火),同时也给泰国带来了沉重的难民负担。更重要的是,越南的侵略行径与不干涉内政、和平解决争端的东盟价值观背道而驰,也使原本只是地方性冲突的柬埔寨问题升级为国际地缘政治问题(因为苏联支持越南,而中国以及美国反对越南对柬

[①] Donald E. Weatherbee, *International Relations in Southeast Asia* (Third Edition), Lanham, Maryland: Rowman & Littlefield, 2015, p.77.
[②] Ibid., pp.77-78.

埔寨的侵略）。① 对于东盟来说，第三次印度支那战争的爆发既是对东盟严重而紧迫的安全威胁，也是对东盟价值观和精神的沉重打击。

1979年1月，东盟国家第一次对印度支那的危机作出了回应，希望所有该地区的国家能"尊重各国的独立、主权、领土完整和政治制度"，并要求各方"停止干涉其他国家的内部事务，停止实施直接的或间接的针对其他国家的颠覆性活动"。② 同年9月，东盟在联合国挫败了越南企图将所谓"柬埔寨人民共和国"（即金边政府）合法化的动议，柬埔寨在联合国的席位仍然由（被推翻的）民主柬埔寨政府代表。联合国大会呼吁召开一次有关柬埔寨问题的国际会议。③

然而，对于东盟来说，柬埔寨问题的解决却面临着内外双重困境。

一方面，尽管有着一致的目标，但东盟内部就如何实现这些目标却产生了分歧。印尼和马来西亚希望通过宽容的外交方式在区域的框架内解决冲突，在越南脱离苏联控制的前提下承认越南在地区的安全利益，并将外部大国的作用限制到最低程度。在认知中，当时的印尼和马来西亚仍然将中国视为地区的所谓主要安全"威胁"，因此希望能与越南达成某种"妥协"，并使后者成为所谓"抵制中国区域影响力扩大"的"桥头堡"。泰国和新加坡则持有不同的观点。它们寻求通过对抗性的策略在国际社会中孤立越南，并组织起反对越南的联合阵线，甚至在必要的时候加强东盟内部的军事合作——换言之，它们希望通过区域的协调行动提高越南占领柬埔寨的外交和军事成本。在泰国和新加坡看来，苏联支持的越南（而不是中国）才是地区安全的主要威胁。④ 这一分歧在1980年3月印尼和马来西亚在马来西亚关丹召开的一次会议（即关丹会议）上阐述它们的立场（即关丹主义）后被公开化。

所幸，尽管东盟内部就如何解决柬埔寨问题存在明显分歧，但当1980年6月越南军队越过泰柬边界进入泰国跨境追捕柬埔寨抵抗游击队后，东盟就恢复了共同的主张，声称越南的行动"直接影响到了东盟国家的安全"，要求越南从柬埔寨全面撤军（而不再寻求有限承认越南在印度支那的安全利益）。此外，东盟还重申了它们对民主柬埔寨政府（即红色高棉政府）的支持。⑤

另一方面，东盟与越南之间围绕柬埔寨问题的性质也产生了尖锐的矛盾。东盟认为，柬埔寨问题的核心在于越南入侵柬埔寨，因此东盟致力于否定越南

---

① ［加拿大］阿米塔·阿查亚：《建构安全共同体：东盟与地区秩序》，王正毅、冯怀信译，上海人民出版社2004年版，第113页。
② 同上书，第114页。
③ 同上书，第119页。
④ 同上书，第114—118页。
⑤ Donald E. Weatherbee, *International Relations in Southeast Asia (Third Edition)*, Lanham, Maryland: Rowman & Littlefield, 2015, p.80.

在柬埔寨造成的既成事实,要求越南无条件撤军,并支持召开包括所有敌对方的有关柬埔寨问题的国际会议。而越南则认为,柬埔寨问题本质上是柬埔寨波尔布特政权与韩桑林领导的柬埔寨"救国阵线"之间的冲突。越南只是支持后者推翻前者,但它并不是柬埔寨冲突的当事人和敌对方之一。基于此,越南拒绝参加东盟提出的召开包括所有敌对方的有关柬埔寨问题国际会议的倡议,也抵制了1981年联合国倡议的柬埔寨国际会议。同时,越南提出,泰国的安全顾虑可以通过曼谷与金边政府的双边会谈来解决。但是,对于东盟来说,如果依照越南的方案进行会谈,就意味着东盟承认了越南入侵的既成事实以及"柬埔寨人民共和国"政府——即金边政府——的合法性。这是断然不能被接受的。①

尽管越南、苏联以及柬埔寨金边政府抵制了1981年7月召开的联合国有关柬埔寨问题的国际会议(United Nations International Conference on Kampuchea, ICK),但中国、美国和东盟参加了这次会议,并就如何解决柬埔寨问题进行了商议。会议的最终决议认可了东盟提出的解决柬埔寨危机的方案,包括停火、外国(越南)军队在联合国维和部队的监督下撤军以及由联合国组织和监督能够确保柬埔寨各方力量参加的自由选举,并在此基础上组建新政府。② 需要指出的是,虽然这次会议是在东盟的倡议下召开的,但背后却反映了东盟面临的"困境":要解决柬埔寨问题并迫使越南撤军,东盟需要得到中国、美国等区域外大国以及联合国的支持;但寻求将柬埔寨问题国际化,就意味着东盟自身的地位有可能被边缘化。③ 这一困境一直伴随着柬埔寨问题的发展和最终解决。

此外,东盟还面临着另一个"难题",即东盟政治合作的形式和限度。如果越南对泰国发动进攻,那么东盟国家要以什么样的形式对泰国进行援助?如果通过军事合作帮助泰国抵抗侵略,那么就将违背东盟非军事同盟的形式以及不使用武力的原则;如果不提供军事援助,那么泰国就可能面临危险,东盟自身的团结也将难以为继。面对这一局面,主要的东盟国家(印尼、马来西亚、新加坡)都倾向于只向泰国提供紧急物资援助;如此,泰国为了自身的安全就将不得不寻求中国与美国的支持,但中国的支持又加剧了其他东盟国家对于中国影响力扩大

---

① [加拿大]阿米塔·阿查亚:《建构安全共同体:东盟与地区秩序》,王正毅、冯怀信译,上海人民出版社2004年版,第115—116页。
② Donald E. Weatherbee, *International Relations in Southeast Asia (Third Edition)*, Lanham, Maryland: Rowman & Littlefield, 2015, p.81.
③ [加拿大]阿米塔·阿查亚:《建构安全共同体:东盟与地区秩序》,王正毅、冯怀信译,上海人民出版社2004年版,第121页。

的担忧。① 对于东盟来说,要维护自己的原则,就不得不面对大国对区域事务的介入;而这背后一个更残酷的事实是,即使东盟愿意通过军事合作来维护自身的安全,它事实上也没有能力达成这一目标。

尽管如此,东盟还是积极致力于柬埔寨问题的解决并避免最坏情况的发生。在东盟的支持下,1982年6月22日,以乔森潘为首的民主柬埔寨流亡政府、宋双为首的高棉人民民族解放阵线和西哈努克为首的奉辛比克党组成了"民主柬埔寨联合政府"。联合政府由西哈努克亲王领导,并得到了联合国及国际社会的承认。

在整个80年代,东盟在联合国大会上多次谴责越南的侵略行径,并成功地在国际社会孤立了越南。越南则由于无法得到国际社会的认可而加深了对苏联的依赖。这种依赖不仅引起了越南国内民族主义者的不满,也为柬埔寨危机在之后随着苏联逐渐无暇他顾而降温埋下了伏笔。

突破发生在1987年。当年7月,印尼外长莫达(Mochtar Kusumaatmadja)与越南外长阮基石(Nguyen Co Thach)会面,双方提出将柬埔寨问题在国际层面的冲突与在国内层面的冲突分开讨论。在非正式的商议中,柬埔寨各方将谈判一个结束内战的方案,而其他国家则为之提供支持。在这一方案下,东盟无需承认金边政府,越南也无需直接面对民主柬埔寨联合政府。② 1988年7月和1989年2月,东盟先后以这种模式组织了两次雅加达非正式会议,希望能够产生一个和平解决冲突的地区方案。但是遗憾的是,这一进程最终因为东盟与越南无法就洪森政府是否需要在大选前下台,以及国际监督机制上达成一致而陷入停滞。在这样的背景下,法国同意协调召开另一次有关柬埔寨问题的国际会议。③

1989年7月30日—8月30日,第一次有关柬埔寨问题的巴黎会议召开,但并未取得实质性进展。与此同时,国际政治局势在巴黎会议召开前后正发生着重大变化。1989年5月,中苏关系正常化,苏联同意劝说越南从柬埔寨撤军。并且,由于自身面临着严重的政治和经济危机,苏联也大幅度减少了对越南的援助和支持,从而使后者对柬埔寨的侵略难以为继。在各种内外因素的共同影响和大国的共识下,1991年9月,当有关柬埔寨问题的第二次巴黎会议召开时,各方正式通过了一份终止柬埔寨冲突的《巴黎和平协定》。

---

① [加拿大]阿米塔·阿查亚:《建构安全共同体:东盟与地区秩序》,王正毅、冯怀信译,上海人民出版社2004年版,第126页。
② Donald E. Weatherbee, *International Relations in Southeast Asia (Third Edition)*, Lanham, Maryland: Rowman & Littlefield, 2015, p.83.
③ [加拿大]阿米塔·阿查亚:《建构安全共同体:东盟与地区秩序》,王正毅、冯怀信译,上海人民出版社2004年版,第128页。

柬埔寨问题的政治解决方案基本体现了东盟在这场冲突中的主要目标,即越南撤出柬埔寨、联合国通过柬埔寨过渡时期联合国权力机构以及维和部队组织并确保公正和自由的选举、红色高棉在过渡政府中被边缘化等。但是,在柬埔寨冲突发生、发展和最终解决的过程中,东盟除了加强了内部的政治合作以及在国际社会中展现了其外交的一致性并因而提高了自身的国际地位外,也暴露了区域主义发展过程中存在的一些问题,例如成员国之间在基本战略认知上的差异、外交动员能力的欠缺、对外部大国的依赖以及自身规范的矛盾(如区域问题区域解决与区域问题的国际化;不使用武力与有效应对安全威胁等)。毫无疑问,东盟是柬埔寨危机得以解决的重要推动力量,但冲突的结束最终依靠的却是大国的参与。

尽管东南亚的"冷战"以热战的形式展开,并成为超级大国在地区的代理人战争,但东南亚国家始终在确保自身国家安全的前提下寻求第三条道路,避免东南亚地区因为大国的介入而陷入全面的分裂。因此,在民族主义与区域主义的激烈竞争和矛盾中,它们各自克服了合作的重重障碍,走上了区域主义的道路,并积极在世界舞台上建立自己的影响。东盟在解决柬埔寨危机中的作用不仅为它在国际上树立了良好的信誉,也为冷战后东盟即将在区域和国际上扮演的角色埋下了伏笔。

思考题

1. 为什么印尼和缅甸拒绝加入东南亚条约组织?为什么美国没有也从未打算在东南亚条约组织的框架下建立军事一体化组织?
2. 什么是"万隆精神"?它对处于冷战之中的亚非国家有什么意义?
3. 在东南亚国家独立后初期,区域主义与民族主义之间存在着什么样的矛盾?最终,为什么区域主义能克服民族主义的强大压力,成为东南亚走向地区联合的动力?
4. 在东南亚区域主义发展的过程中,为什么东盟成功了,而东南亚条约组织、东南亚联盟以及马菲印(尼)集团最终都失败了?

第六章

冷战后东南亚的区域主义

本章导学

冷战结束后,东盟国家间的经贸合作日益紧密,世界其他地区的区域主义也蓬勃发展,这些都为东南亚区域主义的扩大和深化提供了动力。但同时,东盟的发展也面临着新的困难和挑战。随着新成员的加入,东盟内部的发展鸿沟迅速扩大;亚洲金融危机的爆发又使地区经济发展遭遇挫折,"亚洲价值观"受到质疑。为此,东盟国家通过加强东盟共同体建设来应对挑战,不仅推动了地区经济的融合,也在此过程中强化了面对危机时的韧性。尽管区域主义发展的进程并非一帆风顺,但区域国家一直努力探寻建立东南亚认同和核心价值的可能性,并确立了以"东盟方式"为核心的区域规范体系。如今,东盟已经涵盖了除东帝汶以外的所有区域国家,其重要性和对区域国家的意义也得到了普遍的认可。东盟在走向共同体的过程中逐渐确立并巩固了更加包容的东南亚认同。

本章学习目标

1. 了解冷战后东南亚区域主义的主要发展及面临的困难和挑战。
2. 理解东南亚自我意识与认同的基础和主要表现,并客观评价"东盟方式"的成就与缺陷。
3. 分析加入东盟可能给东帝汶带来的机遇以及它加入东盟面临的主要障碍。

第一节 冷战后东南亚区域主义的成熟

很多人喜欢拿东盟的成就与欧盟相比较,但不管在学理上还是现实中,这并不是一个有意义的问题。作为地区内中、小国家寻求自主性的联合,东盟的成功不完全表现为它做了什么或者取得了怎样的一体化成就,也表现在它本身在不利的内外条件下得以存续,以及在这一过程中由于它的存在所避免的一些危机和冲突。

冷战时期,东盟在大国竞争的夹缝中艰难维持"不结盟",并使原本并不相互友好的区域国家逐渐建立起了互信和共识。当冷战结束,国际格局再次经历调整之后,东盟又面临着新的挑战。这些挑战包括:如何处理东盟与冷战时期曾经对立的三个印度支那国家(越南、老挝和柬埔寨)以及仍然处于军政府统治下的缅甸之间的关系;如何应对全球范围内蓬勃发展的区域主义浪潮并增强东南亚在日趋激烈的世界经济竞争中的韧性;如何加强成员国之间的融合,让东盟超越政治精英的议程而真正成为与这一地区 6.5 亿人生活息息相关的一部分,并最终在民众中建构起独特的东南亚身份。是否能够妥当而成功地应对这些挑战将成为衡量东南亚区域主义是否成熟的标准。

一、东盟的扩大:从"六"到"十"

1967 年东盟成立的时候有 5 个成员国,文莱于 1984 年正式独立后也立即加入东盟,因此到冷战结束的时候,东盟已经包括了区域内的 6 个国家——印度尼西亚、马来西亚、新加坡、菲律宾、泰国和文莱。冷战结束之后,东盟首要的任务就是将其成员国扩大到涵盖东南亚地区的所有国家,包括曾经与东盟敌对的国家。在 1995—1999 年间,东盟完成了从"六"到"十"的扩员。东盟因此也成为了定义东南亚区域的标志——今天,当人们要判断一个国家是否是东南亚国家,只要看它是不是东盟成员国即可(唯一的例外是 1999 年从印尼独立出来的东帝汶)。

伴随着冷战的结束和苏联的解体,越南失去了外部最强有力的保护伞。为了加强国家安全,它需要寻找新的朋友和盟友。东盟就是一个这样的伙伴。①1991 年 10 月,越南和柬埔寨签署了结束第三次印度支那战争的《巴黎和平协

---

① [新加坡]马凯硕、孙合记:《东盟奇迹》,翟崑、王丽娜译,北京大学出版社 2017 年版,第 51 页。

定》。同月,越南总理武文杰(Vo Van Kiet)访问印尼、马来西亚和新加坡,向三国表示越南希望签署《东南亚友好合作条约》以为加入东盟做准备。1992年7月,越南外长阮孟琴(Nguyen Manh Cam)在受邀参加东盟外长会议时正式签署了这一条约,并获准以观察员国身份参加今后的东盟外长会议。需要强调的是,东盟在1976年通过《东南亚友好合作条约》就是为了向当时刚刚取得革命胜利的三个印度支那社会主义国家表明东盟愿意与其和平共处;而直到16年后,越南才终于认可并接受了东盟释放的善意。[1] 1995年7月,越南正式加入东盟。

除了越南,老挝、柬埔寨和缅甸先后在1992年、1994年和1996年获得了东盟观察员国的身份。1995年,东盟峰会设定在2000年前实现建立一个"完整的东南亚"(One Southeast Asia)的目标;次年,东盟非正式领导人会议进一步明确,将在1997年的东盟外长会上同时接纳老、柬、缅三个国家为东盟成员国。[2] 由于当时老挝和柬埔寨成为东盟观察员国已经有一段时间,因此各国对于它们加入东盟并没有太大异议。然而,缅甸直到1996年才正式成为观察员国,很多人质疑让它与另外两国同时加入东盟是否过于仓促。此外,由于缅甸当时仍然处于军政府统治之下,西方国家普遍希望东盟能够(像欧盟那样)将成员国资格作为向缅甸当局施压的工具,即在其"满足一定的人权、民主标准"之后方才给予成员资格。东盟顶住了压力,以缅甸国内政治无关东盟成员国资格为由,坚持在1997年接受了缅甸作为东盟成员国。[3] 老挝也于同年顺利加入东盟。柬埔寨则因为1997年7月发生了政治危机而被暂缓加入东盟,直到1999年才正式成为东盟成员国。至此,东盟包括了当时东南亚地理范围内的所有国家。

东盟的这一轮扩员对于东盟的发展有着深远的意义和影响。一方面,一些曾经的敌对国相继加入了东盟,为建设一个更具包容性的东南亚共同体奠定了基础;另一方面,新加入东盟的四个国家——柬埔寨、老挝、缅甸、越南(也被称为是CLMV国家)由于历史原因,其经济发展水平远远落后于东盟原先的六个成员国,因此它们的加入也在东盟内部形成了新的发展鸿沟。这一鸿沟为之后东盟建设共同体的目标带来了新的困难。

---

[1] Ralf Emmers, "The Indochinese enlargement of ASEAN: Security expectations and outcomes", *Australian Journal of International Affairs*, 2005, 59(1), pp.73-74.
[2] Donald E. Weatherbee, *International Relations in Southeast Asia (Third Edition)*, Lanham, Maryland: Rowman & Littlefield, 2015, p.93.
[3] 东盟的做法除了体现它所坚持的不干涉内政的原则之外,也有地缘政治的考虑。印尼时任外交部长阿里·阿拉塔斯(Ali Alatas)在被问到为何东盟同意吸纳缅甸作为成员国时,回应道,缅甸加入东盟能够避免其被划入印度等国家的势力范围。参见[新加坡]马凯硕、孙合记:《东盟奇迹》,翟崑、王丽娜译,北京大学出版社2017年版,第167页。

二、东盟经贸合作的深化

在东盟的早期发展中,东盟国家的外长们对于经济合作事务并不重视。除了因为冷战背景下维护政治稳定是他们的首要关注外,很大程度上这也根源于成员国在经济结构和发展规划上的竞争性而非互补性。为了获得经济援助、投资和市场份额,东盟国家彼此之间进行着激烈的零和竞争。那些试图在国家利益和区域合作之间寻求平衡的努力也收效甚微。①

冷战结束以后,东盟国家间的经济合作变得日益紧密。但不同于其他的区域主义实例(如欧盟),东盟加快经贸合作的动力并不是来自内部对于一体化的需求和渴望,而是它对区域和世界经济挑战的一种回应。具体而言,一方面,更紧密的经贸合作能够帮助东盟更好地应对来自中国市场的竞争,因为这一时期中国在对外贸易和吸引对外投资方面对东盟构成了巨大的竞争压力;另一方面,这也是为了跟上正在世界其他地区——尤其是欧洲和北美——蓬勃发展的贸易自由化和区域一体化的趋势。

1992年1月,第四届东盟峰会在新加坡召开。会上,东盟国家签署了《新加坡宣言》《东盟加强经济合作的框架协定》和为实现东盟自由贸易区(ASEAN Free Trade Area, AFTA)而制订的《共同有效优惠关税协定》(Common Effective Preferential Tariff, CEPT)三个重要文件,宣布从1993年1月1日起,在15年内(即到2008年)建成东盟自由贸易区。这一目标将分两步来完成:第一步在5—8年内把关税税率在20%以上的15大类工业制成品的关税降低到20%;第二步是到2008年前把这些产品的关税降低到5%以下。需要注意的是,在东盟自由贸易区内享受减免关税待遇的产品必须是"东盟产品",即在东盟内一国或多国的累积自制率达到40%以上的产品。② 但是,东盟自贸区不影响东盟成员国对外的双边和多边贸易关系,每个成员国与东盟外的贸易伙伴之间维持各自不同的关税和贸易机制。③

此后,随着世界经济贸易形势的迅速发展,东盟不断将建成自贸区的时间提前。在1994年9月召开的第26次东盟经济部长会议上,东盟决定把实现自贸区的时间缩短为10年,即在2003年建成自贸区。1998年,东盟的6个老成员国

---

① Donald E. Weatherbee, *International Relations in Southeast Asia (Third Edition)*, Lanham, Maryland: Rowman & Littlefield, 2015, p.224.
② 庄礼伟:《CEPT与东盟自由贸易区进程》,《东南亚研究》1998年1月,第30页。
③ Donald E. Weatherbee, *International Relations in Southeast Asia (Third Edition)*, Lanham, Maryland: Rowman & Littlefield, 2015, p.227.

（印尼、马来西亚、菲律宾、新加坡、泰国和文莱）建成自贸区的时间被再次提前到2002年；而对于新加入东盟的CLMV国家，东盟则给予了更长的调整期——越南在2006年，老挝和缅甸在2008年，柬埔寨在2010年前达到自贸区的关税标准。2003年，东盟又一次修正了CEPT，规定在2010年前取消老东盟六国间的关税，2015年取消CLMV国家与东盟其他国家间的关税。①

鉴于到2010年，东盟六国已经实现了99.2%的商品零关税，而CLMV国家也有69%的商品实现零关税，因此东盟在同年启动了《东盟商品贸易协定》（ASEAN Goods in Trade Agreement，AGITA），以取代原先的CEPT-AFTA。这是东盟协调内部货物贸易活动的全面协定，是在CEPT及其相关协定承诺的基础上签订的。同时，它将CLMV四国取消关税的时限从2015年延后到2018年。② 2018年1月，东盟正式建成自贸区，十个成员国之间的商品实现零关税。③

除了商品贸易外，1995年东盟在CEPT-AFTA之外又签订了《东盟服务业框架协定》（ASEAN Framework Agreement on Service，AFAS），以促进各成员国之间在服务领域的合作，消除服务贸易限制，从而实现服务贸易自由化。2002年9月，第34次东盟经济部长会议决定，东盟成员国在实施服务贸易自由化过程中可以实行"10-X"原则，即允许两个或多个国家率先实现服务贸易自由化，其他国家在准备好后再加入。④

1995年，东盟还签订了《东盟投资区协定》（ASEAN Investment Area），并于2012年升级为东盟全面投资协定（ASEAN Comprehensive Investment Agreement，ACIA）。这一系列经济一体化措施成为了这一时期东盟内部合作深化的重要标志，为建设东盟经济共同体奠定了基础。

三、亚洲金融危机带来的冲击与机遇

从20世纪80年代到90年代初期，以"四小虎"为代表的东南亚新兴经济体（印尼、马来西亚、菲律宾、泰国）经历了经济的高速增长。这些国家的政府一方

---

① 庄礼伟：《CEPT与东盟自由贸易区进程》，《东南亚研究》1998年1月，第29页。
② Donald E. Weatherbee, *International Relations in Southeast Asia (Third Edition)*, Lanham, Maryland: Rowman & Littlefield, 2015, p.228.
③ Seiya Sukegawa, "ASEAN's initiative for free trade in East Asia under AEC", *Journal of Contemporary East Asia Studies*, 2021, 10(1), p.43.
④ 《〈东盟服务业框架协定〉是怎样的？》（2020年12月16日），商务部中国服务贸易指南网，http://tradeinservices.mofcom.gov.cn/article/zhishi/xiangguanwd/201711/16035.html，最后浏览日期：2021年10月2日。

面不断扩大对外贸易,并实行与美元挂钩的联系汇率制。由于当时美元疲软,这一汇率机制增强了东南亚的出口竞争力,为实施出口导向战略和经济增长作出了积极的贡献。[1] 另一方面,为了吸引外资,这些国家又开放了短期资本市场,取消了对资本流动的管制而实行资本项目的自由化,从而为国际投机资本的投机炒作提供了方便。当时,东南亚国家的利率水平高,加上货币与美元挂钩确保了总体投资风险小,资本因此大量涌入并导致银行贷款和企业借款急剧上升。

然而,到了90年代中期,亚洲的经济环境开始面临一系列的冲击。尤其是随着美国经济的复苏和通货膨胀压力的上升,美联储在1994—1995年间7次提高利率,使美国成为了比东南亚更有吸引力的投资目的地。美元也随之一路走强。[2] 对于那些把货币锚定美元的东南亚国家来说,走高的美元使得它们的出口商品变得昂贵,因此失去了国际竞争力。从1996年春开始,东南亚国家的出口增长预期显著下滑,经常项目账户恶化。同时,由于此前热钱的大量涌入,这些国家的经济泡沫严重,但大部分投资难以赢利,迫使个人和企业对债务违约,大量的坏账随后拖垮了银行。

1997年年中,国际投机者大量抛空泰铢,引起泰国金融体系波动。7月2日,泰国将锚定美元的固定汇率改为浮动汇率,泰铢随即大幅度贬值,当天就贬值15%—20%,到年底汇率更是跌至1969年有记录以来的最低点。[3] 经由金融市场,信用恐慌迅速扩散到周边国家,马来西亚、印尼、菲律宾、韩国等相继受到严重冲击,货币迅速贬值,亚洲金融危机爆发。

危机爆发后,泰国、印尼、菲律宾等东南亚国家迅速向国际货币基金组织(IMF)申请紧急救援性贷款。IMF此时却提出了严苛的贷款条件,要求遭遇危机的国家削减政府开支、开放市场、减少补贴,并提高利率以稳定货币。然而,IMF开出的"药方"并不符合东南亚的实际。类似的改革方案此前多用于舒缓由于公共部门债务失控所导致的金融危机,但东南亚的情况则恰恰相反。危机不是由于宏观经济失衡所造成,而是源于私人债务。此时,这些国家需要的是刺激经济而非削减政府开支。IMF的方案不仅无助于解决东南亚的问题,反而会加剧政府危机。[4]

由于IMF的救援不及时,遭受经济重创的东南亚国家政局也开始不稳,其

---

[1] 卫兴华、桑百川:《亚洲金融危机的成因、影响和对我国的启示》,《学术月刊》1999年第1期,第19页。
[2] 参见徐刚:《美国加息与全球货币危机史》,《环球》2017年第4期。
[3] Narisa Laplamwanit, "A Good Look at the Thai Financial Crisis in 1997-98"(1999), Columbia University, http://www.columbia.edu/cu/thai/html/financial97_98.html, 最后浏览日期: 2021年10月3日。
[4] Shaun Narine, "ASEAN in the Aftermath: The Consequences of the East Asian Economic Crisis", *Global Governance*, 2002, 8(2), p.183.

中尤以印尼最为严重。为了缓解压力并转移国内矛盾,印尼军方开始故意操弄族群矛盾,以至1998年5月在印尼各大城市发生了大规模的反华暴动。随后苏哈托被迫下台,结束了32年的执政。与之对比,马来西亚则由于拒绝了IMF的紧缩方案而成为最早从危机中复苏的东南亚国家。

在危机的后期,IMF虽然调整了政策,开始允许危机国家的政府维持开支赤字并向关键部门提供补贴,但是其早期的政策失误所造成的消极影响却难以弥补。在亚洲的普遍认知中,IMF在这场危机中的主要任务是帮助富有的西方投资者和银行减少损失以及实现美国秘而不宣的政治目的,而不是帮助亚洲国家缓解危机。① 这一认知如此深刻,因而也使得包括东南亚国家在内的亚洲国家开始更多地寻求通过区域合作和加强自主性来防止未来的危机。东盟+3(中、日、韩)的合作就在这个背景下发展起来(这方面内容在第七章重点阐述)。

这场危机也对东盟的发展造成了深远的影响。尽管金融危机后,亚洲主要国家依然重视东盟作为区域合作"驾驶员"的作用,但这一地位得以维持的基础已经从东盟自身的经济潜力变成了大国的认可与默许——因为大国都不希望自己的竞争对手主导区域合作,而东盟的领导对它们来说则没有威胁性。② 同时,这场危机也暴露了"东盟方式"的不足以及东盟作为一个经济组织在应对冲击时协调、韧性和能力的欠缺。这也为之后东盟深化合作,并致力于建设东盟共同体埋下了伏笔。③

四、建设东盟共同体

亚洲金融危机爆发两年后,主要的东南亚国家才逐渐走出危机的影响,政治、经济、社会各领域开始恢复正常。与此同时,由于印尼总统苏哈托下台、马来西亚总理马哈蒂尔逐渐淡出政坛,东盟内部失去了致力于推动区域合作的强势领导人,世纪之交的东盟出现了权力"真空",区域主义发展也一度失去了动力。

在2000年的东盟峰会上,新加坡时任总理吴作栋不无担忧地指出,金融危机后,"如今国外对亚洲的直接投资有85%都投向了中国,甚至剩下的15%都不一定全部给了东南亚"。为此,新加坡倡议东盟应该成立东盟经济共同体来增强东盟的竞争力。这一倡议得到了东盟其他国家领导人的赞成。④ 作为东盟内最具影响力的国家,印尼在新加坡倡议的基础上于2002年4月提出将东盟经济共同体拓展到政治-安

---

① Shaun Narine, "ASEAN in the Aftermath: The Consequences of the East Asian Economic Crisis", *Global Governance*, 2002, 8(2), pp.183-184.
② Ibid., p.185.
③ N. Hassan Wirajuda, "ASEAN's Community-building Process", *Horizons: Journal of International Relations and Sustainable Development*, 2015, 2, p.126.
④ Ibid.

全领域,并将民主、人权和善治作为后者的核心价值。① 但是,印尼的建议在东盟内部引发了一定程度的争议,因为东盟在过去一直有意识地回避政治-安全领域的合作,而印尼提出的这些建议有可能涉及成员国的内政。

2003年,印尼成为东盟轮值主席国。这也是苏哈托下台后,印尼首次成为东盟主席。在印尼的主导和推动下,在当年10月召开的东盟峰会上,东盟国家就东盟共同体的构成达成了一致,并在时隔27年后再次签署了巴厘协约,②即《巴厘第二协约》(Declaration of ASEAN Concord Ⅱ/Bali Concord Ⅱ),正式提出了东盟共同体的概念,以表达东盟国家推动区域合作与一体化的决心。《巴厘第二协约》宣布,东盟将在2020年完成共同体的建设。此后,2007年的东盟峰会又将这一时间提前到了2015年。

尽管被冠以"共同体"之名,但东盟共同体仍然是一个政府间(而非超国家)的合作。其组织框架由彼此联系并相互支持的三根支柱组成,分别是东盟安全共同体(后改为政治-安全共同体)、经济共同体和社会-文化共同体。③ 在三根支柱中,除了经济共同体设定了明确的目标(即要在2015年底前通过商品、服务、投资和资本的自由流通建立一个东盟单一市场和生产基地)外,政治-安全共同体和社会-文化共同体的内容和目标都较为模糊。

由于建设东盟共同体需要有成员国强大的意愿和能力的投入,而现有的东盟合作架构则因机制化程度的不足难以充分调动成员国参与共同体建设的积极性,因此在2004年的东盟外长会上,东盟国家的外长们呼吁制定一个《东盟宪章》,为东盟合作的深入提供机制保障。同时,他们也认为,如果《东盟宪章》能赋予东盟一个在对外交往中的正式身份,那么将有助于提高它在国际社会的声望和影响力。④ 2005年的东盟峰会通过了《关于制订东盟宪章的吉隆坡宣言》,《东盟宪章》的起草工作被纳入议事日程。

2007年11月,东盟十国领导人签署《东盟宪章》(以下简称《宪章》)。2008年12月15日,东盟特别外长会议在印尼首都雅加达召开,《宪章》正式生效。这也是东盟历史上第一份具有法律约束力的文件。《宪章》以不干涉内政和共识决策为核心原则:对内不仅强化了东盟的法律和制度框架,确保了成员国在相同或相似的法律框架下推进一体化进程;而且还对东盟的机构进行了改革(详见表6.1),使其拥

---

① N. Hassan Wirajuda, "ASEAN's Community-building Process", *Horizons: Journal of International Relations and Sustainable Development*, 2015, 2, pp.126-127.
② 1976年,东盟召开了历史上的第一次峰会,并签署了《巴厘第一协约》(详见本书第五章第三节)。
③ Donald E. Weatherbee, *International Relations in Southeast Asia (Third Edition)*, Lanham, Maryland: Rowman & Littlefield, 2015, p.103.
④ Ibid., p.105.

有四个分工明确的理事会和一个权力更大的秘书处和秘书长,以便决策更加灵活;对外《宪章》赋予了东盟国际法人的地位,使其今后能够作为一个整体对外交往,并与其他国家和组织签署重要协议。

《宪章》生效后,东盟开始落实建设东盟共同体的措施。2009年的东盟峰会通过了《东盟共同体路线图(2009—2015)》(Roadmap for an ASEAN Community 2009-15),其中包括《东盟政治-安全共同体蓝图》《东盟经济共同体蓝图》和《东盟社会-文化共同体蓝图》。① 同年,东盟还建立了第一个人权机构——东盟政府间人权委员会(ASEAN Intergovernmental Commission on Human Rights, AICHR)。尽管它只是人权倡议机构而不是人权保护机构,但对于东盟的政治合作来说,这已经是一个重大的突破。

表6.1 东盟共同体的基本架构

东盟峰会		
(最高决策机构,一年召开两次)		
东盟协调理事会		
(东盟国家外长组成,负责协调共同体理事会工作,至少一年召开两次)		
东盟共同体理事会*		
(部长级,由相关职能部长组成,一年召开两次)		
政治-安全理事会	经济理事会	社会-文化理事会
东盟政府间人权委员会 东盟外长会议** 东盟地区论坛 东盟防长会议 东盟司法部长会议 东盟跨境犯罪部长级会议	东盟经济部长会议 东盟自由贸易区理事会 东盟能源部长会议 东盟农业与森林部长会议 东盟财政部长会议 东盟投资区理事会 东盟矿业部长会议 东盟科学与技术部长级会议 东盟湄公河流域开发合作部长级会议 东盟交通部长会议 东盟电信与信息技术部长会议 东盟旅游部长会议 东盟一体化倡议(IAI)和缩小发展差距 东盟经济部长监管部门会议	东盟文化与艺术部长会议 东盟灾害管理部长会议 东盟教育部长会议 东盟环境部长会议 东盟《防止跨国界烟雾污染协议》相关方会议 东盟卫生部长会议 东盟信息部长会议 东盟劳工部长会议 东盟农村发展和减贫部长会议 东盟社会福利与发展部长会议 东盟妇女部长会议 东盟青年部长会议

* 东盟共同体理事会下的部长会议召开前通常先召开对应的高官会,以磋商部长会议的议程和协议;东盟秘书长列席所有的部长级会议。

** 由东盟各国外交部长同时承担东盟协调理事会和东盟外长会议职责,确保了在东盟合作中政治合作的优先性。

资料来源:Donald E. Weatherbee, *International Relations in Southeast Asia (Third Edition)*, Lanham, Maryland: Rowman & Littlefield, 2015, p.107。

---

① N. Hassan Wirajuda, "ASEAN's Community-building Process", *Horizons: Journal of International Relations and Sustainable Development*, 2015, 2, pp.129-130.

2011年11月,东盟成员国在第19届东盟峰会上签署了《巴厘第三协约》（Bali Concord Ⅲ）（也称《在全球国家共同体中的东盟共同体巴厘宣言》），强调东盟在加快共同体建设的同时,还要加强与外部世界的互动与融合,提升东盟作为地区组织在国际事务中的地位。[1]

2015年12月31日,时任东盟轮值主席国马来西亚的外长阿尼法（Anifah bin Haji Aman）发表声明宣布,东盟共同体于当天正式成立。声明同时指出,东盟共同体的成立不意味着东盟共同体建设进程的结束,而只是开始。[2] 东盟目前只是完成了共同体建设中最容易的部分,但距离成为真正的共同体还要克服很多障碍。尽管如此,对于一个多样性程度如此之高的地区来说,能尝试这样的宏图并取得进展已是很大的成功。这也标志着东南亚区域主义发展到了一个新的阶段。

第二节 东南亚的自我意识与认同

20世纪90年代初期曾经有一场在当时广受关注但如今似乎已经被人淡忘的论辩,即是否存在"亚洲价值观"以及它如何影响东南亚的经济与政治发展。以时任马来西亚总理马哈蒂尔和新加坡内阁资政李光耀为首的东南亚领导人,在面对西方舆论对其政治制度的批评并总结亚洲繁荣的经验时,提出了"亚洲价值观"这一概念,认为这是亚洲文化区别于西方文化的标志。虽然这一论辩随着1997年亚洲金融危机的爆发而落下帷幕,但对于亚洲独特（不同于西方）身份认同的追求以及对其政治影响的质疑依然受人关注。现实中,东盟如何把政治、经济、语言、宗教如此多元的国家整合到一起,并成功推动区域主义发展的经历,也使这个问题依然具有重要的现实意义。

东盟并不是一个"野心勃勃"的组织。它的奠基者似乎从来没有想过有一天东盟会成为一个一体化组织,并形成共同的认同。如此前所述,东盟是在特殊地缘政治背景下为了应对特定危机而生的。但是,当危机化解后,东盟之所以能够在成员国有着不同的利益和战略认知的背景下仍然维持团结,很大程度上是因为成员国的政治精英有意识地将东盟合作的议程集中在各方有共识的领域,从而使得成员国确信它们的国家利益不会因为东盟的集体决定而受到威胁。尽管

---

[1] 聂鲁彬:《东盟领导人签署〈巴厘第三协约宣言〉》（2011年11月17日）,环球网,https://world.huanqiu.com/article/9CaKrnJt9N5,最后浏览日期:2021年10月2日。
[2] 《新闻背景:东盟50年及东盟共同体建设进程》（2017年11月10日）,新华网,http://www.xinhuanet.com//2017-11/10/c_1121936462.htm,最后浏览日期:2021年10月2日。

这种方式不可避免地限制了东盟的行动能力,也让它在很多焦点问题上无能为力,但它维持了区域合作的韧性,并使成员国在经年累月的互动和对话中实现了区域合作的突破。① 这种行为哲学——"东盟方式"——逐渐演变成凝聚东盟认同的核心价值。它如今也是东盟盟歌的名字。

一、"亚洲价值观"?

20世纪90年代初,随着冷战的结束,西方傲慢地声称"历史的终结"——冷战已经结束,西方胜利了;现在,非西方国家只剩下一条路可走,那就是"民主"。面对西方的这种"胜利主义"姿态,李光耀和马哈蒂尔作出了自己的反击,指出亚洲不是西方政治和文化的复制品,而是有一套不同于西方的独特文化传统和行为逻辑。亚洲经济奇迹的文化根源在于"亚洲价值观"。

需要明确的是,这里所述的"亚洲价值观"并不是指在亚洲范围内所存在的各种源流的价值观的总称,而是指以新加坡、马来西亚为代表的东南亚发展中国家的官方意识形态及其所倡导的"主流价值观"的代名词,是一个具有限定含义的概念。② 1992年,李光耀在"创造21世纪论坛"(东京)的演讲辞中提到,"新加坡之所以能够把毒品问题控制下来,主要是靠亚洲价值观"。③ 这是李光耀首次提及"亚洲价值观"。④ 马哈蒂尔也在《亚洲的声音》一书中强调"亚洲文化"与西方个人享乐主义文化的区别,并在1996年庆祝巫统成立50周年的群众大会上提到了"亚洲"对于民主的看法。⑤

有关"亚洲价值观"的讨论之所以在新加坡和马来西亚得到广泛的响应,主要有两个方面的原因。一方面,二战后,特别是20世纪80年代以来,以新、马为代表的亚洲发展中国家在经济上快速崛起。伴随着物质上的突破,它们也寻求精神上的自主性,以摆脱在长期殖民统治中形成的精神"奴役"。另一方面,经济奇迹也给这些国家带来了"泛西方化"的危机。它们的精英不仅看到了西方的文化霸权主义和民主输出,也意识到在全球化的浪潮中传统文化和本土意识面临着空前的压力。因此,"亚洲价值观"的论辩除了是对西方所谓"历史终结论"的

---

① Donald E. Weatherbee, *International Relations in Southeast Asia* (Third Edition), Lanham, Maryland: Rowman & Littlefield, 2015, p.92.
② 庄礼伟:《亚洲的高度》,广东旅游出版社1999年版,第377页。
③ 同上书,第392页。
④ 1991年1月15日,新加坡国会通过了内阁提出的"共同价值观",包括:(1)国家至上,社会为先;(2)家庭为根,社会为本;(3)社会关怀,尊重个人;(4)协商共识,避免冲突;(5)种族和谐,宗教宽容。这被认为是亚洲价值观的系统和官方版本。此后,亚洲的领导人和学者对亚洲价值观作了进一步的阐述。参见李保英、高奇琦:《"亚洲价值观"与新加坡民主政治》,《社会科学战线》2004年第1期,第175页。
⑤ 庄礼伟:《亚洲的高度》,广东旅游出版社1999年版,第393页。

反击外,也反映了东南亚发展中国家由于经济增长所产生的文化自信以及它们在迈向工业化过程中的一种本能防御。[1]

那么,"亚洲价值观"具体包含哪些内容呢?尽管东盟国家的学者和政治家对此并没有一致的说法,但就其核心的内容他们有一些普遍的共识。比如,"亚洲价值观"认可集体主义,强调个人对国家和社会的责任。它赞赏强有力施行仁政的"好政府",认为这是政府对人民安分守己、尊重权威的回报。它注重维护有秩序的社会,认为纪律、秩序与和谐的重要性高于个人自由。它重视教育,赞赏储蓄与节俭,呼吁人们要勤奋努力地工作。它尊重权威并认同对家庭的忠诚,而国家就是一个大家庭,政府是这个大家庭的"权威"。[2] 它还崇尚和谐与协商,即通过商议而不是对抗来取得共识。这也意味着,东盟的一些政治家和学者认为,将大众排除出政治过程(除了在选举时)是一个政权获得政治稳定的前提,而后者又是经济高速发展的保障。[3] 从"亚洲价值观"的具体内容可以看出,其与西方的价值观存在很大的不同(参见表6.2)。

表 6.2 西方价值观 vs. 亚洲价值观

西方价值观	亚洲价值观
个人主义	集体主义
自由民主	贤能政治、精英领导
个人自由	社会秩序和纪律
物质主义、消费主义	勤俭、储蓄
个人意识	家庭意识
对抗与辩论	和谐与协商

"亚洲价值观"既有经济层面的含义,也有政治层面的重要性。从经济层面看,文化对于东亚国家经济上的成功有着重要影响。正如很多人困惑的,为什么在这么多第三世界国家千方百计寻求摆脱贫困时,只有东亚取得了成功?[4] 在政治层面,"亚洲价值观"驳斥了西方所谓的民主与人权的普适性,强调秩序比民主更重要。亚洲需要"建立在亚洲价值观念和道德规范的深厚基础上"的民主,而

---

[1] 庄礼伟:《亚洲的高度》,广东旅游出版社1999年版,第395页。
[2] Fareed Zakaria and Lee Kuan Yew, "Culture is Destiny: A Conversation with Lee Kuan Yew", *Foreign Affairs*, 1994, 73(2), p.114.
[3] Mark R. Thompson, "Whatever happened to 'Asian Values'?" *Journal of Democracy*, 2001, 12(4), p.156.
[4] Fareed Zakaria, "The Dustbin of History: Asian Values" (November 9, 2009), *Foreign Policy*, https://foreignpolicy.com/2009/11/09/the-dustbin-of-history-asian-values/,最后浏览日期:2021年7月23日。

不是某种抽象的理想。① 人权也不是指无节制的个人自由,而应该在有利于社会稳定和经济发展的前提下被讨论。李光耀、马哈蒂尔以及一些亚洲学者认为,过度强调个人价值和个人自由是西方腐败堕落的根源。当西方寻求将民主、人权的标准强加于其他国家时,他们是在重复帝国主义行径,是旧殖民主义的翻版。亚洲国家现代政治制度的设计必须植根于亚洲的文化,而西方国家用民主的说辞来批评亚洲国家是为了削弱亚洲国家在经济上的竞争力,从而维持西方的霸权。②

正当有关"亚洲价值观"的争论如火如荼展开的时候,1997 年亚洲金融危机爆发。危机不仅摧毁了亚洲的经济,也使"亚洲价值观"遭到了质疑。反对"亚洲价值观"的人认为,如果"亚洲价值观"解释了此前亚洲经济的起飞,那么它也应该对亚洲金融危机负责。所谓的贤能政治、威权统治的另一面是任人唯亲、缺乏透明度和干预型国家。东南亚国家中根深蒂固的裙带资本主义正是在"亚洲价值观"的掩饰下发展壮大,并成为这些国家走向民主化的最大阻碍。③ 也有人质疑是否真的存在所谓"亚洲价值观"。因为亚洲包括多样化的文化、传统、宗教和历史,并不存在一个统一的价值体系。事实上,也只是新加坡、马来西亚这两个国家的领导人在提倡"亚洲价值观",东盟的大多数国家并没有回应。何况勤俭、努力工作等推动经济发展的重要因素并非亚洲独有,而亚洲(儒家)文化在 20 世纪初也曾被马克斯·韦伯等学者认为是抑制资本主义在东亚成功的原因。④

尽管"亚洲价值观"的内涵曾经在东西方世界都曾引发广泛的争议,但它的提出反映了 20 世纪 80 年代以来,随着东南亚经济繁荣而逐渐形成的"亚洲人的文化自觉意识"。它是东南亚国家经济发展在文化思想上的表现。⑤ 无论"亚洲价值观"是否得到认可,它都将继续影响亚洲国家的行为,并且是亚洲国家经济发展中的突出因素。⑥ 正如李光耀所说,"我们不想接受西方的一切"("We do

---

① 贺圣达:《再论东南亚国家的民主化与政治发展:若干重要因素分析》,《东南亚》2000 年第 2 期,第 6 页。
② Kishore Mahbubani, "The Dangers of Decadence: What the Rest can Teach the West", *Foreign Affairs*, 1993, 22(72), pp.13-14; C. Y. Hoon, "Revisiting the 'Asian Values' Argument Used by Asian Political Leaders and Its Validity", *The Indonesian Quarterly*, 2004, 32(2), p.155.
③ Francis Fukuyama, "Asian Values and the Asian Crisis" (February 1998), *Commentary*, https://www.commentarymagazine.com/articles/asian-values-and-the-asian-crisis/,最后浏览时间:2021 年 7 月 30 日。
④ Fareed Zakaria, "The Dustbin of History: Asian Values" (November 9, 2009), Foreign Policy, https://foreignpolicy.com/2009/11/09/the-dustbin-of-history-asian-values/,最后浏览时间:2021 年 7 月 30 日。
⑤ 贺圣达:《再论东南亚国家的民主化与政治发展:若干重要因素分析》,《东南亚》2000 年第 2 期,第 6 页。
⑥ 袁明:《从亚洲价值观谈起》,《世界知识》2000 年第 20 期,第 22 页。

not want all of the West")。①

二、"东盟方式":内涵与争论

如果说有关"亚洲价值观"的讨论是东南亚国家维护自我意识、抵制"泛西方化"的主动行动,那么"东盟方式"则是它们在长期的实践中所形成的一系列规范。与"亚洲价值观"一样,"东盟方式"由于其局限性及其与西方行为方式的诸多差异而遭到很多(来自西方世界)的批评,但它已经构成了东南亚认同的基础。

"东盟方式"是东盟领导人经常用于描述内部互动过程的一个术语,也是将东盟与西方的多边安排区别开来的标志。② 它是东盟真正具有独特性的规范,也是"东盟共同体内部有关冲突及其结局的国家之间关系的牢固规则"。③ 具体来看,"东盟方式"主要体现在两个层面。首先,在决策过程上,"东盟方式"强调决策的非正式性和协商一致。所谓非正式性是指东盟尽可能控制官僚机构的规模(组织最小化)且偏好制度化程度低、灵活性强的合作,从而确保组织能够容纳多样的利益而不会瓦解。所谓协商一致则强调东盟依据共识进行决策。如果无法达成共识,成员国尊重彼此立场并根据各自国家利益行动。在现实中,成员国往往会在某个问题被提交到正式的官方会议之前就努力达成共同意见,以避免在正式讨论或谈判中出现对抗或冲突局面。其次,在行为过程中,"东盟方式"还包括了一系列东盟所遵循的管制性规范(regulative norms),例如不使用武力与和平解决争端、区域自治和集体自主、不干涉国家内部事务、抵制东盟军事协定及偏好双边防务合作等。④ "东盟方式"是一种以协商和对话为基础的非正式合作方式,不具有法律上的约束力,与西方在多边谈判中的对抗性姿态和制度化的决策程序形成了鲜明的对比。⑤

"东盟方式"的形成既受到国际组织和其他地区集团的规范的影响,也源于东南亚自身的社会、文化和政治背景,以及从历史经历中总结出来的经验教训。就前者而言,东盟在1971年的《吉隆坡宣言》(即"和平、自由和中立区宣言")和

---

① Fareed Zakaria and Lee Kuan Yew, "Culture is Destiny: A Conversation with Lee Kuan Yew", *Foreign Affairs*, 1994, 73(2), p.125.
② [加拿大]阿米塔·阿查亚:《建构安全共同体:东盟与地区秩序》,王正毅、冯怀信译,上海人民出版社2004年版,第87页。
③ Noordin Sopiee, "ASEAN and Regional Security", in Mohammed Ayoob, ed. *Regional Security in the Third World*, London: Croon Helm, 1986, p.229.
④ [加拿大]阿米塔·阿查亚:《建构安全共同体:东盟与地区秩序》,王正毅、冯怀信译,上海人民出版社2004年版,第67页。
⑤ Hiro Katsumata, "Reconstruction of Diplomatic Norms in Southeast Asia: The Case for Strict Adherence to the 'ASEAN Way'", *Contemporary Southeast Asia*, 2003, 25(1), pp.104-121.

1976年的《东南亚友好合作条约》中所确定的放弃使用武力威胁、和平解决争端等原则就借鉴自《联合国宪章》。① 但更重要的是,东南亚国家(泰国除外)历史上受到的殖民统治、20世纪60年代东南亚国家之间的冲突所造成的地区局势动荡、大国在东南亚的意识形态渗透和地缘政治竞争以及植根于东南亚文化中的协商传统,则是"东盟方式"形成的内在动力和根本原因。

在"东盟方式"的规范中,不干涉内政和协商一致原则受到了最多的争议。在东盟看来,不干涉内政包括了四个方面的内容:(1)不批评成员国政府对待其人民的行动,也不把一个国家的国内政治体系和政府风格作为决定其东盟成员国资格的标准;(2)反对并谴责违反不干涉内政原则的行为;(3)不认可、庇护或以其他形式支持试图破坏或颠覆他国政府的叛乱组织;(4)(在政治上和物质上)支持成员国反对颠覆的行动。②

冷战时期,东盟国家面临的安全威胁主要来自国家内部,而近邻对于其国内反对势力的支持则往往是内部冲突加剧的重要原因。因此,确立不干涉内政的原则对于维持区域国家间的稳定与秩序至关重要。在当时冷战反共意识形态的主导下,西方国家对于东盟借不干涉内政无视甚或支持区域国家镇压共产主义运动的行动采取了默认和纵容的态度。它们也赞赏并支持20世纪80年代东盟以不干涉内政为由谴责越南入侵柬埔寨的行径,并与东盟一起向越南施压。

然而,随着冷战的结束,国内的共产主义运动已不再是东盟国家面临的主要威胁。但是,东盟仍然坚持不干涉内政的原则,拒绝批评成员国的国内政策,也不以东盟的成员国资格作为向候选国施压以改变其政治制度的工具。尽管这一时期东盟成功维持了地区秩序的稳定,但国际舆论对于东盟不干涉内政原则的批评却越来越多。一方面,以美国和欧盟为首的西方势力指责东盟支持和纵容独裁统治(如接受当时仍然处于军政府统治下的缅甸作为成员国)和侵犯人权的行为(如未批评和制止1992年5月泰国军事镇压民主示威者),施压东盟修正这一原则。另一方面,日益加深的相互依赖也使国内事务与区域事务之间的界线变得模糊。亚洲金融危机爆发前,东盟出于不干涉内政原则没有及时向泰国政府提出调整宏观经济政策的预警,使得包括泰国在内的区域国家在危机中遭遇重创。同时,频繁出现的非传统安全问题也让东盟国家意识到它们没有能力将相关威胁控制在边界之内。在这样的背景下,1997—1998年间,时任马来西亚副总理安瓦尔(Anwar Ibrahim)和泰国外长素林(Surin Pitsuwan)先后提出用"建设性干预"(constructive intervention)和"灵活接触"(flexible engagement)来修

---

① [加拿大]阿米塔·阿查亚:《建构安全共同体:东盟与地区秩序》,王正毅、冯怀信译,上海人民出版社2004年版,第67页。
② 同上书,第81—82页。

正不干涉内政原则,建议允许东盟在一国的国内政策可能影响区域稳定时作出公开、坦诚和建设性的(而非强制性和以制裁为基础的)干预。① 但是,东盟内的大多数国家认为,如果东盟被允许干预各个国家内政,那么东盟就可能因为成员国在种族、文化、语言、宗教等政策上的分歧而走向分裂;域外大国也可能借此干预区域国家的内部事务,引发区域局势的动荡。最终,东盟一致认可不干涉内政原则对维持区域秩序的重要性,并因此拒绝了"建设性干预"和"灵活接触"的建议。

与不干涉内政类似,尽管协商一致原则对于维护东盟的互信友好至关重要,但也存在着明显的不足。在东盟的语境下,协商一致来源于爪哇村落社会的一种独特的决策方式。它通常由两个部分组成:即协调(*musyawarah*)和一致(*mufakat*)。协调意味着在非正式的讨论中就新的主张、设想或倡议进行广泛而深入的磋商;一致则是指通过正式的场合就相关问题达成一致,并在这个过程中避免多数国家将自己的意见强加于少数国家。这一决策方式有助于确保每一个成员国充分的自主性并维持彼此之间的友好关系,但它同时也降低了决策的效率(东盟国家往往需要耗费较长时间来达成共识),使东盟在一些具体问题上往往由于个别国家的反对而难以采取行动。有学者就指出,协调一致更适用于避免冲突而不是解决冲突,其倾向于把冲突"掩盖起来",拒绝将敏感议题纳入多边议程。②

西方的观点经常认为,东盟缺乏行动能力,合作也较为松散,在人权与民主问题上更是少有作为,因此很难与欧盟相比。这种评价完全忽视了区域主义形成的历史背景、客观条件以及本土的文化传统,带有强烈的西方中心主义偏见。东南亚的区域主义实践除了要解决迫切的安全与秩序需求外,也是东南亚国家自我意识觉醒和非西方认同建构的勇敢尝试。"东盟方式"就是东盟在实践和社会化过程中形成的规范以及以这些规范为基础所产生的认同。

尽管存在着显而易见的缺陷,但"东盟方式"也取得了重要的成果。首先,它把地区内经济发展水平、政治制度、文化价值观念差异极大的国家统合到地区合作机制之下,使东南亚成为了一个整体。其次,在"东盟方式"的框架下,不仅地区内的各种国家间冲突得以通过协商和对话的方式解决,而且曾经与东盟敌对的越南也在冷战后成为东盟的成员国,并在区域合作中发挥积极的作用。换言之,"东盟方式"使得曾经被视为亚洲"巴尔干"的地区实现了和平与稳定。最后,

---

① Amitav Acharya, *Whose ideas matter? Agency and Power in Asian Regionalism*, Ithaca: Cornell University Press, 2009, pp.126—128.
② [加拿大]阿米塔·阿查亚:《建构安全共同体:东盟与地区秩序》,王正毅、冯怀信译,上海人民出版社2004年版,第95—97页。

通过以"东盟方式"确立的地区合作原则,东盟在地区经济一体化和建设东盟共同体方面取得了重要的进展,不仅为东南亚国家在对外交往中争取了更有利的地位,也为地区未来的繁荣与发展奠定了基础。①

第三节 东南亚最后的"边界":东帝汶与东盟

拥有130万人口并且于2002年正式独立的东帝汶是东南亚地区最年轻的主权国家,同时也是目前唯一一个没有正式加入东盟的东南亚国家。② 早在2011年东帝汶就提出了加入东盟的申请,2022年11月,东盟峰会各成员国领导人终于同意原则接纳东帝汶为东盟第11个成员,给予东帝汶观察员地位,允许其参加所有东盟会议。

作为东南亚区域的一员,东帝汶与东盟的关系值得我们关注。东帝汶为什么要在独立之后就积极地寻求加入东盟?这一过程又为什么困难重重?

一、东帝汶的独立

东帝汶位于印度尼西亚东南部努沙登加拉群岛最东端。1515年,寻找马鲁古香料群岛的葡萄牙人发现了帝汶岛并开始从那儿获取檀香木和各种香料。在此后的100多年间,葡萄牙逐步占领该岛并建立起了殖民统治。17世纪初,荷兰人入侵帝汶岛西部,开始与葡萄牙争夺对该岛的控制。双方势均力敌、相持不下,最终于1859年签署协议,将帝汶岛正式划分为荷属帝汶(今西帝汶)和葡属帝汶(今东帝汶)。第二次世界大战期间,日本曾于1942—1945年占领葡属帝汶。但在日本战败以后,葡萄牙很快恢复了在东帝汶的殖民统治。

1975年11月28日,东帝汶宣布从葡萄牙独立。然而,9天后,印度尼西亚的苏哈托政府就以所谓"防止共产主义扩张"为由入侵并占领了东帝汶,并于次年7月宣布其为印尼的第27个省。在被印尼占领的20多年间,东帝汶主张独立的分离主义派别与印尼军队发生了激烈的武装冲突,据估计有10万—25万人在冲突中丧生。③

---

① 张蕴岭:《"东盟方式",柔性而富活力》,《人民日报》2006年8月23日,第3版。
② Angaindrankumar Gnanasagaran, "Admitting ASEAN's 11th Member" (January 5, 2018), The ASEAN Post, https://theaseanpost.com/article/admitting-aseans-11th-member, 最后浏览日期: 2021年7月31日。
③ The World Facebook, "Timor-Leste" (July 10, 2019), CIA Library, https://www.cia.gov/library/publications/the-world-factbook/geos/tt.html, 最后浏览日期: 2021年7月31日。

1998年苏哈托政府在亚洲金融危机后下台。新上任的印尼总统哈比比同意东帝汶以全民公决的方式决定它的最终地位。1999年8月,在联合国的监督下,东帝汶举行了独立公投,78.5%的民众支持从印尼独立出来。但在之后的3周,反独立的帝汶武装力量在印尼军队的支持下发动了大规模的报复性行动,造成1400多人丧生,约30万东帝汶居民逃往西帝汶,沦为难民。持续的流血冲突导致东帝汶国内大部分基础设施被毁坏,经济陷入瘫痪。同年9月20日,在联合国的支持下,澳大利亚领导的多国维和部队进入东帝汶,才终于结束了这场冲突并恢复正常秩序。2002年5月20日,东帝汶正式成为独立国家。

自独立以来,百废待兴的东帝汶面临着多重挑战,其中尤以重建经济和基础设施最为突出。由于多年战乱,东帝汶国内没有发展成熟的工业和制造业,经济结构单一,政府财政主要依赖离岸油气资源(占到了政府收入的90%)。然而,东帝汶本身没有能力对开采出来的油气进行加工,因此油气开采并没有产生很多的就业机会,也没有带来丰厚的利润。[①] 同时,过度依赖油气产业也造成了东帝汶国内经济状况受国际油价波动的影响。加上现有油田预计将在数年内枯竭,因此接受海外投资并培育替代产业成为该国经济发展的当务之急。

二、为什么东帝汶要加入东盟?

从地理上看,东帝汶位于东南亚和南太平洋地区的交界处,既可以被当做一个东南亚国家,也可以被视为南太平洋国家;从经济规模和发展程度看,相比东南亚,东帝汶与南太平洋国家存在着更多的相似之处,似乎更应该成为后者的一员。然而,在东帝汶于2002年正式独立以后,它立即选择了东南亚国家的身份,并积极寻求加入东盟。这背后既体现了东帝汶对国家利益的考量,也与东盟地区主义的发展密切相关。

(一)东帝汶与东盟的关系

尽管东帝汶在2002年才成为主权独立的国家,但它与东盟的关系却可以追溯到印尼占领时期(1976—1999年)。当时,作为印尼的一部分,东帝汶理所当然地位于东盟区域范围内,并受到东盟政策的影响。1999年8月,东帝汶脱离印尼。在此后的一段时间,东帝汶领导人希望它作为一个南太平洋国家加入"南太平洋论坛",而非作为东南亚国家加入东盟。1999年10月19日在悉尼举行的一个筹款午宴上,东帝汶独立运动领袖(独立后先后担任过东帝汶国务兼外交与合

---

① "Timor-Leste Economy 2019" (February 2, 2019), https://theodora.com/wfbcurrent/timorleste/timorleste_economy.html,最后浏览日期:2021年7月31日。

作部长、总理和总统)、1996 年诺贝尔和平奖得主若泽·拉莫斯·奥尔塔(José Manuel Ramos-Horta)明确提出,"我们是一个南太平洋国家,而不是东盟的一部分"。①

然而,这一态度在东帝汶于 2002 年获得正式独立后发生了改变。独立后不久,东帝汶就表达了要加入东盟的意愿(而不再将自己视作一个南太平洋国家)。2005 年,东帝汶开始参加东盟地区论坛,又在 2007 年接受了《东南亚友好合作条约》。②

2011 年 3 月,东帝汶借印尼担任东盟轮值主席国之机,在印尼的支持下正式申请加入东盟。起初东帝汶的入盟程序进展顺利。2012 年,时任东盟秘书长素林·比素万(Surin Pitsuwan)访问东帝汶,表示希望东帝汶尽快加入东盟。③ 2013 年,新任东盟秘书长黎良明(Le Luong Minh)向外界透露,所有东盟成员国已原则同意东帝汶成为东盟的第十一个成员国。④ 东帝汶加入东盟似乎指日可待。然而,此后事情的发展却出乎人们的意料。每年东盟关于东帝汶成员国地位的讨论总会得出一个同样的结论:东帝汶尚不具备加入东盟的条件。

尽管如此,东帝汶一直没有放弃其加入东盟的努力。2019 年 3 月,东帝汶通过了《东帝汶-东盟动员计划》(Timor-Leste ASEAN Mobilization Program),以对接《东盟共同体 2025 年蓝图》。同年 5 月,在外交合作部部长迪奥尼西奥·达·科斯塔·巴博·苏亚雷斯(Dionísio da Costa Babo Soares)带领下,东帝汶代表团访问了东盟秘书处,并同秘书长林玉辉(Lim Jock Hoi)举行会谈,希望以此游说东盟在下一轮评估中对东帝汶的东盟成员国地位作出结论。⑤ 2 个月后,东帝汶又向东盟秘书处派出了一支由 20 人组成的技术访问团,参加了一系列有关东盟运作和共同体建设的培训,并向东盟官员汇报了东帝汶为加入东盟所做

---

① Ganewati Wuryandari, "East Timor's Membership in ASEAN: Prospects and Challenges", *ASEAN Outlook*, http://www.aseancenter.org.tw/upload/files/OUTLOOK_003_02.pdf,最后浏览日期:2021 年 8 月 2 日。
② M. Veera Pandiyan, "Time to Admit ASEAN's 11th Member: The Star Columnist" (May 15, 2019), *The Strait Times*, https://www.straitstimes.com/asia/se-asia/time-to-admit-aseans-11th-member-the-star-columnist,最后浏览日期:2021 年 8 月 2 日。
③ Claire Carter, "East Timor's Accession to ASEAN" (August 2017), *ASEAN Today*, https://www.aseantoday.com/2017/08/east-timors-accession-to-asean/,最后浏览日期:2021 年 8 月 2 日。
④ Angaindrankumar Gnanasagaran, "Admitting ASEAN's 11th Member" (January 5, 2018), *The ASEAN Post*, https://theaseanpost.com/article/admitting-aseans-11th-member,最后浏览日期:2021 年 8 月 3 日。
⑤ Khoo Ying Hooi, "What Will It Take to Admit Timor-Leste Into ASEAN?" (August 1, 2019), *The Diplomat*, https://thediplomat.com/2019/08/what-will-it-take-to-admit-timor-leste-into-asean/,最后浏览日期:2021 年 8 月 3 日。

的准备。① 但是,此后由于遭遇新冠肺炎疫情,东盟原定2019年要向东帝汶派出的三个高级别评估团中除了政治安全评估团按计划在当年9月完成了考察,经济评估团和社会文化评估团都未能如期成行。东帝汶加入东盟的进程再次遭到拖延。

(二) 东帝汶加入东盟的好处

东帝汶在正式独立后选择申请加入东盟而不是太平洋岛国论坛,既与其对国家利益的评估有关,也和东盟自身在地区主义发展中所取得的成就密不可分。南太平洋国家间地理隔绝,没有紧密的贸易联系,同时在外交领域也缺乏影响力;相反,自冷战结束以来,东盟在经贸、外交上的合作水平不断深化,并在与域外大国交往过程中形成了一系列以东盟为中心的外交平台,在区域合作中发挥了领导与核心的作用。因此,对于新独立的东帝汶来说,强化东南亚国家的身份认同,并寻求加入东盟符合它的利益。根据东帝汶《2011—2030年战略发展计划》,它希望加入东盟的动力主要包括三个方面:国家的地理位置、民众的愿望和与邻国的文化联系。②

首先,加入东盟能给东帝汶带来巨大的经济利益。作为世界第五大经济体,东盟正在建设以共同市场为目标的经济共同体,并且在成员国之间以及成员国和周边主要大国间(中国、日本、韩国、印度、澳大利亚-新西兰)建立起了自由贸易区。2020年11月,《区域全面经济伙伴关系协定》签署,并于2022年1月正式生效。加入东盟,能够让东帝汶成为这一经济共同体的一部分,不仅推动它的产品出口和贸易增长,为其国内的经济发展提供巨大市场和发展动力,同时也将给它带来大量外来投资和巨大的旅游市场,缓解国家经济对油气资源的依赖,确保长期的经济安全。在过去的20年中,东盟的四个新成员国(即柬埔寨、老挝、缅甸和越南)就因为加入东盟而获得了经济发展的强劲动力,并长期保持较高的GDP增速。此外,成员国地位也将使东帝汶有资格获得东盟一体化倡议(Initiative for ASEAN Integration,IAI)的资金支持,用于缩小与其他东盟成员国在经济发展上的差距。③

---

① "Timor-Leste & ASEAN" (July 30, 2019), Official Government Page for information on Timor-Leste's engagements with ASEAN, https://www.govserv.org/XX/Unknown/481384572391535/Timor-Leste-%26-ASEAN,最后浏览日期:2021年8月3日。
② Khoo Ying Hooi, "What Will It Take to Admit Timor-Leste Into ASEAN?" (August 1, 2019), *The Diplomat*, https://thediplomat.com/2019/08/what-will-it-take-to-admit-timor-leste-into-asean/,最后浏览日期:2021年8月3日。
③ M. Veera Pandiyan, "Time to Admit ASEAN's 11th Member: The Star Columnist" (May 15, 2019), *The Strait Times*, https://www.straitstimes.com/asia/se-asia/time-to-admit-aseans-11th-member-the-star-columnist,最后浏览日期:2021年8月2日。

其次,加入东盟能够提高东帝汶在区域及国际舞台上的地位。在正式独立前,东帝汶经历了400多年葡萄牙的殖民统治,并在1975年短暂独立后又被印度尼西亚占领了将近24年。缺乏独立的行为体身份,也意味着它难以在国际舞台上发出自己的声音,维护自己的利益。加入东盟能让东帝汶完成从"被占领国家"到具有一定影响力的区域行为体的转变,不仅可定期参加东盟及其与对话伙伴国的高层会议,使它在有关地区甚至全球事务中拥有话语权,也有助于东帝汶提升国际形象并激发民族自信,进而推动民族国家建构的进程。

再次,加入东盟还有助于东帝汶减少外交上的脆弱性,避免过度依赖个别大国,从而在与它们的交往中获得"议价"能力。这也是东帝汶基于历史教训所作出的判断。由于地理和历史的原因,东帝汶一直与澳大利亚保持着密切的关系。2002年至2004年间,两国就领海划分和油气资源商业开发的利益分配问题展开了一系列谈判。为了在谈判中获得更大利益,澳大利亚的情报机构在东帝汶总理府和内阁实施了窃听行为,并由此获取了大量与东帝汶谈判策略及政府内部争论有关的信息。最终,澳大利亚在谈判中占尽优势,而东帝汶被迫于2005年同澳大利亚就帝汶海上的巨日升(Greater Sunrise)油气田的开发权签署了对其极为不利的协议。这一丑闻后来由于澳大利亚前情报官员的爆料而为人所知,进而引发了东帝汶国内强烈的民族主义情绪和对澳的不信任,一度造成了两国关系的紧张。尽管这一不公平的协议已经在国际海牙仲裁法庭的干预下被废止,两国也于2018年3月就油气资源分配重新谈判并签署了新的协议,但这一事件让东帝汶深刻地意识到争取外交自主性、从而不过度依赖任何大国的重要性。① 也正是在这样的背景下,东帝汶认为加深与北部其他邻国——尤其是东盟——的关系尤为重要。

这些对实际利益的考量加上东帝汶的地理位置及与东盟的历史联系,使其自正式独立之初就明确了作为东南亚国家的身份,并积极寻求加入东盟。

三、东盟成员国的顾虑

2011年东帝汶正式提交加入东盟的申请,但到2023年仍未正式加入东盟,其间经历了12年。这与20世纪90年代东盟在很短的时间内就相继接受4个中南半岛国家加入东盟——越南在不到3年的时间内完成入盟,老挝和缅甸从递

---

① Ramesh Thakur and Richard Butler, "A Spying Scandal Exposes Australia's Immoral Behavior toward East Timor" (August 10, 2018), *The Washington Post*, https://www.washingtonpost.com/news/global-opinions/wp/2018/08/10/a-spying-scandal-exposes-australias-immoral-behavior-toward-east-timor/,最后浏览日期:2021年7月30日。

交申请到正式成为东盟成员国仅用了2年不到的时间,而即使是当时国内政局不稳的柬埔寨也在递交申请后的3年内加入了东盟——形成了鲜明的对比。这固然与最近20年间东盟一体化的发展和共同体建设密切相关,但在背后也存在着一些东盟内部利益博弈的因素。

1967年建立东盟的《曼谷宣言》规定,东盟对所有位于东南亚地理范围内并认同和愿意遵守东盟目标和原则的国家开放。① 2008年生效的《东盟宪章》第六款进一步明确了加入东盟需要满足四个条件:位于东南亚地理范围内;被所有东盟成员国承认;同意遵守《东盟宪章》并受其约束;具有执行成员国义务的能力和意愿。② 具体来看,其中第四条特别强调,新的成员国必须具备担任东盟轮值主席国并承办一系列东盟会议的能力;它还需要支付每年200万美元的东盟运作费,同时向东盟派出一定数量的外交工作人员以确保东盟能够完成每年举办超过1 000个大型国际会议的任务。③

东帝汶基本符合《曼谷宣言》和《东盟宪章》前三条所提出的条件:它位于东南亚的地理范围内,并已在所有的东盟成员国设立大使馆。同时,在向东盟提出申请时,东帝汶承诺遵守《东盟宪章》。唯一存在争议的是它是否具备足够的能力履行作为成员国的义务。

2017年,东盟曾经向东帝汶派出了三个独立评估小组,从政治安全、经济和社会文化三个层面具体考察了东帝汶加入东盟的准备情况。评估小组最终提交的可行性报告认为,东帝汶仍然需要加强在人力资源上的投入,并进行一系列的能力建设以推动经济增长。④ 因此,尽管当时抱有很大的期望,但东帝汶并没有在当年实现加入东盟的目标。

值得注意的是,在2019年早些时候的一次采访中,时任东帝汶外交合作部部长巴博曾经提出,作为东道国,东帝汶已经成功主办过一系列国际会议,因此已经具备了成为东盟轮值主席国的能力。不仅如此,在东帝汶,有超过15%的民众可以用英语与人交流,并且其国内也有精通东南亚各国语言的专家。除了人

---

① "The ASEAN Declaration (Bangkok Declaration) Bangkok" (August 8, 1967), ASEAN, https://asean.org/the-asean-declaration-bangkok-declaration-bangkok-8-august-1967/,最后浏览日期:2021年7月23日。
② ASEAN, "The ASEAN Charter" (November 13, 2017), The ASEAN Secretariat, https://asean.org/storage/2012/05/The-ASEAN-Charter-26th-Reprint.pdf, p.9,最后浏览日期:2021年7月23日。
③ Truston Jianheng Yu, "2019: The year of Timor Leste in ASEAN?" (December 13, 2018), *The Jakarta Post*, https://www.thejakartapost.com/academia/2018/12/13/2019-the-year-of-timor-leste-in-asean.html,最后浏览日期:2021年8月2日。
④ Kavi Chongkittavorn, "Will Timor Leste Finally Join ASEAN in 2017?" (Jun 15, 2017), *Reporting ASEAN*, http://www.aseannews.net/will-timor-leste-finally-join-asean-2017a/,最后浏览日期:2021年7月23日。

力资源以外,这两年东帝汶已经努力实现了经济的多元化,国民经济不再仅依赖石油产业,采矿业也开始占据重要地位。它还与东南亚其他国家以及周边的伙伴建立了紧密的贸易联系。这一切都证明了东帝汶已经为它的东盟成员国身份做好了准备。①

在所有的东盟国家中,印尼与东帝汶的关系最为密切而复杂。在 24 年的占领时期,印尼政府为了巩固统治在东帝汶实施严厉控制的政策,触发了东帝汶国内的反抗和一系列的暴力事件。然而,自 1999 年东帝汶正式从印尼独立出来以后,两国关系逐渐趋于缓和。2005 年,印尼和东帝汶政府联合发起了真相与友谊委员会(Commission on Truth and Friendship),以调查印尼政府在占领时期的违反人权行为。这一委员会的工作为两国实现和解作出了重要贡献。② 此外,由于印尼和东帝汶地理相连,且两国人民间交往、通婚频繁,因此两国友好关系的民意基础相对比较扎实。目前,印尼是东帝汶重要的贸易伙伴和主要的投资来源地之一。

在东帝汶加入东盟的问题上,尽管印尼曾一度因为东帝汶缺乏必要的经济能力和稳定的政治基础而不主张其加入东盟,但自 2011 年东帝汶正式提出申请以后,印尼不仅在政治上给予了东帝汶重要的支持,同时也通过具体的援助措施帮助东帝汶进行能力建设,帮助其为加入东盟作准备。在 2019 年 7 月 31 日举行的东盟外长会议上,印度尼西亚外长蕾特诺·马尔苏迪(Retno Marsudi)再次重申,印尼支持东帝汶尽快成为东盟的成员国。③ 也正是在 2023 年印尼担任东盟轮值主席国前不久,东帝汶入盟取得了突破性进展。

除了印尼以外,泰国、菲律宾和柬埔寨也是东帝汶加入东盟的积极支持者(其中泰国和柬埔寨早在 2003 年东帝汶表达加入东盟意愿时就对此表示支持)。它们认为,将东帝汶纳入东盟大家庭是帮助它实现发展的最好途径,而一个年轻的民主政体加入东盟也能加强东盟内部的开放性和民主化。④ 2017 年,菲律宾

---

① Kornchanok Raksaseri, "Timor-Leste Eyes ASEAN Fold: Foreign Minister Hopes for News on Membership Bid This Year"(August 4, 2019), *The Bangkok Post*, https://www.bangkokpost.com/world/1724015/timor-leste-eyes-asean-fold,最后浏览日期:2021 年 8 月 4 日。
② Natalie Sambhi, "Finding Partners: Timor-Leste's Evolving Security Ties with Southeast Asia"(May 2019), *Maritime Dispute Resolution and the Future of the Asian Order*, Pell Center for International Relations and Public Policy, https://apo.org.au/sites/default/files/resource-files/2019/05/apo-nid235036-1357406.pdf, p.4,最后浏览日期:2021 年 8 月 3 日。
③ Yuni Arisandy Sinaga, "Indonesia backs Timor Leste for Membership in ASEAN"(August 1, 2019), Antara News, https://en.antaranews.com/news/130264/indonesia-backs-timor-leste-for-membership-in-asean,最后浏览日期:2021 年 8 月 3 日。
④ Kavi Chongkittavorn, "Will Timor Leste Finally Join ASEAN in 2017?"(June 15, 2016), *Reporting ASEAN*, http://www.aseannews.net/will-timor-leste-finally-join-asean-2017a/,最后浏览日期:2021 年 8 月 3 日。

作为轮值主席国曾积极推动东帝汶在当年完成加入东盟的流程,东帝汶更是在当年两次向东盟提出申请,希望借菲律宾的支持达成加入东盟的目标。尽管如此,由于东盟内部意见的不统一,东盟并没有在当年进行扩员。2019年,泰国作为东盟的轮值主席国同样积极推动东帝汶在年内实现加入东盟的目标,并多次表示期待东盟在东帝汶的重建和发展中发挥关键作用,但没有达成这一目标。

东帝汶在加入东盟的过程中曾面临置疑和反对。其中,新加坡认为,东帝汶经济发展水平落后,与其他东盟国家差距巨大。因此,如果接纳它成为东盟成员国,那么其落后的经济和基础设施能力不仅无法为东盟的运作作出贡献,而且有可能吸走大量资源,阻碍东盟整体的发展,并拖延东盟共同体建设的进度。① 此外,新加坡也担心,加入东盟后,东盟全体一致的决策方式将赋予东帝汶在东盟内部的"否决权",而这一"否决权"有可能进一步影响东盟在关键事务上的决策效率。②

缅甸的反对则主要出于政治考量。在缅甸军政府时期,时任东帝汶总统、诺贝尔和平奖得主若泽·拉莫斯·奥尔塔曾多次批评军政府的独裁统治以及对同为诺贝尔和平奖得主的昂山素季的软禁。在缅甸实现民主选举、昂山素季成为缅甸领导人以后,奥尔塔又因为缅甸若开邦的冲突而多次批评昂山素季,使得东帝汶与缅甸的关系再次恶化。③ 在这样的背景下,缅甸不能不顾忌东帝汶加入东盟后会积极推动东盟在若开邦问题上向缅甸施压,因而对东帝汶加入东盟持保留态度。

作为东南亚地区最年轻的国家,东帝汶一直寻求通过融入国际社会以提升其地位和影响力。加入东盟无疑是东帝汶实现这一目标过程中最重要的一步。东帝汶如能顺利正式加入东盟,那么就将成为东南亚区域主义发展历程中极具象征意义的事件。因为那时候人们就可以用东盟来定义作为政治单元的东南亚,而作为区域性国际组织的东盟也将包括东南亚大家庭的所有成员。

思考题

1. 缅甸加入东盟为什么会引起那么大的争议?东盟又如何回应来自区域外的

---

① Kavi Chongkittavorn, "Will Timor Leste Finally Join ASEAN in 2017?" (June 15, 2016), *Reporting ASEAN*, http://www.aseannews.net/will-timor-leste-finally-join-asean-2017a/,最后浏览日期:2021年8月3日。
② Meaghan Tobin, "Chinese Cash: Enough to Keep East Timor Out of ASEAN?" (August 3, 2019), *South China Morning Post*, https://www.scmp.com/week-asia/geopolitics/article/3021219/chinese-cash-enough-keep-east-timor-out-asean,最后浏览日期:2021年8月7日。
③ "Make East Timor 11th ASEAN Member" (November 3, 2017), *Myanmar Times*, https://www.mmtimes.com/news/make-east-timor-11th-asean-member.html,最后浏览时间:2021年8月4日。

压力？
2. 亚洲金融危机的爆发对东南亚造成了什么样的冲击？它给东南亚区域主义的发展带来了什么影响？
3. 为什么20世纪90年代东南亚会出现围绕"亚洲价值观"的讨论？它对东南亚区域主义的发展有什么意义？
4. 什么是"东盟方式"？它是如何形成的？目前它面临着哪些现实的危机与挑战？

第七章

冷战后东南亚的对外关系

本章导学

东南亚是一个地处大国之间的区域。相比区域内活跃的大国,东南亚国家无论是在物质力量还是政治影响力上都与它们有着很大的差距。但是,在冷战后地区大国间存在复杂关系的背景下,东盟通过建构区域合作的关系网络,成功建立起了一系列以东盟为中心的地区合作机制,并确立了"小马拉大车"的合作架构。尽管面临着沦为"清谈馆"的批评和在大国地缘政治关系复杂的背景下被边缘化的危机,但东盟在对外关系实践中建立的关系性权力和规范性影响力依然有着一定程度的韧性,也为东盟继续在区域合作中发挥作用奠定了基础。除了积极建构"东盟中心",东盟也与区域内外的主要大国保持着密切的互动。虽然没有政治一体化的机制,也没有对外代表东盟的"外交部长",但是相比成员国各自与大国之间的双边关系,东盟作为一个整体不仅增加了成员国的地缘政治分量,同时也给予了它们在与实力远强于自己的对手谈判时更多的筹码。

本章学习目标

1. 了解东盟对外关系的特征及主要机制,理解"东盟中心"形成背后的逻辑和东盟发挥的作用。
2. 客观评价"东盟中心"在区域合作中的意义及在当前地缘政治环境下所面临的挑战。
3. 熟悉东盟与区域内外主要大国的关系,思考东盟如何才能在竞争性的地缘政治条件下切实维护自身的利益和自主性。

第一节 "东盟中心":"神话"与挑战

尽管在成立之初是以共同应对所谓"内部的共产主义威胁"[①]为宗旨的组织,但是随着冷战的结束和国际格局的调整,东盟的定位和实际作用也在发生着变化。如今,东盟面对的外部挑战已经不再是两大阵营及其代理人的意识形态对抗,而是个别大国在东南亚地区展开的地缘政治竞争。如何在竞争性的地缘政治环境中维护东盟的政治统一和共同利益是这一时期东盟面临的最大挑战。

相比在区域内活跃的大国,东盟作为地区中、小国家的联合所掌握的外交资源相对有限。但它又绝非无足轻重。它是区域合作的"驾驶员"和网络中心,拥有一定程度的关系性权力和规范性影响力,因此能够在大国之间维持微妙的关系平衡并影响区域合作氛围的塑造。"东盟中心"体现的就是冷战后东盟在地区国际关系中所发挥的作用。

"东盟中心"是指东盟作为亚洲区域合作的召集者和领导人,为区域内的大国提供交流对话的平台,并形成一系列以"东盟方式"为核心的交往规范。实践中,"东盟中心"包括了国家领导人级别和部长级别的很多合作机制,其中又以东盟地区论坛(ASEAN Regional Forum,ARF)、10+3(东盟+中、日、韩)、东亚峰会(East Asia Summit,EAS)以及《区域全面经济伙伴协定》(Regional Comprehensive Economic Partnership,RCEP)最为典型。

尽管"东盟中心"在维护亚太地区秩序中发挥了重要作用,也得到了国际社会的广泛认可,但是在日益加剧的地缘政治竞争背景下,尤其在美国提出印太战略并加紧拉拢地区盟国的情况下,"东盟中心"也面临着新的挑战。如何维持"东盟中心"是未来东盟保持稳定和独立的关键。

一、东盟对话伙伴关系网络的形成

20世纪70年代,东盟开始寻求将成员国与重要战略伙伴双边层面的关系拓展到区域层面,由此开启了建立对话伙伴关系的进程。东盟对话伙伴关系网络逐渐成为东盟对外关系的核心,并为90年代之后建立一系列以东盟为中心的区域合作机制奠定了基础。

[①] 这是冷战特殊历史背景下的叙事。当时东南亚的资本主义国家担心政权受到威胁,为了更好地打击对手,所以从意识形态的角度界定国内的反政府力量。

为了能够获得来自发达经济体的经济和技术援助,东盟在1972年与日本以及欧洲共同体(简称欧共体)建立了非正式的对话关系。① 随后,这一机制逐渐正式化。1974年,澳大利亚成为东盟的第一个正式对话伙伴。② 此后的三年间,东盟又先后与新西兰(1975)、加拿大(1977)和美国(1977)建立了正式的对话关系。与日本和欧共体的非正式对话关系也在1977年正式化。③ 这期间,主要的对话伙伴国(新西兰除外)都建立了合作基金以支持与东盟的共同项目,并承诺对特定的东盟倡议提供额外的资金和技术保障。④ 时任新加坡外长拉惹勒南(Sinnathamby Rajaratnam)曾指出,"东盟本质上是一个区域经济合作组织。如果我们的组织要实现主要的目标,就需要从发达国家获得持续的援助和投资。"⑤

随着对话伙伴关系的建立,东盟与伙伴国的高层互动与交往也逐渐机制化。1977年,东盟在吉隆坡召开了第二次首脑会议。会后,东盟领导人与日本首相以及澳大利亚和新西兰两国总理举行了会晤。次年,为了进一步推进此前领导人达成的共识,东盟各国外长邀请日本外长参加东盟部长级会议,自此开启了东盟外长扩大会议(the post-ministerial conference,PMC)的历史。⑥

1978年底,越南入侵柬埔寨,中南半岛出现严重的难民潮。这时,美国、澳大利亚、新西兰和欧共体都表示希望与东盟各国的部长们进行磋商,以共同应对柬埔寨问题带来的危机。因此,从1980年起,除日本外,这四个国家及行为体也被邀请参加于年度东盟外长会之后召开的东盟外长扩大会议。扩大会议分为两个部分,首先召开东盟与所有与会对话伙伴国外长的共同会议,之后再以东盟+1的形式召开系列外长会。⑦ 这样不仅为东盟与对话伙伴国外长之间的沟通创造了机会,也方便对话伙伴国之间进行互动。

---

① Louie Dane C. Merced, "'Partners' for Change: Understanding the External Relations of ASEAN", *Center for International Relations & Strategic Studies*,2017,Ⅳ(20),http://www.fsi.gov.ph/wp-content/uploads/2017/09/Vol-IV-No-20-Partners-for-Change-Understanding-the-Extenal-Relations-of-ASEAN-Merced.pdf,最后浏览日期:2021年10月5日。
② Moe Thuzar, *Perspective: Researchers at ISEAS-Yusof Ishak Institute Analyse Current Events*,2017(36),https://www.iseas.edu.sg/images/pdf/ISEAS_Perspective_2017_36.pdf,p.5,最后浏览日期:2021年10月5日。
③ [菲]鲁道夫·C.塞韦里诺:《东南亚共同体建设探源:来自东盟前任秘书长的洞见》,王玉主等译,社会科学文献出版社2012年版,第219页。
④ Moe Thuzar, *Perspective: Researchers at ISEAS-Yusof Ishak Institute Analyse Current Events*,2017(36),https://www.iseas.edu.sg/images/pdf/ISEAS_Perspective_2017_36.pdf,p.5,最后浏览日期:2021年10月5日。
⑤ [菲]鲁道夫·C.塞韦里诺:《东南亚共同体建设探源:来自东盟前任秘书长的洞见》,王玉主等译,社会科学文献出版社2012年版,第218—219页。
⑥ 同上书,第220—221页。
⑦ 同上。

冷战结束以后，随着东盟自身经济的迅速发展和区域的稳定，寻求经济与技术援助不再是东盟对外关系的唯一目标。东盟因此开始将其对话伙伴网络扩大到发达经济体之外的周边重要国家。1991年，中国与苏联第一次受邀作为观察员国参加了东盟的外长会议。1996年，中国和俄罗斯正式成为东盟的全面对话伙伴。[1] 此外，韩国和印度也分别在1991年和1995年与东盟建立了全面对话伙伴关系。

随着对话伙伴关系的拓展，东盟与它们的合作议程也不再局限于东盟单向争取发展援助。东盟开始寻求加强与对话伙伴国之间的全方位合作，包括促进双向的贸易与投资合作、在区域政治议题上广泛地交换意见、共同应对非传统安全挑战以及促进彼此的社会文化联系。[2]

到20世纪90年代末期，东盟完成了扩大进程，成员国包含了当时区域内几乎所有国家。与此同时，东盟在区域与全球事务中的重要性也逐渐被世界所认识，越来越多的国家因此希望与东盟建立伙伴关系。这一时期，土耳其、蒙古、哈萨克斯坦、墨西哥、巴西和斯里兰卡亦先后申请成为东盟的正式对话伙伴。然而，东盟毕竟只是一个中小国家的联合，不仅其内部面临着复杂国内问题的挑战，而且作为区域组织也缺乏足够的行政能力协调多方关系。为了能够集中精力处理区域事务并加强与现有对话伙伴关系的联系，自1999年起东盟决定正式冻结全面对话伙伴的申请，将其成员维持在原有的十个邻近大国和主要经济体，直至2021年8月接纳脱欧之后的英国为第十一个全面对话伙伴。[3]

作为全面对话关系的补充，东盟建立了领域对话伙伴关系（sectoral dialogue partnership）和发展伙伴关系（development partnership）。前者主要指实力相对较弱，但与东盟能够在特定议题领域进行合作的对话伙伴；后者则特指对东盟在能力建设和发展领域方面提供帮助的国家。[4] 成为领域对话伙伴关系是成为全面对话伙伴关系的前提（参见表7.1）。

---

[1] Alice Ba, (Re)Negotiating East and Southeast Asia: Region, Regionalism, and the Association of Southeast Asian Nations, Stanford University Press, 2009, p.179.
[2] Louie Dane C. Merced, "'Partners' for change: understanding the external relations of ASEAN", Center for International Relations & Strategic Studies, 2017, Ⅳ (20), http://www.fsi.gov.ph/wp-content/uploads/2017/09/Vol-IV-No-20-Partners-for-Change-Understanding-the-Extenal-Relations-of-ASEAN-Merced.pdf,最后浏览日期：2021年10月5日。
[3] Moe Thuzar, Perspective: Researchers at ISEAS-Yusof Ishak Institute Analyse Current Events, 2017 (36), https://www.iseas.edu.sg/images/pdf/ISEAS_Perspective_2017_36.pdf, p.5,最后浏览日期：2021年10月5日。
[4] Louie Dane C. Merced, "'Partners' for Change: Understanding the External Relations of ASEAN", Center for International Relations & Strategic Studies, 2017, Ⅳ (20), http://www.fsi.gov.ph/wp-content/uploads/2017/09/Vol-IV-No-20-Partners-for-Change-Understanding-the-Extenal-Relations-of-ASEAN-Merced.pdf,最后浏览日期：2021年10月5日。

表 7.1　东盟不同层级的对话伙伴关系

(全面)对话伙伴①	澳大利亚(1974)、新西兰(1975)、欧共体/欧盟(1977)、日本(1977)、美国(1977)、加拿大(1977)、韩国(1991)、印度(1995)、中国(1996)、俄罗斯(1996)、英国(2021)
领域对话伙伴	巴基斯坦(1997)、挪威(2015)、瑞士(2016)、土耳其(2017)
发展伙伴②	德国(2016)、智利(2019)、法国(2020)、意大利(2020)

资料来源:作者根据东盟网站的相关信息自制。

二、"东盟中心"的合作机制

冷战结束以来,东亚的地区合作呈现了一种"小马拉大车"的格局,即作为中小国家集团的东盟占据了区域主义"驾驶员"的位置,将区域内活跃的大国召集到由其主导的对话平台上,一方面充分照顾各方的要求以维持合作的动力,另一方面寻求在不断沟通中培育协商合作的精神,维护地区的安全与政治文化。如前所述,这种"东盟中心"的进程在东盟地区论坛、东盟与中日韩(10+3)机制、东亚峰会以及《区域全面经济伙伴协定》的谈判中表现得最为典型。尽管面临着挑战,但东盟为了维护这一区域合作的中心地位做出了积极的努力。

(一) 东盟地区论坛

建立东盟地区论坛的构想最早可以追溯到苏联领导人戈尔巴乔夫在1986年提出的建议。他认为,应该依照欧洲安全与合作会议(简称欧安会)的模式召开太平洋会议,解决亚太地区的安全问题。1990年,澳大利亚外长埃文斯(Gareth Evans)也强调,未来亚洲的安全框架应该像欧洲一样。同年,加拿大对外事务部长克拉克(Joe Clark)提出了"合作安全"的概念,并提议在东北亚与北美国家之间建立对话机制,以加强地区安全秩序的稳定。③ 但是,从东盟的角度来看,像欧洲那样机制化的多边区域安全合作模式并不适用于亚太地区,因为亚洲(发展中)国家多样化的安全需求不可能通过一个机制化的平台得到满足,而且东盟国家也更习惯于在双边层面探讨安全问题及发展与区域外国家的安全关系。④ 更重要的是,东盟不能接受有关区域安全合作的安排由区域外国家提出。

---

① 除了加拿大和英国,东盟与其他对话伙伴国的关系均已升级为战略伙伴关系。建立战略伙伴关系的时间分别为:中国(2003)、韩国(2010)、日本(2011)、印度(2012)、澳大利亚(2014)、新西兰(2015)、美国(2015)、俄罗斯(2018)、欧盟(2020)。
② 意大利于 2020 年 9 月成为东盟发展伙伴关系候选国。
③ [加拿大]阿米塔·阿查亚:《建构安全共同体:东盟与地区秩序》,王正毅、冯怀信译,上海人民出版社 2004 年版,第 245 页。
④ Alice Ba,(Re)Negotiating East and Southeast Asia: Region, Regionalism, and the Association of Southeast Asian Nations, Stanford, CA: Stanford University Press, 2009, p.173.

它们需要一个基于自身特征和需求的本土化安全合作框架。

就在这一时期,东南亚地区安全局势也在发生着急剧的变化。随着冷战的结束,东南亚地区出现了一定程度的权力真空。1990年1月,苏联宣布撤除在越南金兰湾的海军和空军基地。同年,《美菲军事基地协议》到期,美国开始逐步从菲律宾苏比克湾海军基地和克拉克空军基地撤出。它在亚太地区的军事存在也进一步缩减。尽管这些进展总体上有利于维护东南亚地区的安全,但东盟国家开始担心一些地区大国会为了填补权力真空而展开激烈的竞争,而东盟成员国之间的相互矛盾也可能因为外部约束的减少而集中爆发。东盟回避安全合作的传统亟待改变。

尽管存在着紧迫性,但东盟走向安全合作的进程是逐步展开的。在1991年7月召开的东盟外长会议上,东盟国家同意将外长扩大会议的议程拓展到包括安全领域,同时决定东盟与亚太国家经常性地进行建设性磋商,但它们拒绝了将安全对话机制化的建议。① 1992年1月,东盟在新加坡召开了冷战结束后的第一次峰会。会上,成员国授权东盟处理东南亚内部以及亚太层面上的安全问题,并组织地区安全对话,但它们并不寻求建立一种类似于欧安会的论坛。② 在1992年7月举行的东盟外长会和外长扩大会上,与会各方不仅广泛地讨论了安全议题,而且还邀请中国作为"客人"参与了其中的一些讨论。③ 1993年5月,东盟与对话伙伴国的高官在新加坡开会。他们认为,美国在亚太地区的持续存在以及美国、中国、日本与区域其他国家间的稳定关系对于地区安全秩序至关重要。④ 这也成为日后东盟主导的多边安全框架的核心目标。

除了东盟的官方场合,智库层面的对话也推动了地区安全合作的进展。1993年6月,亚太地区的一些智库联合起来建立了亚太安全合作理事会(Council for Security Cooperation in the Asia Pacific, CSCAP),以在非政府渠道讨论安全问题。12月,东盟战略与国际研究所(ASEAN-ISIS)发布了一份报告,就建立信任措施提出了一系列建议。⑤

---

① Alice Ba,(Re)Negotiating East and Southeast Asia: Region, Regionalism, and the Association of Southeast Asian Nations, Stanford, CA: Stanford University Press, 2009, p.177.
② [加拿大]阿米塔·阿查亚:《建构安全共同体:东盟与地区秩序》,王正毅、冯怀信译,上海人民出版社2004年版,第245页。
③ 同上书,第247页。
④ Michael Leifer, "The ASEAN Regional Forum: A Model for Cooperative Security in the Middle East?" Working Paper No. 1998/1, Department of International Relations, Research School of Pacific and Asian Studies, Australian National University, p.3.
⑤ [加拿大]阿米塔·阿查亚:《建构安全共同体:东盟与地区秩序》,王正毅、冯怀信译,上海人民出版社2004年版,第248页。

在各方的敦促与努力之下,1993年7月召开的东盟外长会议和外长扩大会议决定建立亚太地区第一个专门就安全议题进行磋商的多边论坛——东盟地区论坛(ASEAN Regional Forum,ARF)。1994年7月25日,ARF第一次工作会议在曼谷召开。18个创始成员国参加了这次会议,其中包括当时的6个东盟成员国(越南、老挝、缅甸和柬埔寨尚未加入东盟)以及美国、加拿大、日本、韩国、中国、澳大利亚、新西兰、欧盟、俄罗斯、巴布亚新几内亚、越南和老挝。1997年年底,缅甸、柬埔寨和印度加入这一论坛。1999年,蒙古加入。2000年,朝鲜加入。随后巴基斯坦、东帝汶、孟加拉国和斯里兰卡分别在2004年、2005年、2006年和2007年正式成为ARF成员。迄今为止,ARF共有27个成员国,是亚太地区覆盖范围最广的多边安全论坛,也是世界上唯一一个包含了国际体系所有重要参与者(美国、中国、俄罗斯、欧盟、日本)的地区安全框架。①

ARF每年在东盟的轮值主席国首都举行一次部长级(外长)会议,时间通常安排在东盟外长会议与外长扩大会议之间(一般在8月份),由当年的东盟轮值主席国主持。② 经过近30年的发展,如今除了外长会议之外,ARF每年还举行1次高官会议、1次安全政策会议、1次建立信任措施与预防性外交会间辅助会议、5次会间会(救灾会间会、反恐与打击跨国犯罪会间会、海上安全会间会、防扩散与裁军会间会、使用信息和通信技术安全会间会)和2次国防官员对话会议。③

根据《第一届东盟地区论坛主席声明》,论坛致力于就共同关心的政治与安全问题进行建设性的对话与磋商,并为在亚太地区建立信任和推动预防性外交作出贡献。④ 1995年,论坛同意采纳处理安全问题的三个阶段进程,包括采取信任措施、开展预防性外交和探讨解决冲突的方式。⑤ 作为东盟牵头并主导的地区安全合作,ARF始终以"东盟方式"为主导规范:论坛由既有的东盟外长扩大会议发展而来,不设秘书处(最小的制度结构),通过召开年度外长会议并以协商一致的方式进行决策⑥,所有的决策都不具有法律约束力。⑦ 可以说,ARF完全是

---

① [加拿大]阿米塔·阿查亚:《建构安全共同体:东盟与地区秩序》,王正毅、冯怀信译,上海人民出版社2004年版,第250页。
② 王子昌:《东盟外交共同体:主体及表现》,时事出版社2011年版,第280页。
③ 《东盟地区论坛》(2021年8月),外交部,https://www.fmprc.gov.cn/web/gjhdq_676201/gjhdqzz_681964/lhg_682614/jbqk_682616/,最后浏览日期:2021年10月29日。
④ "ASEAN Regional Forum", ARF Website, https://aseanregionalforum.asean.org/about-arf/,最后浏览日期:2021年10月6日。
⑤ 《东盟地区论坛》(2021年8月),外交部,https://www.fmprc.gov.cn/web/gjhdq_676201/gjhdqzz_681964/lhg_682614/jbqk_682616/,最后浏览日期:2021年10月29日。
⑥ 在年度外长会议前举行高官会(ARF-SOM),提前就东盟地区论坛上要讨论的议题进行广泛磋商,并争取达成一致,避免外长级别对话中出现对抗局面。
⑦ [加拿大]阿米塔·阿查亚:《建构安全共同体:东盟与地区秩序》,王正毅、冯怀信译,上海人民出版社2004年版,第252页。

基于东盟自身的规范和合作模式设计的安全合作机制,也是东盟在冷战后新的安全环境下寻求主导地区安全秩序构建的积极尝试。

ARF 在推动地区安全对话中确实发挥了重要的作用。它遵循循序渐进的原则并充分考虑成员国的要求,使对话与合作成为内化于区域国家的行为规范。在定期的互动中,它增强了成员国彼此之间的互信,并提高了各自在安全问题上的透明度。成员国的安全、防务官员也通过参与 ARF 建立起了关系网络,为他们的日常沟通奠定了基础。①

但是,囿于东盟在推动安全议程上的能力不足以及受"东盟方式"本身的特点所限,ARF 也经常被批评为"清谈馆"(talk shop),难以影响解决地区秩序稳定的重要安全问题(如朝核等)。迈克尔·利弗(Michael Leifer)就曾尖锐地指出,它是"用极不完善的外交手段来对付全新的以及不确定的安全境况"。②

(二) 10+3

20 世纪 90 年代初,面对欧洲一体化和北美自由贸易区的迅速进展,时任马来西亚总理马哈蒂尔呼吁东亚国家联合自强,积极应对全球化的挑战。1990 年 12 月,在关贸总协定乌拉圭回合谈判陷入僵局后,马哈蒂尔提出成立"东亚经济集团"(East Asian Economic Group, EAEG)的倡议。根据他的设想,这将是一个亚洲国家自己的地区集团,由东盟和中国、日本、韩国组成,美国、加拿大和澳大利亚则被排除在外。东亚国家间密切合作,共享发展经验,共同促进地区经济的发展,并提升东亚在世界市场上的竞争力。③

然而,马哈蒂尔的倡议并没有得到东盟其他国家的认可,特别是印尼表达了强烈的反对。苏哈托认为,东盟应该贯彻开放的地区主义政策,不能搞排他的、封闭的地区经济集团。④ 同时,美国也坚决抵制这一倡议,担心这样的经济集团会削弱和损害它在亚洲的地位和利益,并施压日本和韩国,要求它们明确反对。日韩因此反应冷淡。⑤

但是,马哈蒂尔并没有放弃努力。随后,他修改了倡议的措辞,将"东亚经济集团"重新界定为"东亚经济核心论坛"(East Asian Economic Caucus, EAEC)。后者是一个松散的经济协商论坛,修改后的倡议得到了东盟其他国家原则上的赞同。1992 年 1 月,东盟新加坡峰会发布的《新加坡宣言》中这样写道:"东盟确认东亚经济

---

① "ASEAN Regional Forum", ARF Website, https://aseanregionalforum.asean.org/about-arf/, 最后浏览日期:2021 年 10 月 6 日。
② Michael Leifer, *The ASEAN Regional Forum*, Adelphi Paper No. 302, London: International Institute for Strategic Studies, 1996, p.55.
③ 刘兴华:《东亚共同体:构想与进程》,《东南亚研究》2006 年第 1 期,第 92 页。
④ 王子昌:《东盟外交共同体:主体及表现》,时事出版社 2011 年版,第 297 页。
⑤ 刘兴华:《东亚共同体:构想与进程》,《东南亚研究》2006 年第 1 期,第 92 页。

核心论坛可以促进地区经济体之间合作的拓展和开放的全球贸易体系。"1993年，"东亚经济核心论坛"被置于亚太经合组织的框架下，由东盟经济部长负责运行。①

在1993年至1997年间，东盟与中日韩围绕"东亚经济核心论坛"进行了各种形式的磋商，并于1994年7月在曼谷举行了外长非正式会晤。虽然并没有达成有实质意义的协议，但各方都同意继续举行类似的会晤，为日后的东盟＋3机制奠定了基础。②

1997年，亚洲金融危机爆发。危机中，不仅美国没有为遭受打击的国家提供实质性援助，而且国际货币基金组织（International Monetary Fund，IMF）还要求东南亚国家满足其苛刻且不符合实际的条件，并将此作为向东南亚国家提供援助贷款的前提。面对迟缓的国际救援，日本随后提议拿出300亿美元成立亚洲货币基金（Asian Monetary Fund，AMF），受到亚洲各国的欢迎。但美国和IMF都拒绝了日本的提议，认为AMF与IMF功能重复，并担心诱发危机国的道德风险。AMF倡议因此流产。

面对西方的拖延和傲慢，东亚国家认识到唯有通过区域合作和加强自主性，才有可能防止未来的危机。1997年12月，东盟牵头在马来西亚吉隆坡召开了第一次东盟与中日韩领导人非正式会晤（当时为9+3，1999年柬埔寨加入东盟后称10+3），以商讨如何共同应对金融危机的影响。东盟与中日韩合作进程正式开启。次年，第二次东盟＋3领导人非正式会晤在越南河内举行。会上，时任韩国总统金大中建议设立由东亚国家的"著名知识分子"组成的东亚展望小组（East Asian Vision Group，EAVG），以"研究将东亚培育为一个单一合作共同体的具体方法，为地区各国郑重讨论相关问题奠定基础"。③ 中国领导人还提议三国的金融和货币官员定期会面，研究应对潜在金融危机的地区性措施。④ 1999年，在第三次东盟＋3会议上，东亚各国领导人发表《东亚合作联合声明》，决定将10+3（ASEAN Plus Three，APT）机制正式化并每年举行一次。这也是第一个没有美国参与的东亚（包括东南亚和东北亚）合作机制。2004年，各方一致同意将10+3机制作为推动建立东亚共同体这一长期目标的主渠道，因此也赋予了它长期的动力。⑤

---

① 王子昌：《东盟外交共同体：主体及表现》，时事出版社2011年版，第297—298页。
② 刘兴华：《东亚共同体：构想与进程》，《东南亚研究》2006年第1期，第93页。
③ ［菲］鲁道夫·C.塞韦里诺：《东南亚共同体建设探源：来自东盟前任秘书长的洞见》，王玉主等译，社会科学文献出版社2012年版，第227页。
④ 王子昌：《东盟外交共同体：主体及表现》，时事出版社2011年版，第299页。
⑤ 《东盟与中日韩（10+3）合作》（2021年3月），外交部，https://www.fmprc.gov.cn/web/wjb_673085/zzjg_673183/yzs_673193/dqzz_673197/dmyzrh_673227/jbqk_673229，最后浏览日期：2021年10月6日。

随着合作的深化,2007年,10+3国家发布了第二份《东亚合作联合声明——深化东盟与中日韩合作的基础》,重申10+3合作的未来方向,即"为建立东盟共同体而继续支持东盟一体化建设,同时为构建东亚共同体这个长期目标而贡献力量"。① 2017年,在10+3合作建立20周年之际,东亚国家又通过了《关于10+3合作20周年的马尼拉宣言》和《10+3领导人关于粮食安全合作的声明》两份重要文件,进一步明确了东亚国家对10+3合作的展望和优先领域以及通过合作让民众获益的共同意愿。②

在10+3框架下,最引人瞩目的无疑是在金融合作领域所取得的成就。2000年5月,在泰国北部城市清迈举行的亚洲开发银行年会上,来自10+3国家的财长提出,"有必要建立一个地区金融安排来补充现有国际机制的缺陷"。③ 会议通过了以双边货币互换为主要内容的《清迈倡议》(Chiang Mai Initiative, CMI)。依据这一倡议,东盟将货币互换安排④扩大到所有10个国家,并在东盟与中日韩之间建立一个双边互换和回购协议网络,以便在一国发生外汇流动性短缺或出现国际收支问题时发挥金融自助能力,稳定金融市场。⑤《清迈倡议》也被认为是东亚金融合作的里程碑。

2009年12月,10+3的财长与央行行长又签署了《清迈倡议多边化协议》(Chiang Mai Initiative Multilateralization, CMIM,2010年3月生效),成立亚洲区域外汇储备库,初始资本1 200亿美元(其中,中国和日本分别出资384亿美元,各持有32%的份额;韩国出资192亿美元,持有16%的份额;东盟10国则总计出资240亿美元,持有20%的份额)。协议规定,如果10+3成员国中的任何一国出现危机,它都可以在多边化的新框架下,在其出资份额与特定借款乘数相乘所得的额度内,用其本币与美元实施互换。⑥ 2014年7月,《清迈倡议多边化协议修订稿》生效。10+3国家将CMIM资金规模从1 200亿美元翻倍至

---

① 《东亚合作联合声明——深化东盟与中日韩合作的基础》(2007年11月20日),外交部,https://www.fmprc.gov.cn/web/gjhdq_676201/gjhdqzz_681964/lhg_682542/zywj_682554/t5/5/66.shtml,最后浏览日期:2021年10月29日。
② 林昊、杨柯:《第20次东盟与中日韩(10+3)领导人会议在马尼拉举行》(2017年11月14日),中华人民共和国中央人民政府,http://www.gov.cn/xinwen/2017-11/14/content_5239623.htm,最后浏览日期:2021年10月29日。
③ "The Joint Ministerial Statement of the ASEAN+3 Finance Ministers Meeting, 6 May 2000, Chiang Mai, Tailand", https://www.amro-asia.org/wp-content/uploads/2016/09/Chiang-Mai-Thailand.pdf,最后浏览日期:2021年10月5日。
④ 此前的"东盟互换安排"只有2亿美元的规模,影响很小。
⑤ 张蕴岭、张斌:《东亚金融合作的进展与未来的选择》,《当代亚太》2002年第8期,第5页。
⑥ 《东盟与中日韩财长宣布清迈倡议多边化协议生效》(2010年3月24日),中国政府网,http://www.gov.cn/gzdt/2010-03/24/content_1563685.htm,最后浏览日期:2021年10月6日;李巍:《制度之战:战略竞争时代的中美关系》,社会科学文献出版社2017年版,第99—100页。

2 400亿美元,新建预防性贷款工具,并将IMF贷款的脱钩比例从20%提高到30%。① 2021年3月,《清迈倡议多边化协议特别修订稿》生效。在既有的CMIM中增加本币出资条款(即在美元计价贷款以外,成员可基于自愿和需求驱动原则提供本币计价贷款),并将CMIM与IMF贷款的脱钩比例再次从30%提高至40%。②

在东盟与中日韩的共同努力下,如今10+3机制已经形成了以领导人会议为核心,以部长级会议、高官会议、大使级会议(即东盟常驻代表委员会与中日韩驻东盟大使会议)为支撑的合作体系,并在经贸、财政金融、粮食等20多个领域展开了务实合作。截至2022年已经建立了66个对话与合作机制。此外,在10+3框架下还建有官、产、学共同参与的东亚论坛(East Asia Forum,EAF)以及东亚思想库网络(Network of East Asian Think-Tanks,NEAT),为10+3合作提供智力支撑。③

(三)东亚峰会

东亚峰会的概念由马来西亚总理马哈蒂尔在2000年首先提出。④ 同年,在韩国总统金大中的建议下,10+3领导人会议决定成立一个由外交部高级官员和东盟秘书长组成的东亚研究小组(East Asia Study Group,EASG),以评估东亚展望小组的建议,并决定哪些建议应予优先考虑。峰会还特别强调,研究小组要对东亚峰会建议的"影响"进行深入研究。⑤

2001年,东亚展望小组在一份名为《迈向东亚共同体:一个和平、繁荣与进步的地区》(Toward an East Asian Community: Region of Peace, Prosperity and Progress)的报告中提议,把构建东亚共同体作为东亚合作的远景目标,并致力于"将'10+3'年度领导人会议发展为东亚峰会"。⑥ 次年,东亚研究小组也向10+3领导人会议提交了一份报告,支持东亚展望小组报告中提出的基本原则和方向,并将"推动10+3领

---

① 《清迈倡议多边化协议修订稿生效,资金规模翻倍》(2014年7月18日),新华财经,http://rmb.xinhua08.com/a/20140718/1358360.shtml?f=arelated,最后浏览日期:2021年10月6日。
② 《清迈倡议多边化协议特别修订稿今日生效》(2021年4月1日),中华人民共和国商务部,http://asean.mofcom.gov.cn/article/zthdt/dhhbhz/202104/20210403049099.shtml,最后浏览日期:2021年10月6日。
③ 《东盟与中日韩(10+3)合作》(2021年3月),外交部,https://www.fmprc.gov.cn/web/wjb_673085/zzjg_673183/yzs_673193/dqzz_673197/dmyzrh_673227/jbqk_673229/,最后浏览日期:2021年10月6日。
④ 《东亚峰会》(2019年2月),外交部,https://www.fmprc.gov.cn/web/wjb_673085/zzjg_673183/yzs_673193/dqzz_673197/dyfh_673241/dyfh_673243/,最后浏览日期:2021年10月29日。
⑤ [菲]鲁道夫·C.塞韦里诺:《东南亚共同体建设探源:来自东盟前任秘书长的洞见》,王玉主等译,社会科学文献出版社2012年版,第228页。
⑥ 秦亚青、魏玲:《结构、进程与权力的社会化——中国与东亚地区合作》,《世界经济与政治》2007年第3期,第13页。

导人会议向东亚峰会演变"作为东盟的九项中长期措施之一。① 然而,不管是东盟还是中日韩,似乎都不急于落实东亚峰会的倡议。因此,直到 2004 年底,10＋3 领导人会议才决定于 2005 年在马来西亚召开第一届东亚峰会。②

虽然决定召开东亚峰会,但 10＋3 国家对于谁能参加这一峰会显然并未达成一致。当时,中国希望在 10＋3 机制的基础上建立东亚峰会,并将东亚峰会变成包含各个领域合作的、由各国最高领导人参加的多层次地区合作框架;③日本则坚持要将澳大利亚和新西兰纳入东亚峰会的框架,甚至提议让美国也参与进来。同时,在东盟内部,成员国也就东亚峰会到底是该由 10＋3 领导人会议"转变"而来(即由东亚峰会取代 10＋3 领导人会议),还是另起炉灶,建立东亚峰会机制(即保留 10＋3 领导人会议)且东亚峰会的成员国未必与 10＋3 机制相同,产生了分歧。④ 马来西亚支持前者,坚持认为东亚峰会的参与者应限定在 10＋3 的范围内(这也呼应了马哈蒂尔在 20 世纪 90 年代初提出的有关东亚经济集团的提议);但新加坡和印尼则倾向于后者,并欢迎印度、澳大利亚和新西兰加入东亚峰会的进程。⑤ 新加坡和印尼(以及日本)担心在 10＋3 的框架下,中国将占据主导地位;而引入其他国家(特别是经济实力不断上升的印度)则可以平衡中国在这一机制下的影响力。

2005 年 4 月,东盟国家达成一致,东亚峰会自然包括 10＋3 成员国,但也对其他国家开放。其他国家参加东亚峰会需满足三个条件:(1)与东盟有实质性的联系;(2)有东盟全面对话伙伴国的地位;(3)加入了《东南亚友好合作条约》。印度完全满足这三个条件。如果澳大利亚和新西兰能在之后的几个月内加入《东南亚友好合作条约》,那么也将被欢迎参加东亚峰会。此外,东盟还提出未来东盟可以"单独"决定(即无需获得东盟之外的东亚峰会成员国同意)哪些国家可以加入这一机制。⑥ 这也意味着,东亚峰会将独立于现有的东盟 10＋3 机制,由东盟主导,且坚持"东盟中心"和"东盟方式"的原则。⑦ 同时,东亚峰会将只在东盟

---

① 〔菲〕鲁道夫·C.塞韦里诺:《东南亚共同体建设探源:来自东盟前任秘书长的洞见》,王玉主等译,社会科学文献出版社 2012 年版,第 228 页;《东亚峰会》(2019 年 12 月),外交部,https://www.fmprc.gov.cn/web/wjb_673085/zzjg_673183/yzs_673193/dqzz_673197/dyfh_673241/dyfh_673243/,最后浏览日期:2021 年 10 月 6 日。
② 王子昌:《东盟外交共同体:主体及表现》,时事出版社 2011 年版,第 301 页。
③ 同上书,第 300 页。
④ 〔菲〕鲁道夫·C.塞韦里诺:《东南亚共同体建设探源:来自东盟前任秘书长的洞见》,王玉主等译,社会科学文献出版社 2012 年版,第 230 页。
⑤ 同上书,第 230—231 页。
⑥ 同上书,第 231 页。
⑦ 与其他以东盟为中心的区域合作机制相似,在年度东亚峰会召开前会通过外长及高官会晤回顾峰会合作,并就重要议题和未来发展方向进行广泛磋商和交换意见。参见《东亚峰会》(2019 年 12 月),外交部,https://www.fmprc.gov.cn/web/wjb_673085/zzjg_673183/yzs_673193/dqzz_673197/dyfh_673241/dyfh_673243/,最后浏览日期:2021 年 10 月 6 日。

国家主办。2005年12月14日,首届东亚峰会在马来西亚吉隆坡举行。东盟十国、中国、日本、韩国、印度、新西兰和澳大利亚参加了这届峰会,10+6机制成型。

除了参加首届峰会的16国外,美国与俄罗斯的参会资格也是东盟关注的问题。俄罗斯1996年就已经成为了东盟的全面对话伙伴,2004年11月签署了《东南亚友好合作条约》,因此在东亚峰会机制形成时俄罗斯已满足成为参会国的后两个条件。但是,东盟认为它与俄罗斯的关系尚不是实质性的,因此当时未邀请它参加。① 美国自1898年美西战争后来到东南亚,此后一直在该地区有着重要的安全与经济利益,与东盟及地区国家的互动频繁。它也早在1977年就成为了东盟的对话伙伴。虽然日本从一开始就有意邀请美国参加东亚峰会,但美国因为担心《东南亚友好合作条约》中的不干涉内政原则将限制其行动自由(特别是它对缅甸军政府的制裁)而拒绝签署这一条约。同时,美国政府也不愿意与当时尚在军方控制下的缅甸政府一起参会。② 此外,美国总统难以保证每年能够在亚太经合组织峰会之外再出席另一场亚太地区的领导人会议。③

2009年年初,美国奥巴马政府上台,改变了前几届美国政府不关注亚太的局面。2009年7月,奥巴马以颁发总统令(presidential decree)的方式签署《东南亚友好合作条约》(无需经参议院批准),为加入东亚峰会扫清了障碍。随后,美国于2009年11月亚太经合组织会议间隙和2010年9月联合国大会开幕之际先后两次与东盟各国领导人举行峰会,以加深与东盟的互动和了解。时任美国国务卿希拉里·克林顿(Hillary Clinton)也向东盟明确表达希望尽快加入东亚峰会进程的意愿。④

同时,东盟内部也逐渐就邀请美国和俄罗斯参加东亚峰会达成共识。2010年10月30日,在河内召开的第五届东亚峰会上,东盟联合澳大利亚、中国、印度、日本、韩国和新西兰发布《纪念东亚峰会五周年的河内宣言》。其中明确表示,"鉴于它们对东亚峰会进程所表达的兴趣和承诺,(东盟领导人)邀请俄罗斯联邦和美利坚合众国于2011年加入东亚峰会,共同推进东亚峰会的原则、目标

---

① [菲]鲁道夫·C.塞韦里诺:《东南亚共同体建设探源:来自东盟前任秘书长的洞见》,王玉主等译,社会科学文献出版社2012年版,第231页。
② Mark E. Manyin, Michael John Garcia, and Wayne M. Morries, "U. S. Accession to the Association of Southeast Asian Nations' Treaty of Amity and Cooperation (TAC)" (July 13, 2009), Congressional Research Service, https://fas.org/sgp/crs/row/R40583.pdf,最后浏览日期:2021年10月6日。
③ [菲]鲁道夫·C.塞韦里诺:《东南亚共同体建设探源:来自东盟前任秘书长的洞见》,王玉主等译,社会科学文献出版社2012年版,第232页。
④ Ralf Emmers, "US in East Asia Summit: Implications for US-ASEAN Relations" (November 9, 2011), RSIS Commentary, No. 163, https://www.rsis.edu.sg/wp-content/uploads/2014/07/CO11163.pdf,最后浏览日期:2021年10月6日。

和优先事项。"①美、俄两国于 2011 年 11 月 18—19 日首次以正式成员的身份参加了在巴厘召开的第六届东亚峰会。10＋6 机制拓展为 10＋8，包括了所有在亚太地区活跃的大国。

如今，作为"领导人引领的战略论坛"的东亚峰会机制已经确定了能源与环保、金融、教育、公共卫生、灾害管理、东盟互联互通为重点合作领域，并在年度领导人峰会之外初步形成经贸、能源、教育部长的定期会晤机制。②

（四）区域全面经济伙伴关系（RCEP）

2012 年 8 月，在第 44 届东盟经济部长会议及相关会议上，东盟提议与中国、日本、韩国、澳大利亚、新西兰及印度六个对话伙伴国于年底前开始 16 国（10＋6）间自由贸易协定的谈判工作，并得到了六个对话伙伴国经济部长们的一致同意。同年 11 月，在柬埔寨金边举行的东亚领导人系列会议期间，16 国领导人共同发布《启动〈区域全面经济伙伴关系协定〉谈判的联合声明》，宣布 RCEP 谈判正式启动。③ 东亚在东盟的领导下朝着更大范围经济一体化迈出了关键的一步。

事实上，在决定开始 RCEP 谈判前，东盟已经分别与这六个对话伙伴国——中国（2004 年）、韩国（2007 年）、日本（2008 年）、澳大利亚和新西兰（2010 年）、印度（2010 年）——签署了自贸协定。RCEP 是对现有的五个"10＋1"自贸协定的集体升级。通过整合和优化已签署的协定，东盟试图改变过去规则过多、操作易乱的状况，并建设一个高水平的自贸区。④

除了提出 RCEP 的倡议外，东盟在 RCEP 谈判的过程中发挥了重要的领导作用。在 RCEP 谈判的 8 年中，东盟组织了 4 次领导人会议、23 次部长级会议、31 轮正式谈判，积极寻求各方利益的最大公约数。⑤ 东盟秘书处也在会议筹备、文件准备方面给予了出色保障。虽然印度以协定可能伤及本国企业为由而于 2019 年 11 月宣布退出谈判，但其他国家仍然在保证差异性和灵活性的前提下如期完成了整体谈判。⑥

---

① 《东亚峰会成立五周年纪念河内宣言》（2010 年 10 月 31 日），外交部，https://www.fmprc.gov.cn/web/gjhdq_676201/gjhdqzz_681964/dyfheas_682566/zywj_682578/t814508.shtml，最后浏览日期：2021 年 10 月 29 日。
② 《东亚峰会》（2019 年 2 月），外交部，https://www.fmprc.gov.cn/web/wjb_673085/zzjg_673183/yzs_673193/dqzz_673197/dyfh_673241/dyfh_673243/，最后浏览日期：2021 年 10 月 29 日。
③ 《RCEP 简介》，中国-东盟商务理事会，http://www.rcep.com.cn/index.php?m=content&c=index&a=lists&catid=2，最后浏览日期：2021 年 10 月 29 日。
④ 《邓锡军大使发表署名文章——〈区域全面经济伙伴关系协定〉：中方坚定支持东盟加强区域合作中心地位》（2020 年 11 月 20 日），中华人民共和国商务部，http://asean.mofcom.gov.cn/article/zthdt/rcep/202011/20201103017365.shtml，最后浏览日期：2021 年 10 月 6 日。
⑤ 钟山：《开创全球开放合作新局面》，《人民日报》，2020 年 11 月 24 日。
⑥ 张天桂：《RCEP：特点、问题与前景》，《国际展望》2021 年第 2 期，第 126 页。

最终，经过8年艰苦而密集的谈判，2020年11月15日，东盟十国与中国、日本、韩国、澳大利亚和新西兰五国在第四次RCEP领导人会议后正式签署了《区域全面经济伙伴关系协定》。该协定共计14 000页，由20个章节组成，涵盖了此前东盟与RCEP非东盟国家之间自贸协定所未涉及的领域。① 它的签署标志着世界上涵盖人口最多(约22亿人口，占全球30%)、经贸规模最大(GDP总和达26.2万亿美元，占全球总量的1/3)、最具发展潜力的自由贸易区正式启航。② 据预测，到2030年，RCEP将为世界额外增加2 090亿美元的收入以及5 000亿美元的贸易。③

由于东盟与其他五个RCEP国家之间原本就有双边自贸协定，澳、新两国也分别与中日韩三国签署过更高层级的自贸协定，因此RCEP最重要的意义在于它促成了中、日、韩这三个东北亚国家之间达成了第一个自贸协定。作为RCEP中最大的三个经济体，中、日、韩三国的国内生产总值占到了所有RCEP国家总和的80%。④ 尽管三国之间自2013年年初起也开始通过三边渠道谈判自由贸易协定，但中日关系和韩日关系在过去十几年中时常受到历史问题的干扰而起伏不定，相关会谈因此时断时续，并没有取得实质性的进展。中、韩两国也由于各自的原因尚未加入由日本主导的《全面与进步跨太平洋伙伴关系协定》(Comprehensive and Progressive Trans-Pacific Partnership，CPTPP)。而在东盟中心的平台上，三国保持着密切的接触，并在RCEP的框架下率先达成了自由贸易协定，为进一步达成三边的贸易协定(RCEP+)创造了有利的条件。这再次印证了东北亚三国彼此之间互不信任，但可以借助东盟的平台实现合作的观点。东盟在促进东亚整合过程中发挥了不可替代的"中心"作用。

三、"东盟中心"面临的挑战

"东盟中心"是分析东盟对外关系的关键词，与之类似的表述还有东盟作为

---

① 《区域全面经济伙伴关系协定(RCEP)领导人联合声明》(2020年11月16日)，外交部，http://russiaembassy.fmprc.gov.cn/web/zyxw/t1832614.shtml，最后浏览日期：2021年10月6日。
② 《RCEP简介》，区域全面经济伙伴关系，http://www.rcep.com.cn/index.php?m=content&c=index&a=lists&catid=2，最后浏览日期：2021年10月6日。
③ Peter A. Petri and Michael Plummer, "RCEP: A New Trade Agreement That Will Shape Global Economics and Politics"(November 16, 2020), Brookings, https://www.brookings.edu/blog/order-from-chaos/2020/11/16/rcep-a-new-trade-agreement-that-will-shape-global-economics-and-politics/，最后浏览日期：2021年10月6日。
④ Malcolm Cook, "Affirming ASEAN's East Asian Centrality"(November 16, 2020), ISEAS, https://www.iseas.edu.sg/media/commentaries/affirming-aseans-east-asian-centrality/，最后浏览日期：2021年10月6日。

区域合作的"驾驶员""领导者""设计师"等。如上文所述,包括东盟地区论坛、东盟+中日韩(10+3)、东亚峰会、RCEP等在内的东亚地区主义合作网络被认为是"东盟中心"的具体表现(参见图7.1)。

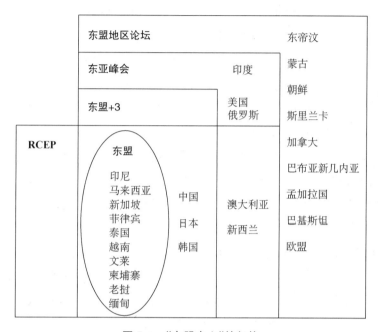

图 7.1　"东盟中心"的架构

那么,"东盟中心"到底有什么含义呢? 首先,从制度层面看,"东盟中心"意味着东盟是亚洲地区最早的区域组织,是东亚或者亚太地区合作网络的中心。它的对外关系活动为区域国家的对话与互动提供了制度性的平台。或者,反过来说,没有东盟就不会有如今东亚地区的一系列合作网络。其次,从规范角度看,东盟又是区域合作规范的提供者以及相关国家围绕这些规范进行辩论时的协调者。这些规范包括基于《东南亚友好合作条约》和"东盟方式"的一系列决策与行为准则。再次,从国际影响力角度看,"东盟中心"为世界其他地区的中小国家集团提供了区域主义的榜样,是非西方世界中的中、小行为体寻求自主性并积极与大国互动的成功案例。①

东盟之所以能从成立之初仅致力于避免陷入大国竞争泥淖的有限组织,发展成如今可以通过积极构建区域合作机制而让周边大国"内嵌于"(enmeshed)由其主导的合作网络,除了与它灵活而积极的外交努力有关外,也离不开一系列有利的地缘政治条件和东盟在处理柬埔寨问题及自身共同体构建过程中积累的良

---

① Amitav Acharya, "The Myth of ASEAN Centrality?" *Contemporary Southeast Asia: A Journal of International and Strategic Affairs*, 2017, 39(2), p.274.

好声望。一方面,冷战后区域内一些大国的激烈竞争和互不信任使得没有任何一个大国能够成为区域合作的领导者,也没有任何一个大国愿意接受其他大国的"领导"。东盟作为区域中小国家集团,与所有大国都保持着密切而友好的关系;其自身的"弱势"地位也让大国确信东盟的斡旋不会对它们自身的利益造成威胁。另一方面,东盟在20世纪80年代处理柬埔寨危机中所坚持的协商一致、避免对抗、照顾彼此利益的外交行为模式以及通过"东盟方式"所确立的不干涉内政、和平解决冲突、区域自治的原则为它赢得了务实、团结、进取的外交形象;而它在冷战后的共同体建设中所取得的突破也使区域大国对它构建区域合作最大公约数的能力保持了一定程度的信心。①

西方学者对"东盟中心"最主要的批评是指它缺乏行动能力,只是区域国家的"清谈馆",而难以对地区安全秩序的建构产生实质性的影响。这些批评在东盟对其内部的一系列危机(如缅甸罗兴亚危机和国内政治变化)束手无策以及在一些焦点议题上出现意见分裂后就显得尤为突出。但"东盟中心"的支持者却认为,尽管缺乏军事、政治与经济实力,但东盟通过成为区域合作的网络中心建构起了关系性权力,从而为"东盟中心"的存续提供了保障。②"东盟中心"的实践使得协商合作成为地区秩序的核心,也在过程中改变了国家之间的认知和行为模式。③ 后者反过来成为了"东盟中心"的合法性来源。

然而,吊诡的是,尽管东盟成功地把区域内的主要大国集中在由它主持的机制平台上,但"东盟中心"却始终面临着一个悖论——区域内任何有意义的制度改革或突破只有通过大国协调(如中国与日本的协调)才有可能实现;然而,一旦大国进行了卓有成效的协调,那么东盟的中心地位就会被边缘化。④ 更糟糕的是,如果大国(由于地缘政治或其他原因)陷入了冲突甚至对抗,那么东盟国家就会面临"选边站"的压力,进而东盟的分裂又必然导致"东盟中心"难以运作。换言之,"东盟中心"之所以能够成功,是因为到目前为止地区内的地缘政治竞争并不激烈,中美两国维持了竞争但友好的关系。但是,随着中国实力的不断上升,中美地缘政治的关系发生变化,东盟的"对冲"外交就将难以为继。到时候,不仅"东盟中心"有可能被架空,东盟的中立和团结也会因为"选边站"的压力而遭到破坏。随着2017年美国出台所谓"自由而开放的印太战略",这一不幸的趋势正在不断发展。

---

① Amitav Acharya, "The Myth of ASEAN Centrality?" *Contemporary Southeast Asia: A Journal of International and Strategic Affairs*, 2017, 39 (2), pp. 275-276.
② 董贺:《关系与权力:网络视角下的东盟中心地位》,《世界经济与政治》2017年第8期,第102页。
③ 魏玲:《关系平衡、东盟中心与地区秩序的演进》,《世界经济与政治》2017年第7期,第46页。
④ Shaun Narine, "ASEAN in the Aftermath: the Consequences of the East Asian Economic Crisis", *Global Governance*, 2002, 8 (2), p.190.

当然,面对日益加剧的中美地缘政治对抗,东盟并非无动于衷。为了确保"东盟中心"地位,东盟在2019年6月出台了《东盟印太展望》(ASEAN Outlook on the Indo-Pacific, AOIP),其中特别强调,东盟支持将东亚峰会"作为对话和落实印太合作的主要平台"。① 这也表明,东盟希望在东盟主导的平台上(而不是在以美国、日本、印度、澳大利亚为核心的四国安全机制中)推动地区安全秩序的构建,并利用它的关系性权力确保这一秩序的包容性与开放性。东盟的中心地位得到了中国的积极支持和响应,但是东盟的努力最终能否成功,则取决于它在多大程度上能提供实质性的(而非局限于"清谈馆"似的)合作方案。

第二节 东盟与主要大国的关系

东盟与全球和地区主要大国的关系是东盟对外关系的重要组成部分。虽然东盟并没有政治一体化的机制,也没有对外代表东盟的"外交部长",所有对外关系的决策依赖东盟方式下的协商一致;但是,相比成员国各自与大国之间的双边关系,东盟作为一个整体不仅增加了成员国的地缘政治分量,同时也给予了它们在与实力远强于自己的对手谈判时更多的筹码。

如上一节所述,由于东盟与主要大国都已建立起了全面对话伙伴关系,因此东盟与它们的沟通和互动多发生在东盟+1、东盟+3、东盟+6/8的框架下,是东盟区域合作网络的组成部分。分析区域合作网络的形成过程和发展成果固然有助于我们了解东盟对外关系的整体结构,但是除此之外,我们也需要关注塑造东盟对外关系结构的主要进程,即随着地缘政治的发展和参与方国内政治的变化,东盟与主要大国的关系发展在不同时期所经历的起伏波动。这就是本节所关注的主要问题。

需要特别说明的是,除了本节考察的美国、中国、日本、欧共体/欧盟外,印度也是一个对东盟来说非常重要的地区大国。尽管自2014年莫迪政府上台后,印度将"向东看"(Look East)政策升级为"东进行动"(Act East),并致力于发展与东盟更紧密的关系,但印度毕竟主要还是一个印度洋国家,且由于实力所限,它与东盟的政治与经贸关系难以同东盟的其他邻国(尤其是中国、日本以及韩国)相提并论。印度在最后时刻退出RCEP的谈判更是让东盟大失所望,并对印度到底在多大程度上能够在这一地区发挥作用产生了怀疑。正如马凯硕等所

---

① "ASEAN Outlook on the Indo-Pacific" (June 23, 2019), ASEAN, https://asean2019.go.th/en/news/asean-outlook-on-the-indo-pacific/,最后浏览日期:2021年10月20日。

言,"东盟与印度关系的潜力与具体成果之间的差距非常大"。"东盟与印度关系多是事务性的,而非战略的"。① 受篇幅所限,也是鉴于以上所说的原因,在这一节中我们将不就东盟与印度关系的发展进行讨论。

一、东盟与美国的关系

自东盟成立以来,美国一直是东盟对外关系中需要考虑的重要因素。正如有学者指出的,尽管东盟在制度设计上致力于防止大国介入地区冲突,但"东盟希望美国影响始终存在,以作为大国的平衡"。② 这一点从冷战至今始终没有改变。

东盟与美国的关系大致可以分为三个阶段。第一阶段是冷战期间。当时双方有着共同的意识形态和战略利益,因此保持着密切的关系。第二阶段是冷战结束到2001年"9·11"恐怖袭击前。其间,美国不再重视这一地区的战略地位,与东盟关系疏远,并且在亚洲金融危机中没有及时对东南亚国家施以援手,因此"东盟感到被美国抛弃了"。第三阶段是"9·11"事件后。这一时期美国开始重新关注东南亚的战略价值,并且因为中国区域影响力的增强而寻求积极拉拢东盟,同时积极介入这一地区激烈的地缘政治竞争。③

(一)第一阶段(1967—1991年)

1973年1月,随着《巴黎和平协议》(也称《关于在越南结束战争、恢复和平的协定》)的签署,美国撤出印度支那。它在东南亚的影响开始逐渐下降。受到越战后遗症及国内反战情绪的影响,美国在之后几年内不仅关闭了位于泰国的军事基地,减少了对东南亚国家的援助,而且在1977年解散了"东南亚条约组织"。但也是在1977年,美国与东盟建立了对话伙伴关系。④

1978年12月,越南入侵柬埔寨。由于在反对越南入侵问题上有着共同的利益,从20世纪70年代末到冷战结束,美国开始重新重视东盟,向越南施压,要求后者从柬埔寨撤军。里根政府的国务卿乔治·舒尔茨(George P. Shultz)在这期间按时出席每年的东盟外长扩大会议,并高度评价美国与东盟的密切关系。里根总统也在1986年的东盟部长级会议上致辞,强调"我们支持东盟,并且期待

---

① [新加坡]马凯硕、孙合记:《东盟奇迹》,翟崑、王丽娜译,北京大学出版社2017年版,第126、128页。
② Diane K. Mauzy and Brian L. Job, "U.S. Policy in Southeast Asia: Limited Re-engagement After Years of Benign Neglect", *Asian Survey*, 2007, 47(4), p.623.
③ [新加坡]马凯硕、孙合记:《东盟奇迹》,翟崑、王丽娜译,北京大学出版社2017年版,第80页。
④ 任远喆:《美国东盟关系的"三级跳"与东南亚地区秩序》,《南洋问题研究》2017年第1期,第18页。

与东盟合作,这是美国太平洋政策的关键"。① 然而,美国与东盟的关系建立在共同反对越南及其背后支持者苏联的基础上,缺乏政治、经济、外交等领域的务实考量,因此尽管这一时期双方的贸易额有所增加,但双边关系仍然受制于冷战格局的变动。

(二) 第二阶段(1991—2001年)

冷战的结束开启了美国与东盟关系的第二个阶段。随着苏联的解体,原先将东盟与美国联系到一起的反共纽带不复存在。欧洲、中东和东北亚成为了美国的战略重心,"东盟不再被华盛顿视为宝贵的地缘政治资产。而这个资产失去了应有的价值,那么就成了美国的政治包袱。"②

这一时期,在军事上,美国撤出了在菲律宾的军事基地,减少了对东南亚国家的军事援助。在政治上,它打着人权、民主的旗号粗暴干涉东南亚国家的内政,多次批评新加坡、马来西亚、印尼和泰国缺乏民主和人权,指责东盟支持缅甸军政府,借口宗教问题单方面延期签署给予老挝最惠国待遇的协议。③ 在对东盟外交上,美国不再重视参加东盟的部长级会议,国务卿经常在这些会议上缺席或者提前离开。④

美国对东盟的忽视在亚洲金融危机期间表现得尤为显著。当时,美国不仅拖延向其东南亚盟友(泰国、菲律宾)提供援助,还影响国际货币基金组织向急需紧急救援贷款的印尼提出了苛刻的贷款条件。后者间接导致了印尼国内的政治动荡,苏哈托政权因此下台。而相比之下,美国在1994年墨西哥金融危机期间向墨西哥提供的帮助以及亚洲金融危机期间向韩国提供的帮助则要"慷慨"得多。美国对东南亚的忽视也让东盟国家对其颇有微词。

(三) 第三阶段(2001年至今)

亚洲金融危机后,东盟与中国在经贸上的往来日益密切。但同时,在安全上,东盟依然希望美国能保持在这一地区的影响力。"9·11"袭击发生后,美国由于需要东盟在反恐问题上的配合以及与中国进行地缘政治竞争而调整了此前不重视东盟的外交政策,再度关注东盟的战略价值。美国与东盟关系因此进入第三阶段。这一时期,美国重新重视东盟,而东盟则越来越表现出"经济上靠中国、安全上靠美国"的倾向。

"9·11"事件后,东南亚成为了"反恐的第二前线"。东盟国家积极响应与美

---

① [新加坡]马凯硕、孙合记:《东盟奇迹》,翟崑、王丽娜译,北京大学出版社2017年版,第82页。
② 同上书,第84页。
③ 马晋强:《当代东南亚国际关系》,世界知识出版社2000年版,第274页。
④ [新加坡]马凯硕、孙合记:《东盟奇迹》,翟崑、王丽娜译,北京大学出版社2017年版,第86页。

国的情报合作，在2002年8月与美国签署了《合作打击恐怖主义联合宣言》。美国也以反恐为名，逐步加强了在东南亚的军事存在，并在打击海盗、（印度洋海啸后的）灾后救援、传染病防控等领域加深了与东盟的合作。① 同时，东盟与美国的经贸往来也变得更为紧密。东盟成为了美国第五大贸易伙伴和重要的海外市场。尽管如此，在小布什政府时期，美国的战略重心仍然位于中东。2005年，美国国务卿缺席东盟部长级会议和东盟地区论坛；2007年，小布什总统又取消了原计划参加的"美国-东盟领导人峰会"。②

　　2009年奥巴马政府的上台成为了重塑东盟与美国关系的契机。自称美国"首位太平洋总统"的奥巴马在上任伊始就着手将外交战略的重点从中东逐步转向东南亚。2009年7月，美国签署《东南亚友好合作条约》；11月，首届美国-东盟领导人会议召开，奥巴马因此也成为第一位与东盟所有国家领导人同时会面的美国总统。③ 2010年，美国在东盟设立了外交使团并派驻大使，成为第一个向东盟派出大使的非东盟国家。④ 在同年10月的一次演讲中，时任美国国务卿希拉里·克林顿（Hillary Clinton）更是宣称东盟是美国亚太地区架构的"支点"（"We view ASEAN as a fulcrum for the region's emerging regional architecture"）。⑤

　　出于对东盟战略地位的重视，在奥巴马政府任期内（2009—2016年），美国总统与国务卿频繁访问东南亚。除了2013年因为国内政治原因缺席外，奥巴马本人出席了2011—2016年间几乎所有的年度东亚峰会，访问东南亚的次数超过了任何其他美国总统的两倍。⑥ 在2015年的吉隆坡峰会上，美国与东盟决定将双方的关系提升为"战略伙伴关系"。次年2月，美国在加州的萨尼兰兹（Sunnylands）主持了"美国-东盟特别峰会"。这也是第一次在美国举行美国与东盟的单独的峰会（而不是作为系列峰会的一部分），具有里程碑式的意义。⑦ 会议

---

① 任远喆：《美国东盟关系的"三级跳"与东南亚地区秩序》，《南洋问题研究》2017年第1期，第19页。
② 同上。
③ "U. S.-ASEAN Timeline", U. S. Mission to ASEAN, https://asean.usmission.gov/our-relationship/policy-history/u-s-asean-timeline/，最后浏览日期：2021年10月25日。
④ 同上。
⑤ Hillary Rodham Clinton, "America's Engagement in the Asia-Pacific" (October 28, 2010), U. S. Department of State, https://2009-2017.state.gov/secretary/20092013clinton/rm/2010/10/150141.htm，最后浏览日期：2021年10月25日。
⑥ Iseas-Yusof Ishak Institute, "US-Asean Relations: From Rebalance to Reset?" (November 5, 2016), The Strait Times, https://www.straitstimes.com/opinion/us-asean-relations-from-rebalance-to-reset，最后浏览日期：2021年10月25日。
⑦ "U. S.-ASEAN Timeline", U. S. Mission to ASEAN, https://asean.usmission.gov/our-relationship/policy-history/u-s-asean-timeline/，最后浏览日期：2021年10月25日；Lyle J. Morris, "The Importance of Sunnylands for U. S.-ASEAN Relations" (February 24, 2016), Rand, https://www.rand.org/blog/2016/02/the-importance-of-sunnylands-for-us-asean-relations.html，最后浏览日期：2021年10月25日。

结束时,与会者发表联合声明,承诺将加强经济与安全合作,并启动美国-东盟互联互通倡议。①

2017年特朗普政府上台后,美国提出了所谓"自由而开放的印太战略",一方面将日本、印度和澳大利亚等地区大国作为主要的合作伙伴,并试图通过强化四国安全机制扩大在印太地区的影响力以"制衡"中国;另一方面又寻求拉拢或施压个别东盟国家,迫使它们在中美之间"选边站"。这也意味着,特朗普政府调整了奥巴马政府时期重视东盟以及多边机制的外交政策,转而将战略重心向地区大国和盟友倾斜。

印太战略的出台使得大国在东南亚地区的地缘政治竞争急剧升级,不仅东盟的统一面临着来自美国的压力,"东盟中心"也有被边缘化的可能。为此,东盟在2019年提出了《东盟印太展望》,在回应美国区域战略需求的同时强调"东盟中心"在地区安全秩序架构中的重要作用。虽然美国对此表示了欢迎,但并没有实质性地改变它对东盟的政策。事实上,在特朗普政府的4年任期内(2017—2020年),除了2017年,美国总统在2018—2020年间连续三次缺席东盟主持的系列峰会,表现出了对于"东盟中心"的区域合作机制的不重视,引起了东南亚国家的担忧和不满。②

尽管如此,面对地缘政治竞争的不确定性,东盟仍然希望2021年上任的拜登政府能够更积极地参与东盟的多边机制,并重视东南亚地区的战略地位。东盟认为,同美国和中国同时保持友好的关系,并维持"经济上靠中国、安全上靠美国"的局面是确保地区稳定、繁荣的重要方式。然而,东盟也需要思考,在新的地缘政治格局下,经济与安全领域是否仍然可以截然分开? 它未来如何面对美国东南亚政策由于总统外交理念的分歧而出现的不稳定局面。

二、东盟与中国的关系

作为与东盟海陆相接的邻国,中国因素一直是东盟考量对外关系的核心。在东盟50多年的发展历史中,东盟与中国的关系随着全球战略竞争局势的变化而经历了起伏巨变。我们可以将这对关系的发展历史大致划分为三个阶段,包括冷战时期(1967—1991年)从对抗到对话的转变,冷战后(1991—2012年)从经

---

① [新加坡]马凯硕、孙合记:《东盟奇迹》,翟崑、王丽娜译,北京大学出版社2017年版,第91页。
② Josh Rogin, "Opinion: Trump's Latest Summit No-shows Are His Final Insult to America's Asian Allies" (November 17, 2020), *The Washington Post*, https://www.washingtonpost.com/opinions/2020/11/17/trump-asean-east-asia-summit-no-shows-insult-asian-allies/,最后浏览日期:2021年10月25日。

济合作到战略合作伙伴关系的确立并深化,直至最近 10 年(2012 年至今)双方的相互依赖不断加深,问题与挑战的一面也有所上升。

(一)第一阶段(1967—1991 年)

1967 年东盟成立时,中国与 5 个创始成员国都没有外交关系。① 由于当时东盟的反共意识形态,中国视其为美国的傀儡,是"以'经济合作'的名义成立起来的反动集团",是"针对中国的军事联盟"。②《人民日报》当时如此评价《曼谷宣言》:

> 宣言仍然露出了马脚,表明所谓经济、文化等"合作"只不过是个幌子。宣言公开表示要同现有的反华反共的国际和区域性组织"保持紧密的有利的合作,并且利用一切途径加强同它们之间的合作"。宣言还明目张胆地为美帝国主义在东南亚建立侵略性军事基地辩护,胡说"这个区域内的所有外国基地都是暂时性的","目的不是直接或间接地用来破坏这个地区的民族独立和国家自由"。这就不打自招地供认:"东南亚国家联盟"只不过是侵略性的"东南亚条约组织"的孪生兄弟,是美帝国主义反华包围圈的一个组成部分。③

好在这段时间并没有持续很久。1972 年 2 月,美国总统尼克松访华,中美关系正常化。中国随后迅速调整外交政策,东盟与中国的关系开始破冰。1974 年,马来西亚率先与中国建交;次年,菲律宾和泰国也与中国建交。伴随着双边关系的改善,1978 年 11 月,邓小平副总理受邀出访新加坡、马来西亚和泰国三国。在曼谷召开的记者招待会上,邓小平明确表示,"中国一贯支持东盟和平、自由、中立的政策",赞赏"东盟坚持这个政策、坚持本身的团结,是亚洲、太平洋和平、安定的一个因素"。同时,他还强调,中国与东盟国家应该相互合作。"东盟国家,差不多比我们还发达一些。我们的水平不如东盟。中国和东盟应该建立互相援助、互相支持的关系。"④邓小平的这次出访,为东盟与中国关系的改善奠定了基调。

东盟与中国关系的真正转折发生在 1978 年 12 月第三次印度支那战争爆发之后。20 世纪 80 年代中国与东盟在柬埔寨问题上的合作使双方产生了保持长期、稳定合作关系的强烈意愿。⑤

---

① 1965 年印尼"9·30"事件后,中国与印尼关系恶化,并于 1967 年 10 月 30 日中断外交关系。
② 转引自[新加坡]马凯硕、孙合记:《东盟奇迹》,翟崑、王丽娜译,北京大学出版社 2017 年版,第 98 页。
③ 《美帝走狗拼凑的"东南亚国家联盟"出笼,美国主子急忙为其反华反共反人民的反动联盟喝彩叫好》,《人民日报》,1967 年 8 月 12 日。
④ 《邓副总理在记者招待会上指出越苏条约威胁世界和平与安全》,《人民日报》,1978 年 11 月 9 日。
⑤ 唐翀:《从敌对到正常化:冷战时期中国与东盟国家的外交关系》,《东南亚南亚研究》2013 年第 2 期,第 3 页。

(二) 第二阶段(1991—2012年)

1991年冷战结束的时候,中国已经与当时所有东盟国家实现了双边关系的正常化。① 同年,时任中国外长钱其琛受邀出席东盟第24届外长会议,东盟与中国的关系揭开了新的篇章。1991年,双方建立了对话关系;1996年,中国正式成为东盟的全面对话伙伴,双方开始了全方位的接触。

1997年7月,亚洲金融危机爆发。泰国、印尼、马来西亚等东南亚国家遭受了巨大的损失,但美国及国际货币基金组织并没有及时向它们伸出援手。中国通过拒绝人民币贬值挽救了东南亚经济,赢得了东盟的高度赞赏。② 金融危机后,不仅中国与东盟的关系在东盟与中日韩的框架下进一步深化,而且在中国-东盟的层面上,中国领导人与东盟领导人也于1997年确立了"中国与东盟面向21世纪的睦邻互信伙伴关系"的新定位,睦邻和互信成为双方关系发展的新坐标。③

进入新世纪后,东盟与中国的关系进一步发展。中国是第一个开始与东盟商谈建立自由贸易区(2002年)、第一个加入《东南亚友好合作条约》(2003年)、第一个与东盟建立战略伙伴关系(2003年)的地区大国。④ 在敏感的南海问题上,双方于2002年签署了《南海各方行为宣言》,维护了这一时期南海局势的稳定。

值得注意的是,在自贸区的谈判中,中国对东盟国家做出了单方面的让步,并对部分产品实施了"早期收获"计划,为谈判的顺利结束创造了条件。2004年11月,中国与东盟签署了自贸区《货物贸易协定》;2007年1月,双方签署了《服务贸易协定》;2009年8月,双方又签署了《投资协议》。⑤ 2010年1月1日,中国-东盟自贸区全面建成。中国与东盟的关系也达到了新的高度。

(三) 第三阶段(2012年至今)

相比前一时期中国与东盟关系的突飞猛进,2012年以后双方的关系呈现出更为复杂的两面性。一方面,双方政治、安全、经贸联系日益紧密,相互依赖持续深化;另一方面,随着中国地区影响力的扩大,域外的力量开始搅动东南亚局势,试图拉拢部分东盟国家,"鼓励"它们在敏感问题上挑起冲突,并引入其他外部大

---

① 1990年8月8日,中国与印尼复交;同年10月3日,中国与新加坡建交;1991年9月30日,中国与文莱建交。至此,中国与当时所有的东盟成员国(六国)都建立/恢复了外交关系。
② [新加坡]马凯硕、孙合记:《东盟奇迹》,翟崑、王丽娜译,北京大学出版社2017年版,第89页。
③ 《中华人民共和国与东盟国家首脑会晤联合声明》,《人民日报》,1997年12月16日。
④ 《外交部副部长罗照辉谈中国-东盟关系:辉煌30年,未来更可期》(2021年3月9日),外交部, https://www.fmprc.gov.cn/web/wjbxw_673019/t1859697.shtml,最后浏览日期:2021年10月25日。
⑤ [新加坡]马凯硕、孙合记:《东盟奇迹》,翟崑、王丽娜译,北京大学出版社2017年版,第100页。

国以制衡中国。在这样的背景下,虽然中国与东盟依然保持着密切而友好的关系,但一些不确定因素也在增加。

这一时期中国与东盟关系的微妙变化与美国亚太政策的调整密切相关。如前一部分所述,2009 年美国奥巴马政府上台后就开始将外交战略的重心转向亚太,所谓的"亚太再平衡"战略也在 2009—2011 年间逐步成型。2012 年上半年,中国与菲律宾在黄岩岛附近发生对峙。在同年 7 月举行的东盟外长会议上,菲律宾和越南坚持要在联合声明中提及南海,遭到了当年东盟轮值主席国柬埔寨的抵制。① 最终,东盟外长会议第一次没有在会后发布联合声明。②

但同样需要指出的是,自 2013 年 9 月起,中国与东盟开始在 2002 年签署的《南海各方行为宣言》基础上就"南海行为准则"进行磋商。2014 年 11 月,李克强总理进一步提出了解决南海问题的"双轨思路",即有关具体争议由直接当事国通过谈判和协商解决,南海和平稳定由中国和东盟国家共同加以维护。③ 这意味着,虽然只有 4 个东盟国家(菲律宾、越南、马来西亚和文莱)是南海主权的声索国,但中国依然愿意与东盟就南海地区秩序展开积极的对话和协商,并最终达成共同的行为准则。此后,有关"南海行为准则"的谈判一步一个脚印地推进,中国与东盟也通过建立一系列信任措施来消除彼此的顾虑,避免南海问题影响区域的稳定。

除了南海问题以外,这一时期中国与东盟的政治合作、经贸往来、人文交流进一步深化,相互依赖逐渐加深。东盟是最有条件与中国的"一带一路"倡议进行对接的地区。④ 2018 年,在中国与东盟建立战略伙伴关系 15 周年之际,双方通过了《中国-东盟战略伙伴关系 2030 年愿景》,其中围绕着深化政治安全、经济、人文交流等领域的合作做出了具体规划,首次将"中国-东盟命运共同体"的表述纳入其中。⑤ 2019 年,中国-东盟自贸区升级《议定书》全面生效。与 1991 年相比,2020 年双方贸易额增长超过 80 倍,突破 6 846 亿美元。截至 2022 年,中国已连续 14 年是东盟第一大贸易伙伴,双方连续 3 年互为最大贸易

---

① Marty Natalegawa, *Does ASEAN Matter? A View from Within*, Singapore: ISEAS-Yusof Ishak Institute, 2018, p.128.
② [新加坡]马凯硕、孙合记:《东盟奇迹》,翟崑、王丽娜译,北京大学出版社 2017 年版,第 101 页。
③ 钟声:《坚持以"双轨思路"处理南海问题》,《人民日报》,2014 年 11 月 17 日。
④ 马勇幼:《好处实实在在 发展风风火火:"一带一路"倡议在东盟》(2017 年 9 月 27 日),中华人民共和国国务院新闻办公室,2017 年 9 月 27 日,http://www.scio.gov.cn/m/31773/35507/35510/35524/Document/1564677/1564677.htm,最后浏览日期:2021 年 10 月 25 日。
⑤ 《中国-东盟战略伙伴关系 2030 年愿景(全文)》(2018 年 11 月 5 日),外交部,http://new.fmprc.gov.cn/web/zyxw/t1613344.shtml,最后浏览日期:2021 年 10 月 25 日。

伙伴。2021年,中国东盟建立全面战略伙伴关系。① 此外,中国与东盟在人文交流领域也取得了重大成就。到目前为止,双方已有200多个城市结对成为友好城市。2019年,双方人员往来突破6 000万人次,平均每周约有4 500个往返航班,互派留学生人数超过20万。②

三、东盟与日本的关系

明治维新后,日本就走上了"脱亚入欧"的道路,并产生了对包括东南亚在内的亚洲文化的优越感,时至今日也没有完全改变。在实践中,尽管由于邻近的地理位置以及亚洲经济的崛起,日本自战后(特别是20世纪70年代起)就重视对东南亚的外交,但当东盟的主张和利益与西方冲突时,日本往往会优先考虑与西方保持一致。③

东南亚是战后日本外交的重点方向。在20世纪50年代到70年代间,日本借助赔偿外交和经济援助外交迅速打开了东南亚市场,但同时也引起了东南亚国家民众的不满。70年代初,各种反日运动在东南亚各国兴起。为了缓和双边关系,1977年8月,时任日本首相福田赳夫出访东盟五国(印尼、马来西亚、新加坡、菲律宾、泰国)和缅甸,并在马尼拉发表了题为《我国的东南亚政策》的著名演讲。④ 演讲中提到的观点后来被称为"福田主义",其中包括三点核心内容:第一,日本决心奉行和平政策,不做军事大国;第二,日本是东盟的朋友,(双方)要在政治、经济、社会、文化等领域建立起相互信赖的关系;第三,日本希望通过加强与东南亚国家的外交来获得政治上的影响力。⑤ 此外,日本还承诺支持东盟五个国家中的主要工业项目(每个国家一个),向它们提供总计10亿美元的日元贷款。⑥ "福田主义"意味着日本的东南亚外交从以"赔偿"、贸易和援助为中心的经济外交转向了包括社会、政治、文化等各方面的全方位外交,也反映了东盟政治、经济地位的提高。⑦

"福田主义"出台后,日本一方面继续通过贸易、投资、援助"三位一体"的经济合作方式加强与东盟国家的经济联系,另一方面积极推动与东盟关系的机制

---

① 《2023年9月14日外交部发言人毛宁主持例行记者会》(2023年9月14日),外交部,https://www.mfa.gov.cn/fyrbt_673021/202309/t20230914_11142916.shtml,最后浏览日期:2023年10月25日。
② 《外交部副部长罗照辉谈中国-东盟关系:辉煌30年,未来更可期》(2021年3月9日),外交部,https://www.fmprc.gov.cn/web/wjbxw_673019/t1859697.shtml,最后浏览日期:2021年10月25日。
③ [新加坡]马凯硕、孙合记:《东盟奇迹》,翟崑、王丽娜译,北京大学出版社2017年版,第133页。
④ 包霞琴、黄贝:《浅析安倍内阁的东南亚安全外交》,《国际观察》2014年第6期,第55页。
⑤ 葛建廷:《日本对东南亚的经济外交:历史与现实》,《欧洲研究》2014年第4期,第106页。
⑥ [新加坡]马凯硕、孙合记:《东盟奇迹》,翟崑、王丽娜译,北京大学出版社2017年版,第136页。
⑦ 白如纯:《日本对东盟外交的回顾与展望》,《亚非纵横》2005年第1期,第72页。

化。1977年,日本成为东盟正式的对话伙伴国;次年6月,由时任日本外相园田直倡议的日本-东盟外长会议召开,日本还应邀参加东盟部长级会议,并自此开启了东盟外长扩大会议的机制;1979年2月,日本与东盟召开经济部长会议,并将其机制化。① 同时,日本与东盟的经贸联系也日益紧密。1985年,东盟成为仅次于美国的日本第二大贸易伙伴。② 但是,日本并没有完全履行福田首相在东南亚做出的承诺。在他承诺支持的五个工业化项目中,最终只有两个落地;10亿美元的贷款承诺也没有实现。这在一定程度上损害了日本在东南亚的声誉。③

冷战结束后,日本进一步提升了东南亚在日本外交战略中的地位。它不仅加大了对东南亚国家投资的力度,并在1994年超过美国成为对东南亚各国投资、技术转让和经济援助最多的国家,而且还致力于从"以经济为中心转向更广泛的对话"。④ 1997年,桥本龙太郎首相访问东南亚,提出日本与东盟要就地区政治安全问题进行坦率协商,并倡议建立定期的首脑会谈机制,推动双方的交流走向制度化和全面化。⑤ 日本还积极支持东盟主导的区域多边主义进程,并高度赞赏东盟地区论坛的建立,认为论坛"为日本提供(了)一个发表见解和回答有关问题的机会,便于减轻亚太国家存在的对日本的种种疑虑"。⑥

亚洲金融危机爆发后,遭受重创的东盟国家希望日本能伸出援手,但日本却采取了让日元贬值的策略,且以经济陷入困境为由没有及时提出援助方案,让东南亚国家大失所望。马哈蒂尔直言,"日本握有2 000亿美元的美国债券,完全可以抛售一部分来加强日元地位,但日本没有这样做,未免令人失望"。⑦ 随后,日本提出建立一个独立于国际货币基金组织且没有美国参加的亚洲货币基金组织(AMF)的倡议,以防止亚洲国家未来出现类似的流动性危机。这一倡议得到了东盟国家的欢迎,但却因为美国的反对而失败。最终,日本在东盟+3的框架下与中国合作,共同推动了清迈倡议的实现,加强了东亚地区的金融合作。

进入新世纪后,随着中国经济实力和影响力的迅速上升,日本由于担心其在地区合作中的主导地位被中国取代,因此试图拉拢东南亚国家和美国的地区盟友,共同"防范和平衡"中国的影响力。为此,2013年,时任首相安倍晋三提出了日本的"亚洲外交五原则",包括:"第一,日本要与东盟国家共同创造相同的价值

---

① 葛建廷:《日本对东南亚的经济外交:历史与现实》,《欧洲研究》2014年第4期,第106页。
② 白如纯:《日本对东盟外交的回顾与展望》,《亚非纵横》2005年第1期,第72页。
③ [新加坡]马凯硕、孙合记:《东盟奇迹》,翟崑、王丽娜译,北京大学出版社2017年版,第136—137页。
④ 马晋强:《当代东南亚国际关系》,世界知识出版社2000年版,第276页;包霞琴、黄贝:《浅析安倍内阁的东南亚安全外交》,《国际观察》2014年第6期,第55页。
⑤ 包霞琴、黄贝:《浅析安倍内阁的东南亚安全外交》,《国际观察》2014年第6期,第55页。
⑥ 马晋强:《当代东南亚国际关系》,世界知识出版社2000年版,第277页。
⑦ 许梅:《日本东南亚政策调整演变中的大国因素》,《东南亚研究》2005年第6期,第38页。

观。第二,日本愿与东盟国家一起全力维护海洋权益和航行自由,欢迎美国重视亚洲的政策。第三,积极推进日本与东盟国家的经济贸易合作,建设各种网络,促进投资,拉动日本经济的复苏,与东盟共繁荣。第四,日本与东盟共同发展与守护亚洲多样的文化。第五,促进日本与东盟各国年轻人的交流,增进相互理解。"①

近年来,为了配合美国对中国的遏制并平衡中国在东南亚地区的影响力,日本在东南亚积极推进所谓"自由与开放的印太"构想,并寻求区域的主导地位。② 在经济领域,日本把东南亚作为政府开发援助的首选对象,并将安保合作作为给予援助的条件,从而加深受援国对日本的依赖。③ 在基础设施领域,日本通过"高质量基础设施伙伴关系",吸引东盟国家加强与日本的互联互通合作,以平衡中国"一带一路"倡议的影响力。在安全领域,日本加强了与东南亚的海上安全合作。它不仅推动建立和深化日本与东盟国家间的双边和多边安全磋商框架,而且还与东南亚国家进行常规型的联合演习,并以"支援东南亚国家能力建设"为名向南海的主要声索国提供武器装备。④

在新的时代背景下,日本与东南亚的关系越来越从属于美国对东南亚的战略和外交部署。对于东盟来说,它一方面欢迎日本积极参与东盟及区域的共同事务,并提供中国以外的合作选项;另一方面也担心日本与美国的联系会加速地区分裂成两个排他的集团。

四、东盟与欧共体/欧盟的关系

东盟与欧洲的关系可以追溯到20世纪70年代。英国曾是东南亚部分国家的殖民宗主国,因此与东南亚国家一直保持着密切的经济往来。1972年1月,英国与欧共体达成协议,将于1973年1月1日正式加入欧共体。由于担心英国加入欧共体后会关闭对东盟的市场,1972年东盟成立了由东盟各国驻欧共体外交代表组成的"东盟布鲁塞尔委员会"(the ASEAN Brussels Committee, ABC),并与欧共体举行了第一次非正式对话,以争取东盟国家在欧共体市场上的份额并

---

① 《安倍发表亚洲外交五原则,呼吁东盟护海权》(2013年1月19日),中国日报中文网,http://world.chinadaily.com.cn/2013-01/19/content_16142616_2.htm,最后浏览日期:2021年10月4日。
② 虽然安倍晋三早在2007年就提出了印太的概念,但直到2017年美国公开宣布"自由而开放的印太战略"后,印太概念才获得了广泛的关注。随后,为了赢得东南亚国家的支持,日本在2018年将美国的印太"战略"(strategy)改称为印太"构想"(vision)。参见李嘉宝:《日首相外交首秀"示好"东南亚》(2020年10月25日),新华网,http://www.xinhuanet.com/world/2020-10/25/c_1210856412.htm,最后浏览日期:2021年10月4日。
③ 高立、徐万胜:《日本安倍内阁东南亚政策析论》,《东北亚学刊》2015年第1期,第21—23页。
④ 包霞琴、黄贝:《浅析安倍内阁的东南亚安全外交》,《国际观察》2014年第6期,第58页。

稳定东盟初级产品的价格。1975年,东盟与欧共体成立了一个联合研究小组(the ASEAN-EEC Joint Study Group, JSG),探讨更广泛的合作。① 随后,东盟于1977年正式与欧共体建立了对话伙伴关系,并从次年起定期举行外交部长会议。1985年,东盟与欧共体又建立了经济部长会议机制,以进一步推动双方的经济合作。② 然而,即使双方达成了经济合作协定,欧共体也没有给予东盟预期中的贸易优惠与平等。③

随着冷战的结束,欧洲加快了一体化的进程。1993年11月1日,《马斯特里赫特条约》正式生效,欧洲共同体改名为欧洲联盟(简称欧盟),并开始从经济实体向政治经济实体过渡。此后,欧盟与东盟的关系虽然经历了一定程度的波折,但也逐渐发展出两个轨道的机制化互动,分别是亚欧层面和东盟与欧盟层面的合作。

在亚欧层面。1994年10月,在世界经济论坛欧洲和东亚经济首脑会议上,新加坡提议在东亚与欧洲之间建立更紧密的联系,并与跨太平洋国家和跨大西洋国家之间的关系取得平衡。会后,新加坡总理吴作栋访问了法国、荷兰和比利时。他在与法国总理的会谈中正式提出了举行亚欧会议的建议,并得到了后者的支持。④ 1995年3月,东盟高官会也同意采纳由新加坡起草的关于召开亚欧会议的指导性文件。1996年3月1日,第一次亚欧首脑会议(Asia-Europe Meeting, ASEM)在泰国曼谷召开,由此开启了亚欧会议的进程。根据这次会议的《主席声明》,亚欧会议将致力于"在亚欧两大洲之间建立旨在促进增长的新型、全面伙伴关系,加强相互对话、了解与合作,为经济和社会发展创造有利的条件,维护世界和平与稳定"。⑤

亚欧会议机制遵循了"东盟方式"最低程度制度化的原则。作为非正式的合作论坛,它包括了首脑会议、外长会议以及其他部长级会议等安排。其中,亚欧首脑会议负责确定亚欧会议的指导原则和发展方向,隔年在亚洲和欧洲轮流举行;亚欧外长会议负责亚欧会议活动的整体协调和政策规划,通过有关指导性文件并批准新倡议。外长会议每两年举行一次,与首脑会议错年举行。亚欧会议不设秘书处,由高官会负责日常的协调沟通工作。1996年后加入东盟的老挝、缅甸和柬埔寨三国于2004年正式加入亚欧会议进程;2006年,东盟秘书处成为亚欧会议成员。目前,亚欧会议由(包括欧盟所有成员国、东盟所有成员国以及两

---

① 王子昌:《东盟外交共同体:主体及表现》,时事出版社2011年版,第291—292页。
② 杨保筠:《东盟与欧盟关系三十年评析》,《东南亚研究》2007年第6期,第64页。
③ 王子昌:《东盟外交共同体:主体及表现》,时事出版社2011年版,第292页。
④ 同上书,第291页。
⑤ 《亚欧会议》(2021年8月),外交部,https://www.fmprc.gov.cn/web/gjhdq_676201/gjhdqzz_681964/lhg_682206/jbqk_682232/,最后浏览日期:2021年10月5日。

个区域的其他国家在内的)51个国家成员及欧盟委员会和东盟秘书处两个机构成员组成。①

与亚欧层面合作的顺利展开相比,东盟与欧盟的合作却由于人权问题(特别是印尼/东帝汶问题和缅甸问题)的干扰而在冷战后经历了一段时间的停滞。② 1997年,东盟接纳缅甸为成员国。欧盟指责东盟无视缅甸的人权问题,冻结了所有对东盟的援助合作项目,并暂停了1997—2000年间所有东盟与欧盟部长级会谈。③

2000年12月,中断三年的东盟-欧盟部长会议在老挝万象举行。会议通过了《万象宣言》,承诺双方将本着"真诚、相互理解和相互信任"的精神进行政治对话,并在促进政治、经济合作及敏感问题方面(包括印尼、缅甸问题上)取得了一定的成果。④ 为了推动与东盟间的经贸合作,欧盟于2003年推出了"跨地区欧盟-东盟贸易计划",建立了定期的对话框架,推动贸易和投资的流动。⑤ 2007年3月,欧盟与东盟签署了《欧盟与东盟加强伙伴关系的纽伦堡宣言》(Nuremberg Declaration on an EU-ASEAN Enhanced Partnership),并开始了有关自由贸易区的谈判。然而,谈判在2009年中止,直到2015年双方才同意采取措施重启相关议题的讨论。2018年,由于所谓人权问题,欧盟正式将柬埔寨排除出多边自由贸易区的谈判。菲律宾和缅甸也分别由于"毒品战争"和罗兴亚问题而遭到欧盟的批评。后者不愿意将两国包含在多边的自由贸易谈判进程中。⑥ 此外,欧盟禁止棕榈油进口的条件遭到了世界上第一和第二大棕榈油出口国印尼和马来西亚的抵制。在这样的情况下,欧盟更愿意与个别东盟国家通过双边渠道进行自贸区的谈判,并已与新加坡和越南达成了相关协议。

近年来,除了在经济领域(贸易、投资、援助等方面)继续发挥作用以外,欧盟也致力于在东南亚的政治、战略与安全领域扮演更活跃的角色。⑦ 早在2015年,欧盟就曾表达过希望参加东亚峰会的意愿,并认为其在非传统安全领域的经验(如预防外交、灾后重建和危机反应等)能够为东盟提供帮助,但东盟迄今仍未发

---

① 《亚欧会议》(2021年8月),外交部,https://www.fmprc.gov.cn/web/gjhdq_676201/gjhdqzz_681964/lhg_682206/jbqk_682232/,最后浏览日期:2021年10月5日。
② 王子昌:《东盟外交共同体:主体及表现》,时事出版社2011年版,第292页。
③ 任琳、程然然:《欧盟东南亚政策论析》,《欧洲研究》2015年第3期,第29页。
④ 杨保筠:《东盟与欧盟关系三十年评析》,《东南亚研究》2007年第6期,第64页。
⑤ 任琳、程然然:《欧盟东南亚政策论析》,《欧洲研究》2015年第3期,第29页。
⑥ "Is there an EU-ASEAN trade deal on the horizon?"(December 18,2019),ASEAN Today,https://www.aseantoday.com/2019/12/is-there-an-eu-asean-trade-deal-on-the-horizon/,最后浏览日期:2021年10月8日。
⑦ Laura Allison-Reumann, "ASEAN-EU Relations: Looking Ahead", in Mari Elka Pangestu and Rastam Mohd ISA, eds., *ASEAN Future Ahead*, Kuala Lumpur: Institute of Strategic and International Studies Malaysia, p.159.

出这一邀请。显然,东盟内部尚未就此达成一致。①

2016年,东盟与欧盟签署了《推动东盟与欧盟成为有共同战略目标的全球伙伴的曼谷宣言》(Bangkok Declaration on Promoting an ASEAN-EU Global Partnership for Shared Strategic Goals)。其中不仅强调了东盟和欧盟关系的重要性,而且希望双方能深化在多领域的合作,以尽快实现东盟与欧盟伙伴关系的升级。② 2020年12月1日,在第二十三次东盟与欧盟部长级会议上,双方同意正式将东盟与欧盟的关系升级为全面战略伙伴关系。对于东盟来说,这是历史性的。因为这意味着双方的关系突破了长期以来的捐助者-受援者的模式,并且未来欧盟对东盟的需要与依赖可能更多于东盟对其的需求。③

最后,需要指出的是,英国的脱欧并没有直接影响欧盟与东盟之间的关系,但是在脱欧后,英国需要重新与东盟谈判以确定它与东盟双边关系的定位和发展。2021年8月,英国已经正式成为东盟第十一个全面对话伙伴国。但是双方的关系未来将如何具体展开仍然有待进一步的观察。

思考题

1. 什么是"东盟中心"? 它对东盟有什么意义,又对地区秩序的稳定作出了哪些贡献? 现实中,"东盟中心"面临着怎样的挑战?
2. 东盟+中、日、韩("10+3")的合作是如何实现的? 它取得了哪些成果? 在当下,这一机制又有什么现实意义?
3. 围绕东亚峰会的组成曾经有过哪些不同的意见? 为什么部分东盟国家坚持东亚峰会的成员应包括除了中日韩以外的其他地区大国?
4. 《区域全面经济伙伴关系协定》(RCEP)的生效对于东亚区域经济的发展有什么影响?

---

① Laura Allison-Reumann, "ASEAN-EU Relations: Looking Ahead", in Mari Elka Pangestu and Rastam Mohd ISA, eds., *ASEAN Future Ahead*, Kuala Lumpur: Institute of Strategic and International Studies Malaysia, p.160.
② Ibid., p.155.
③ Laura Allison-Reumann and Philomena Murray, "The ASEAN-EU Strategic Partnership's Coherence Challenge" (February 16, 2021), East Asia Forum, https://www.eastasiaforum.org/2021/02/16/the-asean-eu-strategic-partnerships-coherence-challenge/,最后浏览日期:2021年10月8日。

结　　语

本书将东南亚作为一个整体,考察了它在历史发展进程中如何建设性地借鉴和创造性地融入外部世界的变化,并在不断适应外部压力的同时努力维持自主性和独立性。①

尽管东南亚并不是一个历史的概念,在二战以前东南亚各国也从未作为一个"区域"出现,但是独特的地理位置和它与外部世界的关系,使得这一地理空间及其内部的政治实体之间维持着一些基本的共性,包括作为东方文明的边缘地带,资本主义殖民体系的外围地区,美苏冷战的前沿地带以及多极世界中的新兴力量。② 更重要的是,东南亚的政治实体一直在适应外部影响的前提下探索自主性,并在过去的50多年中通过区域合作逐步摆脱了历史上的边缘地位。考虑到这些,本书把东南亚作为一个整体进行考察有着一定的必要性和可行性。

作为从国际关系视角切入的探讨,连续性与变革性是我们理解东南亚历史发展进程的关键,而它们又是在既相互矛盾又相互影响的内、外力量共同作用下形成的。对于东南亚区域来说,随着国际关系格局的发展,它必须在不同的体系结构下适应并利用它所处的独特地理环境,包括热带气候条件下向海开放的特性和作为大国影响力边缘所面临的脆弱性。

本书梳理了东南亚发展的历史脉络,包括它在印度、中华及伊斯兰文化影响下形成的古代地区国际秩序(第二章),随着资本主义世界体系的形成而被逐渐纳入西方殖民体系的过程(第三章),在20世纪国际关系重构过程中走向独立并建立起次区域的民族国家体系(第四章),在冷战两极体系下维持独立并突破边缘地位的努力(第五章)以及冷战后在日益多元的世界体系中构建东南亚认同并发展与世界关系的尝试(第六、七章)。正如王正毅教授所言:"每一区域的发展都有其独特的历史,这种历史既是该区域本身,也是区域内各国进一步发展的基础和前提,忽视了这种历史研究,就无法真正把握其发展的脉络。"③

在关注进程的同时,本书特别突出了区域的发展与世界体系中大国的关系。对于东南亚来说,无论国际关系格局如何变化,它都要面对与两个大的邻国的关

---

① 翟崑:《超越边缘化:世界体系论下的东盟共同体》,《人民论坛·学术前沿》2016年第9期,第41页。
② 王正毅:《边缘地带发展论——世界体系与东南亚的发展》(第2版),上海人民出版社2018年版,第11页。
③ 同上书,第10页。

系。当中国和印度被迫卷入世界体系的进程后,东南亚除了要面对来自欧洲和全球世界体系中的霸权国家的压力外,还要承受作为中国和印度的边缘地带所面临的复杂关系外溢的后果。尽管如此,东南亚作为一个整体仍然表现出了强大的韧性。在区域主义和民族主义的张力下,东南亚的领导强人选择了区域主义的道路,并在东盟成立后的 50 多年里保持了区域国家间持续的和平和稳定,成功破除了在负面历史遗产影响下沦为"亚洲巴尔干"的预言。① 考虑到世界其他有着相似历史背景的地方仍然深陷动荡与冲突的事实,东南亚所取得的成就令人瞩目。

最后,本书对于东南亚国际关系的梳理和回顾试图说明一个问题:东南亚是一个在地理条件塑造下形成的独特区域。它的发展摆脱不了区域和世界体系的影响,同时也依赖于它对外部世界的适应性和能动性。因此,东南亚国际关系是一门有意义的学科。关注它的发展有助于我们更好地认识中国的这个重要"周边",并帮助我们在与东南亚交往时理解他们的关切并形成彼此的信任。

---

① N. Hassan Wirajuda, "ASEAN's Community-building Process", *Horizons: Journal of International Relations and Sustainable Development*, 2015, 2, p.133.

英文缩写释义

ABC（ASEAN Brussels Committee） 东盟布鲁塞尔委员会

AFTA（ASEAN Free Trade Area） 东盟自由贸易区

AMF（Asian Monetary Fund） 亚洲货币基金

AOIP（ASEAN Outlook on the Indo-Pacific） 《东盟印太展望》

APT（ASEAN Plus Three） 东盟10＋3

ARF（ASEAN Regional Forum） 东盟地区论坛

ASA（Association of Southeast Asia） 东南亚联盟

ASEAN（Association of Southeast Asian Nations） 东南亚国家联盟（简称东盟）

ASEM（Asia-Europe Meeting） 亚欧会议

CEPT（Common Effective Preferential Tariff） 《共同有效优惠关税协定》

CLMV（Cambodia，Laos，Myanmar，Vietnam） 柬埔寨、老挝、缅甸、越南

CMI（Chiang Mai Initiative） 《清迈倡议》

CMIM（Chiang Mai Initiative Multilateralization） 《清迈倡议多边化协议》

CPR＋3（The Committee of Permanent Representatives to ASEAN＋3） 东盟常驻代表委员会与中日韩驻东盟大使会议

CPTPP（Comprehensive and Progressive Trans-Pacific Partnership） 《全面与进步跨太平洋伙伴关系协定》

EAEC（East Asian Economic Caucus） 东亚经济核心论坛

EAEG（East Asian Economic Group） 东亚经济集团

EAF（East Asia Forum） 东亚论坛

EAS（East Asia Summit） 东亚峰会

EASG（East Asia Study Group） 东亚研究小组

EAVG（East Asian Vision Group） 东亚展望小组

IAI（Initiative for ASEAN Integration） 东盟一体化倡议

IMF（International Monetary Fund） 国际货币基金组织

NEAT（Network of East Asian Think-Tanks） 东亚思想库网络

RCEP（Regional Comprehensive Economic Partnership） 区域全面经济伙伴关系协定

SEAC(Southeast Asia Command)　东南亚战区司令部

SEATO(Southeast Asia Treaty Organization)　东南亚条约组织

TAC(Treaty of Amity and Cooperation in Southeast Asia)　《东南亚友好合作条约》

UNICK(United Nations International Conference on Kampuchea)　联合国有关柬埔寨问题的国际会议

ZOPFAN(Zone of Peace, Freedom, and Neutrality in Southeast Asia)　东南亚和平、自由和中立区

附录　东南亚友好合作条约[①]

序　言

缔约各方：

认识到把缔约各国人民联系在一起的业已存在的历史、地理和文化纽带；

渴望通过尊重正义、规则或法律和增强各国关系中的地区活力，来促进地区和平与稳定；

希望本着联合国宪章、1955 年 4 月 25 日万隆亚非会议通过的十原则、1967 年 8 月 8 日在曼谷签署的东南亚国家联盟宣言和 1971 年 11 月 27 日签署的吉隆坡宣言的精神和原则，加强东南亚地区的和平、友谊和相互合作；

确信解决该地区国家间的分歧或争端应该通过合理、有效和比较灵活的程序，避免采取可能危及或损害合作的消极态度；

相信有必要与东南亚地区内外一切热爱和平的国家进行合作来推进世界和平、稳定与和谐一致；

兹庄严地同意签署这一友好合作条约，内容如下。

第一章　宗旨和原则

第一条　该条约的宗旨是促进该地区各国人民间的永久和平、友好和合作，以加强他们的实力、团结和密切关系。

第二条　缔约各方在处理相互间关系时将遵循下列基本原则：

（一）相互尊重独立、主权、平等、领土完整和各国的民族特性；

（二）任何国家都有免受外来干涉、颠覆和制裁，保持其民族生存的权利；

（三）互不干涉内政；

（四）和平解决分歧或争端；

（五）反对诉诸武力或以武力相威胁；

[①] (1)该条约于 1976 年 6 月 21 日生效。(2)中国于 2003 年 10 月 8 日加入经两项修改议定书（见附件一、附件二）修正的该条约。(3)该条约适用于中国香港和澳门特别行政区。本条约文本引自外交部中华人民共和国条约数据库。

（六）缔约各国间进行有效合作。

第二章 友　　好

第三条　为实现该条约宗旨，缔约各方将努力发展和加强将他们联系在一起的传统、文化和友好历史纽带以及睦邻合作关系，将真诚地履行该条约所规定的义务。缔约各方为进一步增进相互间的了解，将鼓励和促进该地区各国人民之间的接触和交往。

第三章 合　　作

第四条　缔约各方将促进在经济、社会、技术、科学和行政管理领域的积极合作，以及国际和平、地区稳定等共同理想和愿望以及所有其他共同关心的问题（的解决）。

第五条　缔约各方将在平等、互不歧视和互利的基础上通过多边和双边方式尽最大的努力实施第四条的规定。

第六条　缔约各方将共同合作促进地区经济增长，以便为建设一个繁荣、祥和的东南亚社会而进一步奠定基础。为实现这一目标，他们将进一步利用他们的农业和工业，扩大贸易和改善他们的经济基础结构，从而有利于该地区各国人民。这方面，他们将继续探索与其他国家以及与国际组织和该地区之外的其他区域性组织间的密切和有益合作的各种途径。

第七条　为争取社会公正和提高该地区人民的生活水平，缔约各方将加强经济合作。为此，他们还将实施适当的地区性经济发展和互援战略。

第八条　缔约各方尽力在尽可能广泛的领域进行最密切的合作，将以训练人员的方式和通过社会、文化、技术、科学和行政管理领域的研究设施，努力提供相互援助。

第九条　缔约各方将努力促进合作，以加强该地区的和平、和睦与稳定。为此，缔约各方将就国际和地区问题进行定期接触和磋商，以协调立场、行动和政策。

第十条　缔约一方不应以任何方式参加旨在对另一方的政治、经济稳定，主权和领土完整构成威胁的任何活动。

第十一条　缔约各方将根据他们各自的理想和愿望努力加强他们在政治、经济、社会、文化和安全领域的民族活力，努力摆脱外部干涉和内部颠覆活动以维护他们各自的民族特性。

第十二条 缔约各方在争取地区繁荣和安全的过程中,将在自信、自立、互尊、合作和团结的原则基础上努力加强在各个领域的合作,以增强地区活力。上述原则将是建立一个强大和具有活力的东南亚社会的基础。

第四章 和平解决争端

第十三条 缔约各方决心真诚地防止争端发生。一旦出现直接卷入的争端,他们将避免使用武力或以武力相威胁,任何时候都将通过他们之间的友好谈判解决此类争端。

第十四条 为通过地区性程序来解决争端,缔约各方将成立一个由部长级代表组成的作为常设机构的高级理事会关注和处理有可能破坏地区和平与和睦的局势或争端。

第十五条 在通过直接谈判无法获得解决的情况下,高级理事会将负责处理争端或局面。它将建议有关争端各方通过斡旋、调停、调查或调解等适当的方式解决争端。高级理事会将参与斡旋,或根据有关争端各方达成的协议,参加调解、调查或调停理事会工作。在必要的时候,高级理事会将提出防止争端或局势恶化的适当措施。

第十六条 除非征得有关争端各方的同意,否则前面一条不适用于解决争端。然而这样不妨碍与争端无关的其他缔约各方为解决争端提供可能的协助。而争端各方应该充分利用这样的协助。

第十七条 本条约并不排除求助于联合国宪章第三十三条第一款中所载的和平解决方式。鼓励与争端有关的缔约各方在采取联合国宪章中规定的其他方式之前应首先主动通过和平谈判方式解决争端。

第五章 总 则

第十八条 该条约将由印度尼西亚共和国、马来西亚、菲律宾共和国、新加坡共和国和泰王国签署。每一签署国将根据本国宪法程序予以批准。

本条约允许东南亚其他国家加入。

第十九条 本条约将自第五份批准书交存被指定为本条约和批准书或加入书保存者的签字国政府之日起生效。

第二十条 本条约用缔约各国的官方语言制订,各种文本具有同等效力。该条约的共同文本将是一个经各方核准的英译文本。对共同文本的解释若出现分歧将通过谈判解决。

缔约各方特此在条约上签字并盖章。

1976年2月24日订于巴厘岛登巴萨。

附件一

东南亚友好合作条约修改议定书①

文莱达鲁萨兰国、印度尼西亚共和国、马来西亚、菲律宾共和国、新加坡共和国、泰王国政府：

希望与东南亚地区内外的一切热爱和平的国家，尤其是东南亚地区的邻国，进一步加强合作。

考虑到1976年2月在巴厘岛签署的《东南亚友好合作条约》（以下称为《友好条约》）序言的第五段提出了有必要与东南亚地区内外的所有爱好和平的国家进行合作，以推进世界和平、稳定与和谐一致。

兹同意如下。

第一条

《友好条约》第十八条修改为：

"该条约将由印度尼西亚共和国、马来西亚、菲律宾共和国、新加坡共和国和泰王国签署。每一签署国将根据本国宪法程序予以批准。

本条约允许东南亚其他国家加入。

东南亚以外的国家，经过东南亚所有缔约国及文莱的同意，也可加入。"

第二条

《友好条约》第十四条修改为：

"为通过地区性程序来解决争端，缔约各方将成立一个由部长级代表组成的作为常设机构的高级理事会关注和处理有可能破坏地区和平与和睦的局势或争端。

但是，加入本条约的东南亚以外任何国家，只有直接涉及需通过上述地区程序解决的争端时，才适用此条款。"

第三条

本议定书将交付批准，并在最后一个签字国交存批准书之日起生效。

1987年12月15日订于马尼拉。

---

① 该议定书于1988年7月2日生效。

附件二

东南亚友好合作条约第二次修改议定书[①]

文莱达鲁萨兰国、柬埔寨王国、印度尼西亚共和国、老挝人民民主共和国、马来西亚、缅甸联邦、菲律宾共和国、新加坡共和国、泰王国、越南社会主义共和国、巴布亚新几内亚政府(以下简称缔约方):

希望确保与东南亚内外一切热爱和平的国家,特别是东南亚地区的邻国适当加强合作;

考虑到1976年2月24日于巴厘岛登巴萨签订的《东南亚友好合作条约》(以下称《友好条约》)序言的第五段提出有必要与东南亚地区内外一切热爱和平的国家进行合作,以推动世界和平、稳定与和谐一致。

兹同意如下内容。

第一条

《友好条约》第十八条第三段修改为:

"经东南亚所有国家,即文莱、柬埔寨王国、印尼共和国、老挝人民民主共和国、马来西亚、缅甸联邦、菲律宾共和国、新加坡共和国、泰王国和越南社会主义共和国的同意,东南亚以外的国家也可加入。"

第二条

本议定书将交付批准,并在最后一个缔约方交存批准书之日起生效。

1998年7月25日订于马尼拉。

[①] 该议定书于1999年12月6日生效。

主要参考书目

中文书目

[澳]阿德里安·维克尔斯:《现代印度尼西亚史》,何美兰译,世界知识出版社2017年版。

[加拿大]阿米塔·阿查亚:《建构安全共同体:东盟与地区秩序》,王正毅、冯怀信译,上海人民出版社2004年版。

[澳]安东尼·瑞德:《东南亚的贸易时代1450—1680》(第一卷),吴小安、孙来臣译,商务印书馆2017年版。

[澳]安东尼·瑞德:《东南亚的贸易时代1450—1680》(第二卷),吴小安、孙来臣译,商务印书馆2017年版。

[澳]安东尼·瑞德:《东南亚史:危险而关键的十字路口》,宋婉贞、张振江译,上海人民出版社2021年版。

陈达:《南洋华侨与闽粤社会》,商务印书馆2019年版。

陈奕平:《依赖与抗争——冷战后东盟国家对美国战略》,世界知识出版社2006年版。

[英]D.G.E.霍尔:《东南亚史》(上册),中山大学东南亚历史研究所译,商务印书馆1982年版。

[英]D.G.E.霍尔:《东南亚史》(下册),中山大学东南亚历史研究所译,商务印书馆1982年版。

《东南亚历史词典》,上海辞书出版社1995年版。

段立生:《柬埔寨通史》,上海社会科学院出版社2019年版。

段立生:《泰国通史》,上海社会科学院出版社2019年版。

[葡]多默·皮列士:《东方志——从红海到中国》,何高济译,江苏教育出版社2005年版。

[美]费正清:《中国的世界秩序:传统中国的对外关系》,杜继东译,中国社会科学出版社2010年版。

[澳]约翰·芬斯顿:《东南亚政府与政治》,张锡镇译,北京大学出版社2007年版。

[法]弗朗索瓦·吉普鲁:《亚洲的地中海:13—21世纪中国、日本、东南亚商埠与贸易圈》,龚华燕、龙雪飞译,新世纪出版社2014年版。

[法]G.赛岱斯:《东南亚的印度化国家》,蔡华、杨宝筠译,商务印书馆2008年版,第13页。

巩珍:《西洋番国志》,向达校注,中华书局1982年版。

贺圣达:《东南亚历史重大问题研究——东南亚历史和文化:从原始社会到19世纪初》(上),云南人民出版社2015年版。

贺圣达:《东南亚历史重大问题研究——东南亚历史和文化:从原始社会到19世纪初》(下),云南人民出版社2015年版。

黄基明:《王赓武谈世界史》,当代世界出版社2020年版。

黄贤强主编:《族群、历史与文化:跨域研究东南亚和东亚——庆祝王赓武教授八秩晋一华诞专集》(上册),新加坡国立大学中文系及世界科技出版公司2011年版。

[美]孔飞力:《他者中的华人:中国近现代移民史》,李明欢译,江苏人民出版社2016年版。

[美]L.S.斯塔夫里阿诺斯:《全球通史:从史前史到21世纪》(上),吴象婴等译,北京大学出版社2006年版。

[美]L.S.斯塔夫里阿诺斯:《全球通史:从史前史到21世纪》(下),吴象婴等译,北京大学出版社2006年版。

[新加坡]李光耀:《风雨独立路——李光耀回忆录》,外文出版社1998年版。

李巍:《制度之战:战略竞争时代的中美关系》,社会科学文献出版社2017年版。

梁英明:《东南亚史》,人民出版社2010年版。

[美]列斯特·坦尼:《活着回家:巴丹死亡行军亲历记》,范国平译,世界知识出版社2009年版。

[菲]鲁道夫·C.塞韦里诺:《东南亚共同体建设探源:来自东盟前任秘书长的洞见》,王玉主等译,社会科学文献出版社2012年版。

马欢:《明抄本〈瀛涯胜览〉校注》,万明校注,海洋出版社2005年版。

马晋强:《当代东南亚国际关系》,世界知识出版社2000年版。

[新加坡]马凯硕、孙合记:《东盟奇迹》,翟崑、王丽娜译,北京大学出版社2017年版。

[英]迈克尔·瓦提裘提斯:《季风吹拂的土地:现代东南亚的碎裂与重生》,张馨方译,上海人民出版社2021年版。

[澳]米尔顿·奥斯本:《东南亚史》,郭继光译,商务印书馆2012年版。

[澳]米尔顿·奥斯本:《东南亚简史》(第12版最新修订),杨浩浩、曹耀萍译,华中科技大学出版社2020年版。

[新西兰]尼古拉斯·塔林主编:《剑桥东南亚史》(Ⅰ),贺圣达等译,云南人民出

版社 2003 年版。

[新西兰]尼古拉斯·塔林主编:《剑桥东南亚史》(Ⅱ),贺圣达等译,云南人民出版社 2003 年版。

潘兴明:《东南亚战场》,华夏出版社 2015 年版。

[美]塞缪尔·亨廷顿:《文明的冲突与世界秩序的重建》,周琪等译,新华出版社 2009 年版。

[澳]史蒂文·德拉克雷,《印度尼西亚史》,郭子林译,商务印书馆 2019 年版。

王赓武:《南洋贸易与南洋华人》,姚楠编译,中华书局 1988 年版。

王赓武:《海外华人:从落叶归根到追寻自我》,赵世玲译,北京师范大学出版社 2020 年版。

王正毅:《边缘地带发展论——世界体系与东南亚的发展》(第 2 版),上海人民出版社 2018 年版。

王子昌:《东盟外交共同体:主体及表现》,时事出版社 2011 年版。

吴小安:《区域与国别之间》,科学出版社 2021 年版。

[美]约翰·F.卡迪:《战后东南亚史》,姚楠、陈炎等译,上海译文出版社 1984 年版。

[美]约翰·F.卡迪:《东南亚历史发展》(上册),姚楠、马宁译,上海译文出版社 1985 年版。

[美]约翰·F.卡迪:《东南亚历史发展》(下册),姚楠、马宁译,上海译文出版社 1985 年版。

张锡镇:《当代东南亚政治》,广西人民出版社 1995 年版。

朱杰勤:《东南亚华侨史》(外一种),中华书局 2008 年版。

庄礼伟:《亚洲的高度》,广东旅游出版社 1999 年版。

英文书目

Acharya, A. 2011. *Whose Ideas Matter?: Agency and Power in Asian Regionalism*. Ithaca: Cornell University Press.

Acharya, A. 2013. *The Making of Southeast Asia: International Relations of a Region*. Ithaca: Cornell University Press.

Acharya, A. 2014. *Constructing a Security Community in Southeast Asia: ASEAM and the Problem of Regional Order* (Third Edition). New York: Routlegde.

Ba, A. 2009. *(Re)Negotiating East and Southeast Asia: Region, Regionalism, and the Association of Southeast Asian Nations*. Stanford: Stanford

University Press.

Hall, K. R. 2019. *Maritime Trade and State Development in Early Southeast Asia*. Honolulu: University of Hawaii Press.

Natalegawa, M. 2018. *Does ASEAN Matter? A View from within*. Singapore: ISEAS-Yusof Ishak Institute.

Pangestu, M. E. and Isa, R. M. eds. 2017. *ASEAN Future Ahead: Anticipating the Next 50 Years*. Kuala Lumpur: Institute of Strategic and International Studies Malaysia.

SarDesai, D. R. 1997. *Southeast Asia: Past and Present* (Fourth Edition). Boulder, Colorado: Westview Press.

Tracy, James D. ed. 1993. *The Rise of Merchant Empires: Long Distance Trade in the Early Modern World 1350–1750*. Cambridge: Cambridge University Press.

Wang, G. 1991. *China and the Chinese Oversea*. Singapore: Time Academic Press.

Weatherbee, D. E. 2015. *International Relations in Southeast Asia (Third Edition)*. Lanham, Maryland: Rowman & Littlefield.

Wolters, O. W. 1982. *History Culture, and Region in Southeast Asian Perspectives*. Singapore: Institute of Southeast Asian Studies.

图书在版编目(CIP)数据

东南亚国际关系/贺嘉洁著. —上海：复旦大学出版社，2024.1
新时代国际关系教材系列
ISBN 978-7-309-17238-6

Ⅰ.①东… Ⅱ.①贺… Ⅲ.①国际关系-东南亚-教材 Ⅳ.①D833.02

中国国家版本馆 CIP 数据核字(2024)第 004467 号

东南亚国际关系
DONGNANYA GUOJI GUANXI
贺嘉洁 著
责任编辑/邬红伟 朱 枫

复旦大学出版社有限公司出版发行
上海市国权路 579 号 邮编：200433
网址：fupnet@ fudanpress.com http://www.fudanpress.com
门市零售：86-21-65102580 团体订购：86-21-65104505
出版部电话：86-21-65642845
常熟市华顺印刷有限公司

开本 787 毫米×1092 毫米 1/16 印张 12.75 字数 236 千字
2024 年 1 月第 1 版第 1 次印刷

ISBN 978-7-309-17238-6/D·1185
定价：58.00 元

如有印装质量问题,请向复旦大学出版社有限公司出版部调换。
版权所有 侵权必究